U0104846

古典文獻研究輯刊

三八編

潘美月・杜潔祥 主編

第4冊

阮刻《尚書注疏》圈字彙校考正（下）

張劍、孔祥軍 著

國家圖書館出版品預行編目資料

阮刻《尚書注疏》圈字彙校考正（下）／張劍、孔祥軍 著 --
初版 -- 新北市：花木蘭文化事業有限公司，2024〔民 113〕
目 2+194 面；19×26 公分
（古典文獻研究輯刊 三八編；第 4 冊）
ISBN 978-626-344-707-3（精裝）
1.CST：書經 2.CST：研究考訂
011.08　　112022570

古典文獻研究輯刊
三八編　第四冊　　ISBN：978-626-344-707-3

阮刻《尚書注疏》圈字彙校考正（下）

作　者　張劍、孔祥軍
主　編　潘美月、杜潔祥
總編輯　杜潔祥
副總編輯　楊嘉樂
編輯主任　許郁翎
編　輯　潘玟靜、蔡正宣　美術編輯　陳逸婷
出　版　花木蘭文化事業有限公司
發行人　高小娟
聯絡地址　235 新北市中和區中安街七二號十三樓
電話：02-2923-1455／傳真：02-2923-1452
網　址　http://www.huamulan.tw　信箱　service@huamulans.com
印　刷　普羅文化出版廣告事業
初　版　2024 年 3 月
定　價　三八編 60 冊（精裝）新台幣 156,000 元　

阮刻《尚書注疏》圈字彙校考正（下）

張劍、孔祥軍 著

目次

上冊

下冊

卷十三

1. 頁一右　強大有政者為遒豪

按：「遒」，單疏本、八行本、九行本、蒙古本、十行本（元）、靜嘉堂本（元）、劉本（嘉靖）、永樂本同；八行乙本作「酋」，足利本、關西本、閩本、明監本、毛本同。阮記引文「強大有政者為酋豪」，云：「酋，十行本誤作『遒』，下同。」盧記引文「強大有政者為遒豪」，云：「岳本『遒』作『酋』。『遒』字誤也。」案文義，西戎強大有政者為其酋豪。作「遒」則文義不通。案八行本與八行乙本此葉刻工皆為「詩中」，則八行乙本此葉並非補板。大抵是後印時局部剜改，改「遒」作「酋」，下「國人遣其遒豪來獻」之「遒」亦改作「酋」。作「酋」似較勝。

2. 頁一左　西旅之長

按：「旅」，十行本（元）、靜嘉堂本（元）、劉本（嘉靖）、永樂本、閩本同；八行本作「戎」，八行乙本、足利本、九行本、蒙古本、關西本、明監本、毛本、李本、王本、監圖本、岳本同。阮記引文「西戎之長」，云：「戎，十行、閩、葛、纂傳俱作『旅』，與《疏》標目不合。」盧記引文「西旅之長」，云：「閩本、葛本、纂傳同。毛本『旅』作『戎』，與《疏》標目正合。」案上疏云「西戎無君名」，又疏文標目云「傳西戎至為異」，則《傳》文當作「戎」字。十行本刻誤。

3. 頁二左　故銘其楛曰

按：「楛」，單疏本、八行本、八行乙本、足利本、九行本、蒙古本、關西本、十行本（元）、靜嘉堂本（元）、劉本（嘉靖）、永樂本、閩本、明監本、毛本同。《正字》引文「故銘其栝曰：肅慎氏之貢矢」，云：「脫『之』字，『栝』誤『楛』。」阮記云：「浦鏜云：『栝』誤『楛』。按：《魯語》作『栝』。」盧記同。檢清道光間黄氏士禮居影宋本《國語》卷五《魯語下》出「故銘其栝曰：肅慎氏之貢矢」，韋昭《注》曰：「栝，箭羽之間也。」據此，則作「栝」是。浦說是。

4. 頁三左　所以化治生民

按：「治」，九行本、蒙古本、關西本、十行本（元）、靜嘉堂本（元）、劉本（元）、閩本、明監本、毛本同；八行本作「俗」，八行乙本、足利本、李本、王本、監圖本、岳本同；永樂本作「洽」。《考文》引文「所以化治生民」，云：「〔古本〕下有『也』。〔古本〕『治』作『俗』，宋板同。」《正字》云：「『俗』誤『治』，從《疏》校。」阮記云：「治，古本、岳本、宋板俱作『俗』。」盧記同。案疏文云「化世俗生養下民也」，則《傳》文作「俗」是。九行本、蒙古本、關西本、十行本同誤作「治」，疑南宋建陽坊間所刻宋十行本亦誤作「治」。

5. 頁四右　寶賢生能

按：「生」，十行本（元）、靜嘉堂本（元）、劉本（元）、永樂本同；八行本作「任」，八行乙本、足利本、九行本、蒙古本、關西本、閩本、明監本、毛本、李本、王本、監圖本、岳本同。阮記引文「寶賢任能」，云：「任，十行本誤作『生』。」盧記引文「寶賢生能」，云：「毛本『生』作『任』。案：所改是也。」疏文云「故《傳》以任能配寶賢言之」，則《傳》文作「任」是。十行本誤「任」作「生」，形近之訛。

6. 頁四右　不役至人安

按：「人安」，九行本、蒙古本、關西本、十行本（元）、靜嘉堂本（元）、劉本（元）、永樂本、閩本、明監本、毛本同；單疏本作「道接」，八行本、八行乙本、足利本同。《考文・補遺》云：「〔宋板〕『人安』作『道接』。」阮記云：「人安，宋板作『道接』。按：《疏》釋經實至『道接』而止，宋板是也。自『不作無益』以後，祗釋《傳》，不釋經。以前後各章例之，疑有脱誤。」盧記同。案此段疏文，以「言當以道而接物，依道而行，則志自得而言自當」，所釋經文止於「道接」，與下經文「不作無益」至「則邇人安」無涉。似當從單疏本等作「道接」為是，阮記言是。

7. 頁四右　惟皆正矣

按：「惟皆」，單疏本、八行本、八行乙本、足利本、九行本、蒙古本、關西本、十行本（元）、靜嘉堂本（元）、劉本（元）、永樂本同；閩本作「皆惟」，明監本、毛本同。阮記引文「皆惟正矣」，云：「『皆惟』二字，十行本倒。」盧記引文「惟皆正矣」，云：「毛本『惟皆』二字倒。」案經文出「百度惟貞」，則疏文「百度之事，惟皆正矣」，「惟」似在「皆」前較勝，當從單疏本等作「惟皆」。

8. 頁四右　遊觀從費時日

按：「從」，十行本（元）、靜嘉堂本（元）、永樂本同；單疏本作「徒」，八行本、八行乙本、足利本、九行本、蒙古本、關西本、劉本（元）、閩本、明監本、毛本同。阮記引文「遊觀徒費時日」，云：「徒，十行本誤作『從』。」盧記引文「遊觀從費時日」，云：「岳本『從』作『徒』。『從』字非也，形近之譌。」案下疏文云「非徒遊觀而已」，則此處亦當作「徒」。單疏本、八行本等作「徒」是，十行本誤「徒」作「從」。劉本此葉雖為元刻版葉，然嘉靖補板時亦對元刻版葉進行剜改，改「從」作「徒」。阮本之底本實為正德時期印本，而閩本所據之本應是嘉靖時期印本。

9. 頁六左　有金人叁緘其口

按：「叁」，單疏本、八行本、八行乙本、足利本、九行本、蒙古本、關西本、十行本（元）、靜嘉堂本（元）、劉本（元）、永樂本、閩本同；明監本作「三」，毛本同。阮記引文「有金人三緘其口」，云：「三，十行、閩本俱作『叁』。按：《儀禮經傳通解續》作『叁』，十行本殆沿其誤。」盧記引文「有金人叁緘其口」，云：「閩本同。毛本『叁』作『三』。按：《儀禮經傳通解續》作『叁』，此殆沿其誤。」檢《四部叢刊》影印明覆宋本《孔子家語》卷三出「廟堂右階之前有金人焉，三緘其口而銘其背曰」，則似作「三」為宜。

10. 頁七右　問王疾病瘳否

按：「瘳」，蒙古本、十行本（元）、靜嘉堂本（元）、劉本（元）、永樂本、閩本、明監本、毛本同；單疏本「瘳」上有「當」字，八行本、八行乙本、足利本、九行本、闕西本同。《考文》云：「宋板『瘳』上有『當』字。」《正字》引文「問王疾病當瘳否」，云：「脫『當』字，從《經傳通解》校。」阮記云：「『瘳』上宋板、《通解》俱有『當』字。」盧記云：「宋本『瘳』上有『當』字，《通解》同。」單疏本、八行本等有「當」字是。九行本「疾病當」三字擠刻。蒙古本、十行本闕「當」字。

11. 頁七左　但不知以何方為王耳

按：「王」，十行本（元）、靜嘉堂本（元）、劉本（元）、永樂本、閩本同；單疏本作「上」，八行本、八行乙本、足利本、九行本、蒙古本、闕西本、明監本、毛本同。阮記引文「但不知以何方為上耳」，云：「上，十行、閩本俱誤作『王』。」盧記引文「但不知以何方為王耳」，云：「閩本同。毛本『王』作『上』。」案文義，大王、王季、文王為三王，則此處疏文若作「王」則文義不通，又案下疏文云「故周公立壇上對三王」，則此處是云不知何方為上也。作「上」是。

12. 頁七左　詩說禱旱至圭璧既卒

按：「至」，九行本、闕西本、十行本（元）、靜嘉堂本（元）、劉本（元）、永樂本、閩本、明監本、毛本同；單疏本作「云」，八行本、八行乙本、足利本、蒙古本同。《考文》云：「〔宋板〕『至』作『云』。」《正字》引文「詩說禱旱云圭璧既卒」，云：「『云』誤『至』。」阮記云：「至，宋板、《通解》俱作『云』。」盧記同。此是言《詩》云「圭璧既卒」，作「云」字是。

13. 頁八右　太子之責

按：「太」，八行本、八行乙本、足利本、九行本、蒙古本、闕西本、十行本（元）、靜嘉堂本（元）、劉本（元）、永樂本、王本、監圖本同；閩本作「大」，明監本、毛本、岳本同；李本作「丕」。阮記引文「大子之責」，云：

「大，十行本誤作『太』。」盧記同。作「大」、作「太」，似皆不誤。

14. 頁八左　救之則先王長有依歸

按：「有」，八行本、八行乙本、足利本、九行本、蒙古本、關西本、十行本（元）、靜嘉堂本（元）、劉本（元）、永樂本、閩本、明監本、毛本、李本、王本、監圖本、岳本皆同。《考文》云：「〔古本〕『救』上有『命』字，『有依歸』作『有所依歸也』。謹按：『命』字恐誤。」阮記云：「『救』上古本有『命』字，非也。『有依歸』，古本作『有所依歸也』。案：此依《史記集解》改。」盧記同。檢島田本云「則墜天寶命□，救之，則先王長有依歸矣」。內野本云「則墜天寶命也，救之，則先王長有所依歸也」，內野本那「所」字旁批校「扌有　扌無」，此是內野本修改批校，先誤書作宋刊本有「所」字，再改謂宋刊本無「所」字。檢山井鼎、物觀所據足利學校藏古本《古文尚書》云「則墜天寶之命也，命救之，則先王長有所依歸也」，此部古本輾轉據內野本而來，則其「救」上誤重一「命」字。

15. 頁八左　是有太子之責於天

按：「太」，單疏本、八行本、八行乙本、九行本、蒙古本、關西本、永樂本、毛本同；足利本作「大」，十行本（元）、靜嘉堂本（元）、劉本（元）、閩本、明監本同。《正字》云：「大，毛本誤『太』。」阮記云：「太，十行、閩、監、《通解》俱作『大』。」作「太」、作「大」，似皆不誤。

16. 頁八左　謂負天太子責

按：「太」，八行本、八行乙本、足利本、九行本、蒙古本、關西本、十行本（元）、靜嘉堂本（元）、劉本（元）、永樂本同；單疏本作「大」，閩本、明監本、毛本同。阮記引文「謂負天大子責」，云：「大，十行本誤作『太』。」盧記引文「謂負天太子責」，云：「岳本『太』作『大』。『太』字非也，下並同。」作「太」、作「大」，難以斷定。

17. 頁九右　凶則為不許我

按：「為」，單疏本、九行本、蒙古本、關西本、十行本（元）、靜嘉堂本（元）、劉本（元）、永樂本、閩本、明監本、毛本同；八行本無「為」字，八行乙本、足利本同。《考文·補遺》云：「宋板無『為』字。」阮記云：「宋板、《通解》俱無『為』字。」盧記同。案上疏文云「吉則許我」，則此處當云「凶則不許我」為宜。單疏本誤衍「為」字。八行本合刻注疏時刪「為」字，是也。

18. 頁九右　因遂成王所讀故諱之

按：「遂」，八行乙本、足利本、九行本、關西本、十行本（元）、靜嘉堂本（元）、劉本（元）、永樂本、閩本、明監本、毛本同；單疏本作「逐」，八行本、蒙古本同。「故」，單疏本、八行本、足利本、九行本、蒙古本、關西本、十行本（元）、靜嘉堂本（元）、劉本（元）、永樂本、閩本、明監本、毛本同。《正字》引文「因逐成王所讀故諱之」，云：「『逐』誤『遂』，宋《經傳通解》校。」阮記云：「遂，《通解》作『逐』。故，纂傳作『而』。」盧記同。上疏云「讀之者，由成王讀之也」，逐者，追也，是追隨成王所讀。

19. 頁九右　言負天一太子

按：「太」，單疏本、八行本、八行乙本、足利本、九行本、蒙古本、關西本、十行本（元）、靜嘉堂本（元）、劉本（元）、永樂本同；閩本作「大」，明監本、毛本同。阮記引文「傳大子至世教」，云：「大，十行本作『太』誤。下並同。」作「太」、作「大」，難以斷定。

20. 頁九左　是父祖所欲令請之於天也

按：「欲」，十行本（元）、靜嘉堂本（元）、劉本（元）、永樂本、閩本、明監本同；單疏本「欲」下別有一「欲」字，八行本、八行乙本、足利本、九行本、蒙古本、關西本、毛本同。《正字》引文「言已是父祖所欲，欲令請之於天也」，云：「監本脫一『欲』字。」阮記引文「欲令請之於天也」，云：「十行、閩、監俱無『欲』字。按：《通解》有。」盧記引文「令請之於天也」，云：「閩本、明監本同。毛本『令』上有『欲』字。」單疏本、八行本等「欲」下皆別有一「欲」字，是也。十行本誤脫一「欲」字。

21. 頁十右　即於壇所

按：「即」，單疏本、八行本、八行乙本、足利本、九行本、蒙古本、關西本、十行本（元）、靜嘉堂本（元）、劉本（元）、永樂本、閩本、明監本同；毛本作「既」。《正字》云：「即，毛本誤『既』。」阮記引文「既於壇所」，云：「既，十行、閩、監、《通解》俱作『即』。」盧記引文「即於壇所」，云：「閩本、明監本、《通解》同。毛本『即』作『既』。」作「即」顯是，獨毛本誤作「既」。

22. 頁十一右　乃流言於國

按：「於」，八行本、八行乙本、足利本、九行本、蒙古本、關西本、十行本（元）、靜嘉堂本（元）、劉本（嘉靖）、永樂本、閩本、明監本、毛本、李本、王本、監圖本、岳本、唐石經、白文本皆同。阮記云：「於，葛本作『于』，下『於孺子』同。按：語助之『於』，《尚書》皆作『于』，惟《堯典》『於變時雍』，此篇『為壇於南方』及此兩句。《酒誥》『人無於水監，當於民監』，各本並作『於』。薛氏《古文訓》亦然，蓋傳寫舛錯，初無義例，葛本獨於此兩句仍作『于』，又葛本之誤也。」盧記同。唐石經及唐石經以下，諸本皆作「於」，當仍之。葛本作「于」不可取，阮記言是。

23. 頁十二右　傳王叔至成王

按：「王」，十行本（元）、靜嘉堂本（元）、永樂本同；單疏本作「三」，八行本、八行乙本、足利本、九行本、蒙古本、關西本、劉本（嘉靖）、閩本、明監本、毛本同。阮記引文「傳三叔至成王」，云：「三，十行本誤作『王』。」盧記引文「傳王叔至成王」，云：「各本『王叔』作『三叔』。『王』字誤也。」案《傳》文出「三叔」，則疏文標目作「三」是。十行本誤「三」作「王」，嘉靖補板時改「王」作「三」是，則阮本之底本為正德印本，而閩本所據之本有嘉靖補板。

24. 頁十二右　救其屬臣

按：「救」，單疏本、八行本、八行乙本、九行本、蒙古本、關西本、十行本（元）、靜嘉堂本（元）、劉本（嘉靖）、永樂本、閩本、明監本、毛本同；足利本作「敕」。《考文》云：「〔宋板〕『救』作『敕』。」阮記云：「救，宋板作『敕』。」盧記同。足利本覆刻八行乙本時誤「救」作「敕」。

25. 頁十二左　史百執事皆從周公請命

按：「命」，八行本、八行乙本、足利本、九行本、蒙古本、關西本、十行本（元）、靜嘉堂本（元）、劉本（嘉靖）、永樂本、閩本、明監本、毛本、李本、王本、監圖本、岳本同。《考文》引文「皆從周公請命」，云：「〔古本〕下有『者也』二字。」阮記云：「皆，葛本誤作『者』。『命』下古本、《史記集解》俱有『者』字。」內野本「命」下有「者也」。然檢單疏本疏文標目皆云「傳二公至請命」，無「者」字，與八行本等《傳》文相合，仍從八行本等無「者」字。

26. 頁十三　發雷風之威

按：「雷風」，八行本、八行乙本、足利本、九行本、蒙古本、關西本、十行本（元）、靜嘉堂本（元）、劉本（嘉靖）、永樂本、閩本、明監本、毛本、李本、王本、監圖本、岳本同。阮記云：「『雷風』二字，纂傳倒。」盧記同。檢島田本、內野本作「雷風」，與八行本等傳世刊本皆合，仍作「雷風」為宜。

27. 頁十三右　改過自新

按：「改」，八行本、八行乙本、足利本、九行本、蒙古本、關西本、十行本（元）、靜嘉堂本（元）、劉本（嘉靖）、永樂本、閩本、明監本、毛本、李本、王本、監圖本、岳本同。阮記云：「《史記正義》句首有『成王』二字。」檢島田本無「成王」二字。又案疏文云「『新迎』者，改過自新，遣使迎之」，亦不言「成王」二字。《傳》仍以無「成王」二字為宜。

28. 頁十三右　盡起而築之

按：「築」，八行本、八行乙本、足利本、九行本、蒙古本、關西本、十行本（元）、靜嘉堂本（元）、劉本（嘉靖）、永樂本、閩本、明監本、毛本、李本、王本、監圖本、岳本、唐石經、白文本同。阮記云：「陸氏曰：築，本亦作『筑』字。按：馬、鄭、王皆訓『築』為『拾』。《釋言》云：筑，拾也，訓『拾』者宜作『筑』。孔不訓『拾』而別本亦作『筑』，是『築』、『筑』古蓋通用。○按：『筑』與『掇』雙聲，故得訓『拾』。『築』、『筑』皆非正字，且馬、鄭王並訓『築』字為『拾』，或漢魏時《爾雅》亦作『築』，未可知也。」盧記同。島田本經文作「筑」，然《傳》文作「築」。島田本經文「筑」與陸德明所見別本「筑」字相合。

29. 頁十三左　亦如國家未道焉

按：「未」，單疏本、八行本、八行乙本、足利本、九行本、蒙古本、關西本、十行本（元）、靜嘉堂本（元）、劉本（嘉靖）、永樂本同；閩本作「失」，明監本、毛本同。《考文》引文「亦如國家失道焉」，云：「〔宋板〕『失』作『未』。」阮記引文「亦如國家失道焉」，云：「失，宋板、十行本俱作『未』。盧文弨云：《玉藻》云『國家未道則不充其服焉』。宋板是也。」盧記引文「亦如國家未道焉」，云：「宋板同。岳本『未』作『失』。盧文弨云：《玉藻》云『國家未道則不充其服焉』。宋板是也。」檢南宋撫州本《禮記》卷九《玉藻》云「國家未道則不充其服焉」，則孔疏引作「未」是。閩本作「失」誤，明監本、毛本承其誤。

30. 頁十五右　陳大道以誥天下

按：「誥」，八行本、八行乙本、足利本、九行本、蒙古本、關西本、十行本（元）、靜嘉堂本（元）、劉本（元）、永樂本、閩本、明監本、毛本、李本、監圖本同；王本作「告」，岳本同。阮記云：「誥，岳本、纂傳俱作『告』。下《傳》『順大道以誥天下』，岳本作『告』，纂傳作『誥』。」盧記同。檢島田本作「告」，「告」下有小字「誥」。下《傳》「順大道以誥天下」，島田本「誥」作「告」，是有作「告」字之本。然檢《釋文》出「誥」，與八行本等相合。孔《傳》原文作「告」或是「誥」，難以斷定。

31. 頁十五右　誥本亦作弇

按：「弇」，九行本、蒙古本、關西本、十行本（元）、靜嘉堂本（元）、劉本（元）、永樂本、閩本、明監本、毛本、王本、監圖本同。檢阮記、盧記皆無說。然阮記摘經文「大誥」，云：「大誥，陸氏曰：『誥』本亦作『弇』。案：依《汗簡》《古文四聲韻》，其字當作『𢍏』，不作『弇』。」未詳阮記之說，存之待考。

32. 頁十六右　就其命而言之

按：「言」，九行本、蒙古本、十行本（元）、靜嘉堂本（元）、劉本（嘉靖）、永樂本、閩本、明監本、毛本、李本同；八行本作「行」，八行乙本、足利本、闞西本、王本、監圖本、岳本同。《考文》云：「〔古本〕『言』作『行』。宋板同。」《正字》引文「就其命而行之」，云：「『行』誤『言』。」阮記云：「言，古本、岳本、宋板、纂傳俱作『行』，與《疏》合。《岳本考證》云：案文義，『行』字為長。」盧記同。案疏文云「就其命而行之，言卜吉則當行」，則《傳》文作「行」為是，阮記言是。

33. 頁十六左　當誅叛逆

按：「當」，單疏本、八行本、八行乙本、足利本、九行本、蒙古本、闞西本、十行本（元）、靜嘉堂本（元）、永樂本同；劉本（嘉靖）作「將」，閩本、明監本、毛本同。《考文》引文「將誅叛逆」，云：「〔宋板〕『將』作『當』。」阮記引文「將誅叛逆」，云：「將，宋板、十行俱作『當』。」盧記同。十行本作「當」不誤，嘉靖補板時誤「當」作「將」，蓋與下疏文「將伐叛逆」雙行並排，相涉而誤。

34. 頁十六左　則王若曰者稱成王之言

按：「者」，單疏本、九行本、蒙古本、闞西本、十行本（元）、靜嘉堂本（元）、劉本（嘉靖）、永樂本、閩本、明監本、毛本同；八行本「者」下空一格，八行乙本、足利本同。《考文·補遺》云：「宋板『者稱』間空一字。」阮記云：「宋板『者稱』二字中間空一字。」案單疏本「者」、「稱」之間無字，推測八行本初誤衍某字，後剜去。

35. 頁十七右　六世三十卜年七百

按：「六」，單疏本作「卜」，八行本、八行乙本、足利本、九行本、蒙古本、闞西本同；十行本（元）作「六」，靜嘉堂本（元）、劉本（元）、永樂本同；閩本作「傳」，明監本、毛本同。《考文》引文「傳世三十」，云：「〔宋板〕『傳』作『卜』。」阮記引文「傳世三十」，云：「傳，宋板作『卜』，十行本誤作『六』。」盧記引文「六世三十」，云：「宋本『六』作『卜』，是也。毛本作『傳』亦誤。」案文義，是指卜得周朝有三十世，七百年。作「卜」是。十行本誤「卜」作「六」。閩本改「六」作「傳」，仍非。

36. 頁十七左　以于敉寧武圖功

按：「敉」，八行本、八行乙本、足利本、九行本、蒙古本、關西本、十行本（元）、靜嘉堂本（元）、劉本（元）、永樂本、閩本、明監本、毛本、李本、王本、監圖本、岳本、唐石經、白文本同。《考文》云：「〔古本〕『敉』作『撫』。」阮記云：「敉，古本作『撫』。下『敉寧王大命』同。○按：『撫』即『𢾬』字。《說文》：𢾬，撫也，从攴，亾聲，讀與撫同。段玉裁云。」檢內野本作「敉」，下「敉寧人大命」亦作「敉」。又山井鼎、物觀所據足利學校藏古本《古文尚書》作「撫」，「撫」字旁有校文「敉」，然不知抄寫者為何以「撫」字代替「敉」，或是據《傳》文，並非古本作「撫」。

37. 頁十八右　正而復言

按：「正」，十行本（元）、靜嘉堂本（元）、劉本（元）、永樂本、閩本同；單疏本作「止」，八行本、八行乙本、足利本、九行本、蒙古本、關西本、明監不、毛本同。阮記引文「止而復言」，云：「止，十行、閩本俱作『正』。」盧記引文「正而復言」，云：「毛本『正』作『止』，是也。」案文義，上疏文既云「丁寧其事」，是故周公止而又言也。作「止」是。

38. 頁十九右　上文大誥爾多邦綏越爾御事

按：「綏」，關西本、十行本（元）、靜嘉堂本（元）、劉本（嘉靖）、永樂本、閩本、明監本、毛本同；單疏本無「綏」字，八行本、八行乙本、足利本、九行本、蒙古本同。《考文》引文「上文大誥爾多邦綏越爾御事」，云：「〔宋板〕無『綏』字。」《正字》引文「上文大誥爾多邦」，云：「下『綏』字當衍。」阮記云：「宋板無『綏』字，是也。」盧記同。案《大誥》經文云「大誥爾多邦越爾御事」，無「綏」字。則此處疏文當以無「綏」字是。

39. 頁二十右　義爾邦君

按：「義」，八行本、八行乙本、足利本、九行本、蒙古本、關西本、十行本（元）、靜嘉堂本（元）、劉本（元）、永樂本、閩本、明監本、毛本、李本、王本、監圖本、岳本、唐石經、白文本皆同。《考文》云：「〔古本〕『義』作『誼』。」阮記云：「義，古本作『誼』。」盧記同。檢內野本作「誼」，則當有古本作「誼」者。「誼」、「義」通。

40. 頁二十右　責其以善言之助

按：「之助」，九行本、蒙古本、關西本、十行本（元）、靜嘉堂本（元）、劉本（元）、永樂本、閩本、明監本、毛本、李本、王本、監圖本、岳本同；八行本作「助之」，八行乙本、足利本同。《考文》引文「責其以善言之助」，云：「〔古本〕作『貴其以善言助之也』。」阮記云：「『之助』二字，古本、宋板俱倒。按：《疏》云『責無善言助己』，則《傳》當云『責其無善言之助』。『責』乃則讓之義，非『責任』之『責』也。」盧記同。檢內野本「之助」作「之助也」。又檢山井鼎所據足利學校藏古本《古文尚書》作「責其以善言助之也」，應是抄寫時誤倒。八行本作「助之」亦是誤倒。諸本疏文標目云「傳汝眾至之助」，則《傳》文當作「之助」為是。

41. 頁二十右　哉我童子成王

按：「哉」，十行本（元）、靜嘉堂本（元）、劉本（元）、永樂本同；單疏本作「故」，八行本、八行乙本、足利本、九行本、蒙古本、關西本、閩本、明監本、毛本同。阮記引文「故我童子成王」，云：「故，十行本誤作『哉』。」盧記引文「哉我童子成王」，云：「案：『哉』，各本皆作『故』。『哉』字誤也。」案《傳》文云「故我童人成王」，則疏文當作「故」。

42. 頁二十右　何謂違我不欲征也

按：「謂」，單疏本、八行本、八行乙本、足利本、九行本、蒙古本、關西本、十行本（元）、靜嘉堂本（元）、劉本（元）、永樂本、閩本、明監本、毛本同。《正字》云：「『謂』疑『為』字誤。」阮記云：「浦鏜云：『謂』疑『為』字誤。」盧記同。案文義，似以「為」字較勝，浦說似是。

43. 頁二十左　言得我之力

按：「力」，單疏本、八行本、八行乙本、足利本、九行本、蒙古本、關西本、十行本（元）、靜嘉堂本（元）、劉本（元）、永樂本同；閩本作「功」，明監本、毛本同。《考文・補遺》引文「得我之功」，云：「〔宋板〕『功』作『力』。」阮記引文「言得我之功」，云：「功，宋板、十行俱作『力』。」盧記引文「言得我之力」，云：「宋板同。毛本『力』作『功』。」十行本「力」寫作「功」，非其刻作「功」。今仍從單疏本等作「力」。閩本作「功」疑為刻誤。

44. 頁二十左　言天美文王興周者

按：「文」，八行本、八行乙本、足利本、九行本、蒙古本、關西本、十行本（元）、靜嘉堂本（元）、劉本（元）、永樂本、閩本、明監本、毛本、李本、王本、監圖本、岳本同。阮記云：「文，纂傳作『寧』，後並同。按：王氏據蘇氏說，以寧王為武王，凡孔《傳》『文王』字率改為『寧王』，不可為訓。」檢內野本作「文」，與八行本等皆合。今仍以「文」為是。

45. 頁二十左　人獻十夫

按：「人」，八行本、八行乙本、足利本、九行本、蒙古本、關西本、十行本（元）、靜嘉堂本（元）、劉本（元）、永樂本、閩本、明監本、毛本、李本、王本、監圖本、岳本同。《考文》云：「〔古本〕『人』作『民』。」阮記云：「人，古本作『民』。」盧記同。內野本作「民」，據此，疑作「人」乃唐時避諱所改。

46. 頁二十左　亦亦文王

按：「亦」，八行本、八行乙本、足利本、九行本、蒙古本、十行本（元）、靜嘉堂本（元）、劉本（元）、永樂本、閩本、明監本、毛本同；關西本作「如」；李本作「言」，王本、監圖本、岳本同。阮記云：「亦，岳本作『言』。」盧記同。檢內野本作「亦〻文王」，與八行本等相合。今案文義，上經文云「寧王惟卜用」，此經文云「又惟卜用」。上「寧王」惟卜用，乃文王也，此云「亦惟卜用」者，亦是文王。《傳》文「亦，亦文王」，前一「亦」字是摘被訓釋之經文「亦」字，下「亦文王」是謂經文稱「亦」，知卜用者亦是文王。作「亦」當不誤。

47. 頁二十一右　天閟毖我成功所

按：「毖」，八行本、八行乙本、足利本、九行本、蒙古本、關西本、十行本（元）、靜嘉堂本（元）、劉本（嘉靖）、永樂本、閩本、明監本、毛本、李本、王本、監圖本、岳本、唐石經、白文本皆同。阮記云：「錢大昕曰：天閟毖我成功所，《傳》訓『閟』為『慎』，又解之云『天慎勞我周家成功所在』。孔《疏》云：『閟，慎，《釋詁》文。』考《釋詁》本云：毖，慎也。經既以『閟』為『毖』，不當重出『毖』字。據《莽誥》云『天毖勞我成功所』，則知此經『毖』乃『勞』之譌，字形相涉，後人傳寫致誤，僞孔《傳》尚未誤也。〇按：下經『勤毖』，《傳》解作『勞慎』，此《傳》云『慎勞』，則經當作『毖勤』。《莽誥》於下云『天亦惟勞我民』，是訓『勤』為『勞』也。」盧記同。案《大誥》上經文出「無毖于恤，不可不勞」，孔《傳》曰：「無勞於憂，不可不成」，又疏云「毖，勞也」，是「毖」可訓作「勞」也。此處經文云「天閟毖我」，《傳》文既以「慎」釋「閟」，又云「言天慎勞我」，則亦是以「勞」釋「毖」。此處經文作「毖」或不誤。

48. 頁二十二左　今不正是棄之

按：「正」，十行本（元）、靜嘉堂本（元）、永樂本同；八行本作「征」，八行乙本、足利本、九行本、蒙古本、關西本、劉本（嘉靖）、閩本、明監本、毛本、李本、王本、監圖本、岳本同。阮記引文「今不征是棄之」，云：「征，十行本作『正』。閩本初亦作『正』，後加『彳』。之，古本作『也』。」盧記引文「今不正是棄之」，云：「閩本正初亦作『正』，後加『彳』，毛本因改作『征』。」案文義，古昔之道，往東征矣，今不征，是不繼往昔之成功，棄基業也。作「征」是。十行本作「正」誤，至嘉靖補板時改作「征」是。

49. 頁二十二左　民養其勸不救者

按：「勸」，九行本、蒙古本、十行本（元）、靜嘉堂本（元）、劉本（嘉靖）、永樂本、閩本、明監本、毛本同；八行本「勸」下有「心」字，八行乙本、足利本、關西本、李本、王本、監圖本、岳本同。《考文》云：「〔古本〕『勸』下有『心』字。」阮記云：「『勸』下古、岳、宋板俱有『心』字。」盧記同。案疏文云「則民皆養其勸伐之心」，則《傳》文有「心」字為是。

50. 頁二十二左　以此四國將誅而無救者

按：「此」，八行本、八行乙本、足利本、九行本、蒙古本、關西本、十行本（元）、靜嘉堂本（元）、劉本（嘉靖）、永樂本、閩本、明監本、毛本、李本、王本、監圖本、岳本同。《正字》云：「『此』當『比』字誤。」阮記云：「浦鏜云：『此』當『比』字誤。」盧記同。檢內野本作「比」，又案疏文云「以喻伐四國雖親如父兄，亦無救之者」，則傳世刊本《傳》文「此」似為「比」字之訛，浦說是也。

51. 頁二十三右　亦以不印為惟義也

按：「以不」，單疏本、八行本、八行乙本、足利本、九行本、蒙古本、關西本、十行本（元）、靜嘉堂本（元）、劉本（嘉靖）、永樂本、閩本、明監本同；毛本作「不以」。阮記引文「亦不以印為惟義也」，云：「『不以』二字，十行、閩、監俱誤倒。」盧記引文「亦以不印為惟義也」，云：「閩本、明監本同。毛本『以不』二字倒。」案文義，疏文是謂上經文「不印自恤」，孔《傳》釋「印」作「惟」，然此處經文「曷敢不越印敉寧王大命」，《傳》文云「何敢不於今日撫循文王大命」，似不以「印」作「惟」之意。毛本改「以不」作「不以」，是也。

52. 頁二十三右　爽邦由哲

按：「由」，八行本、八行乙本、足利本、九行本、蒙古本、關西本、十行本（元）、靜嘉堂本（元）、劉本（嘉靖）、永樂本、閩本、明監本、毛本、李本、王本、監圖本、岳本、唐石經、白文本皆同。《考文》云：「〔古本〕『由』作『用』。」阮記云：「由，古本作『用』。」盧記同。檢內野本作「繇」，旁有小字注解「由，用也」。檢山井鼎所據足利學校藏古本《古文尚書》作「用」，然「用」右側加圈，左側書「由」，下有注釋文字「由，用也」。可知此部古本作「用」實為抄寫之誤，故校正作「由」，注解文字「由，用也」則輾轉來源於內野本。

53. 頁二十三左　所以知必克者

按：「者」，單疏本、八行本、八行乙本、足利本、九行本、蒙古本、關西本、十行本（元）、靜嘉堂本（元）、劉本（嘉靖）、永樂本、閩本、明監本、毛本同。阮記云：「按：『者』字疑『之』字之誤，宜連下『故』字為句。」盧記同。案上疏文云「又言歎今伐四國必克之故」，則此處「者」似宜作「之」，阮記言是。

54. 頁二十三左　故有明國事用智道者

按：「國」，單疏本、八行本、八行乙本、足利本、九行本、蒙古本、關西本、十行本（元）、靜嘉堂本（元）、劉本（嘉靖）、永樂本、閩本、明監本同；毛本作「德」。《考文・補遺》引文「故有明德事」，云：「〔宋板〕『德』

作『國』。」《正字》云：「國，毛本誤『德』。」阮記引文「故有明德事用智道者」，云：「德，宋板、十行、閩、監俱作『國』。」案文義，知上天命，佐國家，是明國事用智道者也。作「國」是，毛本作「德」誤。

55. 頁二十三左　君不早誅之

按：「君」，十行本（元）、靜嘉堂本（元）、劉本（嘉靖）、永樂本同；單疏本作「若」，八行本、八行乙本、足利本、九行本、蒙古本、關西本、閩本、明監本、毛本同。阮記引文「若不早誅之」，云：「若，十行本誤作『君』。」盧記引文「君不早誅之」，云：「毛本『君』作『若』。案：所改是也。」案《傳》文云「若不早誅汝」，則疏文亦當作「若」。十行本作誤作「君」，形近之訛也。

56. 頁二十五右　微子之命第十三

按：「三」，十行本（元）、靜嘉堂本（元）、劉本（嘉靖）、永樂本、閩本同；八行本無「三」字，八行乙本、足利本、九行本、蒙古本、關西本、明監本、毛本、王本、監圖本、岳本、唐石經、白文本同；李本《微子之命》篇闕。阮記引文「微子之命第十」，云：「『十』下，十行本誤衍『三』字。」盧記同。《微子之命》為第十，非第十三。「三」字顯是衍文，阮記言是。

57. 頁二十五右　成王既黜殷命殺武庚

按：「庚」，八行本、八行乙本、足利本、九行本、蒙古本、關西本、十行本（元）、靜嘉堂本（元）、劉本（嘉靖）、永樂本、閩本、明監本、毛本、王本、監圖本、岳本、唐石經、白文本同；李本《微子之命》篇闕。《考文．補遺》云：「〔古本〕『庚』作『康』。」阮記云：「庚，古本作『康』，非也。」盧記同。檢山井鼎、物觀所據足利學校藏古本《古文尚書》作「康」，旁有「庚」，是此部古本抄寫時誤作「康」，後又校正之。物觀不明此義，遂有此誤校。

58. 頁二十五右　微子作告

按：「告」，單疏本、八行本、八行乙本、足利本、九行本、蒙古本、關西本、十行本（元）、靜嘉堂本（元）、劉本（嘉靖）、永樂本、閩本同；明監本作「誥」，毛本同。阮記引文「微子作誥」，云：「誥，十行、閩本俱誤作

『告』。」盧記引文「微子作告」，云：「閩本同。毛本『告』作『誥』，是也。」似以作「誥」為宜，明監本所改是也。阮記言是。

59. 頁二十五右　右抱茅

按：「抱」，十行本（元）、靜嘉堂本（元）、劉本（嘉靖）、永樂本、閩本、明監本同；單疏本作「把」，八行本、八行乙本、足利本、九行本、蒙古本、闕西本、毛本同。阮記引文「右把茅」，云：「把，十行、閩、監俱作『抱』。下『右把茅也』仍作『把』。按：《史記》元文作「把」。」盧記引文「右抱茅」，云：「閩本、明監本同。毛本『抱』作『把』。〇案：下『右把茅也』，仍作『把』。《史記》元文作『把』。」案下疏文云「又安得左牽羊，右把茅也」，則此處亦當作「把」為是。阮記言是。

60. 頁二十五右　縛手於復

按：「復」，十行本（元）、靜嘉堂本（元）、劉本（嘉靖）同；單疏本作「後」，八行本、八行乙本、足利本、九行本、蒙古本、闕西本、永樂本、閩本、明監本、毛本同。阮記引文「縛手於後」，云：「後，十行本誤作『復』。」盧記同。案文義，縛手於其身後也。作「後」是。十行本作「復」誤，形近之訛。

61. 頁二十五左　正朔服色

按：「服」，八行本、八行乙本、足利本、九行本、蒙古本、闕西本、十行本（元）、靜嘉堂本（元）、劉本（嘉靖）、永樂本、閩本、明監本、王本、監圖本、岳本同；毛本作「物」；李本《微子之命》篇闕。《考文・補遺》引文「正朔物色」，云：「〔古本〕『物』作『服』，宋板同。」《正字》云：「服，毛本誤作『物』。」阮記引文「正朔物色」，云：「物，古、岳、葛本、宋板、十行、閩、監、纂傳俱作『服』。按：『物』字與《疏》不合。」盧記引文「正朔服色」，云：「毛本『服』誤『物』，與《疏》不合。各本皆不誤。」案疏云「使正朔不改典禮服色」，則《傳》文作「服」是。毛本作「物」誤。

62. 頁二十五左　與時皆美

按：「皆」，八行本、八行乙本、足利本、九行本、蒙古本、闕西本、十行本（元）、靜嘉堂本（元）、劉本（嘉靖）、永樂本、閩本、明監本、毛本、王本、監圖本、岳本同；李本《微子之命》篇闕。阮記云：「皆，纂傳作『偕』。」盧記同。檢內野本作「皆」，與八行本等皆合。作「皆」是。

63. 頁二十五左　放桀邪淫蕩之德

按：「淫蕩」，九行本、關西本、十行本（元）、靜嘉堂本（元）、劉本（嘉靖）、永樂本、閩本、明監本、毛本、王本同；八行本作「虐湯」，八行乙本、足利本、蒙古本、監圖本、岳本同；李本《微子之命》篇闕。「德」，八行本、八行乙本、足利本、九行本、蒙古本、關西本、十行本、靜嘉堂本（元）、劉本（嘉靖）、永樂本、閩本、明監本、毛本、王本、監圖本同；李本《微子之命》篇闕；岳本「德」下有「也」字。《考文》引文「放桀邪淫蕩之德」，云：「〔古本〕作『放桀邪虐湯之德也』，宋板同，但無『也』字」。阮記云：「古本、岳本俱作『放桀邪虐湯之德也』，宋板無『也』字，餘與古、岳同。《岳本考證》云：《傳》釋經不當改『邪』作『淫』，又諸本『湯之德』下無『也』字，辭義似未足。」盧記同。檢內野本作「放桀邪虐，湯之德也」。案經文云「除其邪虐」，則《傳》文釋作「放桀邪虐」，此即湯之德也。「淫蕩」應是「虐湯」之訛。

64. 頁二十六右　言湯立功加流當時

按：「流」，十行本（元）、靜嘉堂本（元）、劉本（嘉靖）、永樂本、閩本、明監本同；八行本作「於」，八行乙本、足利本、九行本、蒙古本、關西本、毛本、王本、監圖本、岳本同；李本《微子之命》篇闕。阮記引文「言湯立功加於當時」，云：「於，葛本、十行、閩、監、纂傳俱誤作『流』。」盧記引文「言湯立功加流當時」，云：「葛本、閩本、纂傳同。案：『流』當作『於』。毛本不誤。」經文云「功加于時」，則《傳》文作「於」為是。十行本誤「於」作「流」，形近之訛。

65. 頁二十六右　言能踐湯德

按：「言」，八行本、八行乙本、足利本、九行本、蒙古本、關西本、十行本（元）、靜嘉堂本（元）、劉本（嘉靖）、永樂本、閩本、明監本、毛本、王本、監圖本、岳本同；李本《微子之命》篇闕。阮記云：「纂傳無『言』字。

按《傳》上云『汝微子』，謂經所謂汝者，指微子也，此五字自為一句。纂傳與上三字連讀，故刪去『言』字耳。」檢島田本、內野本有「言」字，與八行本等相合。有「言」字為是。

66. 頁二十六右　是二王後為郊祭天

按：「為」，關西本、十行本（元）、靜嘉堂本（元）、劉本（嘉靖）、永樂本、閩本、明監本同；單疏本作「得」，八行本、八行乙本、足利本、九行本、蒙古本、毛本同。《正字》云：「得，監本誤『為』。」阮記引文「是二王後得郊祭天」，云：「得，十行、閩、監俱作『為』。按：纂傳作『是二王後皆郊天』。」盧記引文「是二王後為郊祭天」，云：「閩本、明監本同。毛本『為』作『得』。按：纂傳作『是二王後皆郊天』。」案文義，周之世，周而外，禹、契二王之後，杞、宋可得郊祭天，各以其始祖禹、契配之。作「得」為宜。

67. 頁二十七右　傳唐叔至一德

按：「德」，關西本、十行本（元）、靜嘉堂本（元）、劉本（嘉靖）、永樂本、閩本同；單疏本作「穗」，八行本、八行乙本、足利本、九行本、蒙古本、明監本、毛本同。阮記引文「傳唐叔至一穗」，云：「穗，十行、閩本俱誤作『德』。」盧記引文「傳唐叔至一德」，云：「案：『德』當作『穗』。」案《傳》文云「合為一穗」，則疏文標目當作「穗」為是。

68. 頁二十七右　以善禾名篇

按：「善」，八行本、九行本、蒙古本、十行本（元）、靜嘉堂本（元）、劉本（嘉靖）、永樂本、閩本、明監本、毛本同；八行乙本作「[illegible]」，不成字，足利本同；關西本作「嘉」，王本、監圖本、岳本同；李本《微子之命》篇闕。《考文・補遺》云「宋板『善』作『嘉』。」阮記云：「善，岳本、宋板、纂傳俱作『嘉』。」盧記同。案經既云「作嘉禾」，則《傳》文似作「嘉」為宜。

69. 頁二十八右　以善禾為書之篇名

按：「善」，單疏本、八行本、八行乙本、足利本、九行本、蒙古本、關西本、十行本（元）、靜嘉堂本（元）、劉本（嘉靖）、永樂本、閩本、明監本、毛本皆同。阮記、盧記皆無說。阮記於《傳》文「以善禾名篇」之「善」字旁加圈，故又於疏文「以善禾為書之篇名」之「善」字旁加圈。凡「以善禾為書之篇名」之類，「善」似作「嘉」為宜。

卷十四

1. 頁一右　故使賢母弟主之

按:「之」，八行本、八行乙本、足利本、九行本、蒙古本、關西本、十行本（元）、靜嘉堂本（元）、劉本（嘉靖）、永樂本、閩本、明監本、毛本、李本、王本、監圖本、岳本皆同。《考文》引文「故使賢母弟主之」，云:「〔古本〕作『故使其賢母弟主也』。」阮記云:「古本作『故使其賢母弟主也』，與《疏》異。」盧記同。檢內野本作「故使其賢母弟主也」，則古本當有如內野本者。然諸本疏文標目云「傳以三至主之」，又疏文云「周公懲其數叛，故使賢母弟主之」，與傳世刊本《傳》文相合。今仍從八行本等作「故使賢母弟主之」。

2. 頁一右　康圻內國名叔封字

按:「康」，八行本、八行乙本、足利本、九行本、蒙古本、關西本、十行本（元）、靜嘉堂本（元）、劉本（嘉靖）、永樂本、閩本、明監本、毛本、李本、王本、監圖本、岳本皆同。《考文》引文「康圻內國名叔封字」，云:「〔古本〕下有『也』字。謹按:此注當在序『封康叔』下也，諸本皆誤。」阮記云:「纂傳此注在序『封康叔』下，諸本皆誤。」盧記同。案諸本「康圻內國名叔封字」置於經文「作康誥酒誥梓材康誥」之下，經文無「康叔」，上《考文》及阮記以為此段《傳》文當置於經文「以殷餘民封康叔」之下。然檢內野本，「康圻內國名叔封字」在經文「作康誥酒誥梓材康誥」下，與傳世刊本皆合，今仍從之，不輕改。

3. 頁一左　周禮上公五百

按：「百」，關西本、十行本（元）、靜嘉堂本（元）、劉本（嘉靖）、永樂本、閩本、明監本、毛本同；單疏本「百」下有「里」字，八行本、八行乙本、足利本、九行本、蒙古本同。《考文》引文「周禮上公五百」，云：「宋板『五百』下有『里』字。」《正字》引文「周禮諸公五百里」，云：「『諸公』誤『上公』，『里』字脫。」阮記云：「『百』下，宋板有『里』字，是也。」盧記同。單疏本、八行本等有「里」字是。關西本、十行本脫「里」字，疑南宋建陽坊間所刻宋十行本即已脫「里」字。

4. 頁一左　而康叔之康鄭為國

按：「鄭」，永樂本同；單疏本作「猶」，八行本、八行乙本、足利本、九行本、蒙古本、關西本、十行本（元）、劉本（嘉靖）、閩本、明監本、毛本同；靜嘉堂本（元）漫漶。阮記引文「而康叔之康猶為國」，云：「猶，十行本誤作『鄭』。」盧記引文「而康叔之康鄭為國」，云：「案：『鄭』當作『猶』，各本皆不誤。轉寫之譌耳。」十行本作「猶」不誤。據靜嘉堂本元刻葉面漫漶情況而視之，阮本及阮記所見「十行本」，應該類似於靜嘉堂本，其「猶」字漫漶，只「酋」部可辨，阮記及阮本遂誤將此字識作「鄭」。至於永樂本作「鄭」，疑是張均衡影刻時誤作「鄭」。

5. 頁二右　乃洪大誥治

按：「乃」，八行本、八行乙本、足利本、九行本、蒙古本、關西本、十行本（元）、靜嘉堂本（正德）、劉本（正德十二年）、永樂本、閩本、明監本、毛本、李本、王本、監圖本、岳本、唐石經、白文本皆同。阮記云：「陸氏曰：一本作『周公迺洪大誥治』。」盧記同。檢內野本作「乃洪大誥治」，與傳世刊本相合。今暫未見某本與陸德明所見別本相同。

6. 頁二右　周公皆勞勉五服之人

按：「人」，八行本、八行乙本、足利本、九行本、蒙古本、關西本、十行本（元）、靜嘉堂本（正德）、劉本（正德十二年）、永樂本、閩本、明監本、毛本、李本、王本、監圖本、岳本皆同。《考文》云：「〔古本〕『人』作『民』。」阮記云：「人，古本作『民』。」案文義，上《傳》文云「五服之百官，播率其民和悅，並見即事於周」，五服之官與五服之民，周公皆慰勞勸勉之。據此，此處《傳》文作「人」則包括五服官民，是也。

7. 頁二右　遂乃因大封命大誥以治道

按：「誥」，八行本、八行乙本、足利本、九行本、蒙古本、關西本、十行本（元）、靜嘉堂本（正德）、劉本（正德十二年）、永樂本、閩本、明監本、毛本、李本、王本、監圖本、岳本皆同。《考文》云：「〔古本〕『誥』作『告』。」阮記云：「誥，古本作『告』。」盧記同。檢內野本作「告」。然諸本疏文皆出「以康叔為衛侯，大誥以治道」，則《傳》文似作「誥」為宜。

8. 頁二右　以康叔為衛侯大誥以治道

按：「誥」，單疏本、八行本、八行乙本、足利本、九行本、蒙古本、關西本、十行本（元）、靜嘉堂本（正德）、劉本（正德十二年）、永樂本、閩本、明監本、毛本同。作「誥」是，與諸本《傳》文相合。

9. 頁二左　七年制禮作樂

按：「七」，關西本、十行本（元）、靜嘉堂本（正德）、劉本（正德十二年）、永樂本、閩本、明監本、毛本同；單疏本作「六」，八行本、八行乙本、足利本、九行本、蒙古本同。《考文》引文「七年制禮作樂」，云：「〔宋板〕『七』作『六』。」阮記云：「七，宋板作『六』。〇按：當作『六』。」盧記同。案諸本疏文云「又云六年制禮作樂，是六年已有明堂」，則此處亦當作「六」。

10. 頁二左　即云頒度量而天下大順

按：「順」，關西本、十行本（元）、靜嘉堂本（正德）、劉本（正德十二年）、永樂本、閩本、明監本、毛本同；單疏本作「服」，八行本、八行乙本、足利本、九行本、蒙古本同。《考文》引「天下大順」，云：「〔宋板〕『順』作『服』。」阮記云：「順，宋板作『服』。〇按：《明堂位》作『服』，宋本是也。」盧記同。檢南宋撫州公使庫刻本《禮記》卷九《明堂位》作「服」，則作「服」是。阮記言是。關西本、十行本皆誤作「順」，疑南宋建陽坊間所刻宋十行本已誤作「順」。

11. 頁二左　自出當時之宜

按：「出」，靜嘉堂本（正德）、劉本（正德十二年）、永樂本同；單疏本作「由」，八行本、八行乙本、足利本、九行本、蒙古本、關西本、十行本（元）、閩本、明監本、毛本同。阮記引文「自由當時之宜」，云：「由，十行本作『出』。」盧記引文「目出當時之宜」，云：「毛本『出』作『由』。」案文義，「由」者，因也，作「由」是，作「出」則非。十行本作「由」不誤，正德補板時誤「由」作「出」。

12. 頁二左　見亦上其勞

按：「上」，靜嘉堂本（正德）、劉本（正德十二年）、永樂本同；單疏本作「主」，八行本、八行乙本、足利本、九行本、蒙古本、關西本、十行本（元）、閩本、明監本、毛本同。阮記引文「見亦主其勞」，云：「主，十行本作『上』。」盧記引文「見亦上其勞」，云：「毛本『上』作『三』。」案文義，五服之內百官播率其民，是卿大夫及士亦主其勞也。作「主」是。十行本作「主」不誤，正德補板時誤作「上」。

13. 頁三右　其民猶至

按：「民」，永樂本、閩本、明監本、毛本同；單疏本作「且」，八行本、八行乙本、足利本、九行本、蒙古本、十行本（元）、靜嘉堂本（元）、劉本（嘉靖）同；關西本作「具」。《考文》云：「〔宋板〕『民』作『且』。」阮記云：「民，宋板、十行俱作『且』。」盧記引文「其民猶至」，云：「宋板同。毛本『且』作『民』。」檢清嘉慶南昌府學刻本《禮記注疏》卷三十一《明堂位疏》引曰：「示之以力役，且猶至，而況導之以禮樂乎？」據此，則單疏本、八行本等作「且」是。永樂本作「民」，疑是張均衡影刻時誤改。

14. 頁三右　故於我一二邦

按：「我」，八行本、八行乙本、足利本、九行本、蒙古本、關西本、十行本（元）、靜嘉堂本（元）、劉本（嘉靖）、永樂本、毛本、李本、王本、監圖本、岳本同；閩本無「我」字，明監本同。《正字》引文「故於我一二邦皆以修治」，云：「監本脫『我』字。」阮記云：「葛本、閩、監俱脫『我』字。」盧記同。檢內野本有「我」字，與八行本等相合。又經文云「越我一二邦以修」，

《傳》文似當以有「我」字為是。閩本刊漏「我」字，明監本承其誤。

15. 頁四左　今民將在祗遹乃文考

按：「今」，八行本、八行乙本、足利本、九行本、蒙古本、闕西本、十行本（元）、靜嘉堂本（正德）、劉本（正德十二年）、永樂本、毛本、李本、王本、監圖本、岳本、唐石經、白文皆同。《考文》云：「〔古本〕『民』上有『治』字。」阮記云：「『民』上古本有『治』字。」盧記同。檢內野本「民」上有「治」字。經文「民」上原本是否有「治」字，存之待考。

16. 頁五左　人情大可見

按：「人」，八行本、八行乙本、足利本、九行本、蒙古本、闕西本、十行本（明初）、靜嘉堂本（明初）、劉本（明初）、永樂本、閩本、明監本、毛本、李本、王本、監圖本、岳本皆同。《考文》云：「〔古本〕『人』作『民』。」阮記云：「人，古本、纂傳俱作『民』。」單疏本疏文云「以民情大可見，所以可見這，以小人難安也」，疑《傳》文作「民」為宜。然諸本下疏文云「人情所以大可見者，以小人難安」，其作「人」，疑因唐時《古文尚書》傳本多避「民」字諱。

17. 頁五左　不在大起於小

按：「起」，八行本、八行乙本、足利本、九行本、蒙古本、闕西本、十行本（明初）、靜嘉堂本（明初）、劉本（明初）、永樂本、閩本、明監本、毛本、李本、王本、監圖本、岳本皆同。《考文》引文「不在大，起於小」，云：「〔古本〕作『不在大，大起於小也』。」阮記云：「『起』上，古本有『大』字。」盧記同。案諸本疏文云「言『不在大，起於小』，言怨由小事起」，則傳世刊本《傳》文作「不在大，起於小」是，文從省約，且文義已足。內野本「起」上別有一「大」字，似不可從之。

18. 頁五左　所明而云行天人之德者

按：「所」，單疏本、八行本、八行乙本、足利本、九行本、蒙古本、闕西本、十行本（明初）、靜嘉堂本（明初）、劉本（明初）、永樂本、閩本、明監本、毛本同。「而云」，單疏本、八行本、足利本、九行本、蒙古本、闕西本、十行本（明初）、靜嘉堂本（明初）、劉本（明初）、永樂本、閩本、明監本、毛本同。阮記云：「盧文弨云：『所』疑當作『此』。『而云』二字疑衍。○按：『而云』疑當作『上云』。」盧記同。「所明而云」四字當有訛誤或脱漏，原文暫不可曉，存之待考。

19. 頁五左　以小人難保也

按：「保」，靜嘉堂本（明初）、劉本（明初）、閩本、明監本同；單疏本作「安」，八行本、八行乙本、足利本、九行本、蒙古本、闕西本、永樂本、毛本同；十行本（明初）墨釘。阮記引文「以小人難安也」，云：「安，十行、閩、監俱作『保』。」盧記引文「小人難保也」，云：「閩本、明監本同。毛本『保』作『安』。」案諸本《傳》文出「以小人難安」，則疏文作「安」為宜。十行本此葉為明初補板，補板時作一字墨釘。靜嘉堂本為明正德時期印本，正德時期對明初補板之墨釘進行剜改，補作「保」，誤也。

20. 頁五左　我聞名遺言曰

按：「名」，十行本（明初）、靜嘉堂本（明初）、劉本（明初）、永樂本同；單疏本作「古」，八行本、八行乙本、足利本、九行本、蒙古本、闕西本、閩本、明監本、毛本同。阮記引文「我聞古遺言曰」，云：「古，十行本誤作『名』。」盧記引文「我聞名遺言曰」，云：「毛本『名』作『古』。案：所改是也。」案「名」顯是「古」字之訛，十行本此葉為明初補板，頗疑明初補板時誤「古」作「名」。

21. 頁六右　人有小罪非眚

按：「眚」，八行本、八行乙本、足利本、九行本、蒙古本、闕西本、十行本（明初）、靜嘉堂本（明初）、劉本（明初）、永樂本、毛本、李本、王本、監圖本、岳本、唐石經、白文皆同。阮記云：「陸氏曰：本亦作『省』。按：《潛夫論》作『省』。」盧記同。今暫未見有古本作「省」者。

22. 頁六右　乃惟終自行之

按：「自」，八行本、八行乙本、足利本、九行本、蒙古本、闕西本、十行本（明初）、靜嘉堂本（明初）、劉本（明初）、永樂本、閩本、明監本、毛本、李本、王本、監圖本同；岳本作「身」。阮記云：「自，岳本作『身』，與《疏》

合。按：纂傳已誤作『自』。」盧記同。案疏文云「乃惟終身自為不常之行，用犯汝」，岳本或據疏文改。然檢內野本作「自」，與八行本等相合，《傳》文作「自」或不誤。

23. 頁六左　若有疾惟民其畢棄咎

按：「惟」，八行本、八行乙本、足利本、九行本、蒙古本、關西本、十行本（明初）、靜嘉堂本（明初）、劉本（明初）、永樂本、毛本、李本、王本、監圖本、岳本、唐石經、白文皆同。《考文》云：「〔古本〕無『惟』字。」阮記云：「古本無『惟』字。」盧記同。檢內野本有「惟」字。又檢山井鼎所據足利學校藏本《古文尚書》無「惟」字，然其「民」上加圈，旁書「惟」字，知此部古本抄漏「惟」字。

24. 頁七右　故又本於政不可以濫刑

按：「又」，單疏本、八行本、八行乙本、足利本、九行本、蒙古本、關西本、十行本（元）、靜嘉堂本（元）、劉本（元）、永樂本、閩本、明監本同；毛本作「文」。《正字》云：「又，毛本誤『文』。」阮記引文「故文本於政不可以濫刑」，云：「文，十行、閩、監俱作『又』。」盧記引文「故又本於政不可以濫刑」，云：「閩本、明監本同。毛本『又』作『文』。」毛本作「文」顯誤，浦說是。

25. 頁七左　重刑之至也

按：「也」，八行本、八行乙本、足利本、九行本、蒙古本、關西本、十行本（元）、靜嘉堂本（元）、劉本（元）、永樂本、閩本、明監本、毛本、李本、王本、監圖本、岳本同。阮記云：「按：《疏》標目及舉《傳》文俱無『也』字。」盧記同。檢內野本有「也」字，與八行本等相合。而孔穎達疏文所據之本句末無虛詞「也」字。

26. 頁七左　為奉土事

按：「土」，十行本（元）、靜嘉堂本（元）、劉本（元）、永樂本、閩本同；單疏本作「王」，八行本、八行乙本、足利本、九行本、蒙古本、關西本；明監本作「上」，毛本同。《考文・補遺》引文「為奉上事」，云：「〔宋板〕『上』作『王』。」阮記引文「為奉上事」，云：「上，宋板作『王』，十行、閩本俱誤作『土』。」盧記引文「為奉土事」，云：「閩本同。宋板『土』作『王』。毛本作『上』。案：『上』字是也。」案《傳》文云「諸侯奉王事」，則單疏本、八行本等作「王」是。十行本誤作「土」，或是因其印字不清。明監本改「土」作「上」，仍非。

27. 頁八右　用其義刑義殺

按：兩「義」字，八行本、八行乙本、足利本、九行本、蒙古本、關西本、十行本（元）、靜嘉堂本（元）、劉本（元）、永樂本、毛本、李本、王本、監圖本、岳本、唐石經、白文皆同。《考文》云：「〔古本〕『義』作『誼』。」阮記云：「兩『義』字，古本俱作『誼』。」盧記同。檢內野本作「誼」。

28. 頁八右　勿庸以次汝封

按：「庸」，八行本、八行乙本、足利本、九行本、蒙古本、關西本、十行本（元）、靜嘉堂本（元）、劉本（元）、永樂本、毛本、李本、王本、監圖本、岳本、唐石經、白文皆同。《考文》云：「〔古本〕『庸』作『用』。」阮記云：「庸，古本作『用』。」盧記同。檢內野本作「用」。案《傳》文云「勿用以就汝封之心所安」，疑《傳》文以「用」釋經文「庸」字，經文似作「庸」字為宜。

29. 頁八右　我心我心惟汝所知

按：「心」，九行本、十行本（元）、靜嘉堂本（元）、劉本（元）、永樂本、閩本同；八行本作「德」，八行乙本、足利本、蒙古本、關西本、明監本、毛本、李本、王本、監圖本、岳本同。阮記引文「我心我德」，云：「德，十行、閩、葛俱誤作『心』。按：葛本誤以上二字屬上句，下二字屬下句，故有此誤。」盧記引文「我心我心」，云：「閩本、葛本同。毛本下『心』字作『德』，是也。案：葛本誤以上二字屬上句，下二字屬下句，故有此誤。」案經文云「朕心朕德」，則《傳》文下「心」字當改作「德」。

30. 頁八右　乃使汝所行盡順曰

按：「盡」，單疏本、八行本、八行乙本、足利本、九行本、蒙古本、關西本、十行本（元）、靜嘉堂本（元）、劉本（元）、永樂本、閩本、明監本同；毛本作「而」。《正字》云：「盡，毛本誤『而』。」阮記引文「乃使汝所行而順曰」，云：「而，十行、閩、監俱作『盡』。」盧記引文「乃使汝所行盡順曰」，云：「閩本、明監本同。毛本『盡』作『而』。」案《傳》文云「所行盡順」，則疏文作「盡」是。毛本作「而」顯誤。

31. 頁八左　惟汝所委知也

按：「委」，單疏本、八行本、八行乙本、足利本、九行本、蒙古本、關西本、十行本（元）、靜嘉堂本（元）、永樂本同；劉本（元）作「悉」，閩本、明監本、毛本同。《考文》引文「所悉知也」，云：「〔宋板〕『悉』作『委』。」阮記引文「惟汝所悉知也」，云：「悉，宋板、十行俱作『委』。按：作『委』是。」盧記引文「惟汝所委知也」，云：「宋本同。毛本『委』作『悉』。案：作『委』是。」當以「委」字為是，「委」作「實」字解，謂我心我德，惟汝實知也。十行本、靜嘉堂本作「委」不誤，劉本雖為元刻版葉，然其局部似有修補，大體於明嘉靖時期補板之時，亦對元刻版葉進行修補，修補時誤作「悉」。

32. 頁八左　故云亦欲令康叔明識此意也

按：「亦」，九行本、蒙古本、關西本、十行本（元）、靜嘉堂本（元）、劉本（元）、永樂本、閩本、明監本、毛本同；單疏本作「己」；八行本作「巳」，八行乙本、足利本同。《考文》云：「〔宋板〕『亦』作『巳』。」阮記云：「亦，宋板作『巳』。按：經文有『巳』字，無『亦』字。今本誤以此『巳』字屬下句，故有此誤。」盧記同。案《傳》文云「欲其明成王所以命己之款心」，則疏文似當作「己」，「己」指成王也。

33. 頁九右　盤庚已訓

按：「盤」，十行本（元）、靜嘉堂本（元）、劉本（嘉靖）、永樂本、閩本、明監本、毛本同；單疏本「盤」上有「於」字，八行本、八行乙本、足利本、九行本、蒙古本、關西本同。《考文》云：「〔宋板〕『盤』上有『於』字。」阮記云：「『盤』上，宋板有『於』字，是也。」盧記同。單疏本、八行本等有「於」字為是，謂於《盤庚》篇已釋「暨」字。

34. 頁九右　當須絕之

按：「須」，單疏本、八行本、八行乙本、足利本、九行本、蒙古本、關西本、十行本（元）、靜嘉堂本（元）、永樂本、毛本同；劉本（嘉靖）無「須」字，閩本、明監本同。《正字》云：「『須絕』，案《傳》文當作『消滅』。今監、閩本無『須』字。」阮記云：「閩、監俱無『須』字。浦鏜云：按《傳》當作『消』字。」盧記同。十行本原有「須」字，嘉靖補板時刊漏「須」字。案《傳》文云「言當消絕之」，則疏文「須」字似改作「消」字為宜，浦說似是。

35. 頁九右　王曰封元惡大憝

按：「憝」，八行本、八行乙本、足利本、九行本、蒙古本、關西本、十行本（元）、靜嘉堂本（元）、劉本（嘉靖）、永樂本、閩本、明監本、李本、王本、監圖本、岳本、唐石經、白文本同；毛本作「**憝**」。《考文》引文「元惡大**憝**」，云：「正誤：『**憝**』當作『憝』。」阮記引文「王曰封元惡大**憝**」云：「唐宋兩石經、古本、岳、葛本、宋板、十行、閩、監俱作『憝』，不誤。」盧記引文「王曰封元惡大憝」，云：「諸本同。毛本誤作『**憝**』。」案《康誥》上下經文皆作「憝」，惟毛本此處誤作「**憝**」。《考文》及阮記言是。

36. 頁九右　不友兄弟者乎

按：「友」，八行本、八行乙本、足利本、九行本、蒙古本、關西本、十行本（元）、靜嘉堂本（元）、劉本（嘉靖）、永樂本、閩本、明監本、毛本、李本、王本、監圖本、岳本皆同。《考文・補遺》云：「〔古本〕『友』作『善』。」阮記云：「友，古本作『善』。」盧記同。檢內野本作「善」。案下《傳》文云「莫大於不孝不友」，此處似作「友」字為宜。

37. 頁九右　為人兄

按：「為」，八行本、八行乙本、足利本、九行本、蒙古本、關西本、十行本（元）、靜嘉堂本（元）、劉本（嘉靖）、永樂本、閩本、明監本、毛本、李本、王本、監圖本、岳本皆同。《考文》云：「〔古本〕『為』上有『於』字。」阮記云：「『為』上，古本有『於』字。」盧記同。檢內野本「為」上有「於」字。案上經文出「于父不能」，則《傳》文云「於為人父」；又經文云「于弟弗念」，《傳》文云「於為人弟」。然此處經文云「兄亦不念」，「兄」上無「於」

字，與前經文不同，則此處《傳》文似以無「於」字為宜。古本不可盡從。

38. 頁九右　不孝不慈弗友不恭

按：「弗」，八行本、八行乙本、足利本、九行本、蒙古本、關西本、十行本（元）、靜嘉堂本（元）、劉本（嘉靖）、永樂本、閩本、明監本、毛本同；李本作「不」，王本、監圖本、岳本同。《考文》云：「〔古本〕『弗』作『不』。」阮記云：「弗，古、岳、纂傳俱作『不』。」盧記同。檢內野本作「不」。案古本經文「弗」、「不」常混用。然此處《傳》文既云「不孝」、「不慈」、「不恭」，則「弗友」似亦當作「不友」為宜。

39. 頁九左　不能自愛其子

按：「自」，蒙古本、關西本、十行本（元）、靜嘉堂本（元）、劉本（嘉靖）、永樂本、閩本、明監本同；單疏本作「字」，八行本、八行乙本、足利本、九行本、毛本同。《正字》云：「字，監本誤『自』。」阮記引文「不能字愛其子」，云：「字，十行、閩、監俱誤作『自』。」盧記引文「不能自愛其子」，云：「閩本、明監本同。毛本『自』作『字』，是也。」案經文云「于父不能字」，又《傳》文云「於為人父，不能字愛其子」，則疏文當以「字」為是。浦說、阮記是。

40. 頁九左　釋親云善父母為孝善兄弟為友

按：「親」，單疏本、八行本、八行乙本、足利本、九行本、蒙古本、關西本、十行本（元）、劉本（嘉靖）、永樂本、閩本、明監本、毛本同；靜嘉堂本（元）漫漶。阮記云：「孫志祖云：『親』當作『訓』。」盧記同。檢四部叢刊影宋本《爾雅》卷上《釋訓》云「善父母為孝，善兄弟為友」，則此處疏文似當作「訓」為宜。

41. 頁十右　故此不友先言弟於兄若

按：「若」，單疏本、八行本、八行乙本、足利本、九行本、蒙古本、關西本、十行本（元）、靜嘉堂本（元）、永樂本同；劉本（嘉靖）作「者」，閩本、明監本、毛本同。《考文》引文「先言弟於兄者」，云：「〔宋板〕『者』作『若』。謹按：似屬下句，然為未穩。」《正字》引文「故此不友先言弟於兄者」，云：「『者』當『也』字誤。」阮記引文「故此不友先言弟於兄者」，云：「者，宋板、十行俱作『若』。山井鼎曰：『若』字似屬下句，然為未穩。浦鏜云：『者』當『也』字誤。」盧記引文「故此不友先言弟於兄若」，云：「宋板同。毛本『若』作『者』。案：山井鼎云：『若』字似屬下句，然為未穩。浦鏜云：『者』當『也』字誤。」當從單疏本、八行本等作「若」，屬下讀，謂先言弟於兄不恭，如舉中以見上下。

42. 頁十左　及外庶子

按：「及外庶子」，八行本、八行乙本、足利本、九行本、蒙古本、闞西本、十行本（元）、靜嘉堂本（元）、劉本（嘉靖）、永樂本、閩本、明監本、毛本、李本、監圖本、岳本同；王本作「□□庶子」。阮記云：「按：此四字於本節經意無儅，《疏》亦無釋，疑衍文。」盧記同。檢內野本有「及外庶子」四字。案文義，上《傳》文云：「凡民不循大常之教，猶刑之無赦，況在外掌眾子之官，主訓民者而親犯乎？」是外庶子亦在刑之無赦之列。此處《傳》文云「其有不循大常者，則亦在無赦之科」，包括正官、小臣、有符節之吏，以及上文所言之外庶子，皆在無赦之科。綜上，此處《傳》文似當有「及外庶子」四字為宜。

43. 頁十左　越厥小臣外正

按：「厥」，八行本、八行乙本、足利本、九行本、蒙古本、闞西本、十行本（元）、靜嘉堂本（元）、劉本（嘉靖）、永樂本、閩本、明監本、毛本、李本、王本、監圖本、岳本、唐石經、白文本皆同。《考文》云：「〔古本〕無『厥』字。」阮記云：「古本無『厥』字。」盧記同。檢內野本有「厥」字。檢山井鼎所據足利學校藏古本《古文尚書》「粵」下加圈，旁書「厥」字，是其抄寫時漏去「厥」字，而後又於正文之側補「厥」字。山井鼎《考文》之校勘不可盡信。

44. 頁十一右　當惟念文王之所敬思而法之

按：「思」，九行本、闞西本、十行本（元）、靜嘉堂本（元）、劉本（元）、永樂本、閩本同；八行本作「忌」，八行乙本、足利本、蒙古本、明監本、毛本、李本、王本、監圖本、岳本同。「之」，八行本、八行乙本、足利本、九行本、蒙古本、關西本、十行本、靜嘉堂本（元）、劉本（元）、永樂本、閩本、明監本、毛本、李本、王本、監圖本、岳本皆同。《考文》引文「而法之」，云：「〔古本〕下有『矣』字。」阮記引文「當惟念文王之所敬忌而法之」，云：「忌，十行、閩、葛俱誤作『思』。句末古本有『矣』字。」盧記引文「當惟念文王之所敬思而法之」，云：「閩本、葛、古同。毛本『思』作『忌』。句末古本有『矣』字。案：『思』字誤也。」案經文出「文王之敬忌」，則《傳》文作「文王之所敬忌而法之」為是，「思」當作「忌」。檢內野本「之」下有「矣」字，此蓋古本句末虛詞。

45. 頁十一右　及於小臣猶有符節者

按：「猶」，關西本、十行本（元）、靜嘉堂本（元）、劉本（元）、永樂本、閩本、明監本同；單疏本作「諸」，八行本、八行乙本、足利本、九行本、蒙古本、毛本同。《正字》引文「況在外土掌庶子之官云云。及於小臣諸有符節者」，云：「監本『土』誤『上』，『諸』誤『猶』。」阮記引文「及於小臣諸有符節者」，云「諸，十行、閩、監俱作『猶』。」盧記引文「及於小臣猶有符節者」，云：「閩本、明監本同。毛本『猶』作『諸』。」案《傳》文出「於小臣諸有符節之吏」，則疏文作「諸」是。關西本、十行本皆誤作「猶」，疑南宋建陽坊間所刻十行注疏本已誤作「猶」。

46. 頁十一右　惟為威暴則為酷虐

按：「則」，十行本（元）、靜嘉堂本（元）、劉本（元）、永樂本、閩本、明監本同；單疏本作「惟」，八行本、八行乙本、足利本、九行本、蒙古本、關西本、毛本同。阮記引文「惟為酷虐」，云：「惟，十行、閩、監俱作『則』。」盧記引文「則為酷虐」，云：「閩本、明監本同。毛本『則』作『惟』。」案經文云「惟威惟虐」，則是「惟為威暴，惟為酷虐」之義。「則」當作「惟」。

47. 頁十二右　即敬德忌刑

按：「敬德忌」，單疏本、九行本、蒙古本、關西本、十行本（元）、靜嘉堂本（元）、劉本（元、嘉靖）、永樂本、閩本、明監本、毛本同；八行本「即」、「敬」之間空三格，八行乙本、足利本同。《考文·補遺》云：「『即』、『敬』間空三字。」阮記云：「宋板『即』、『敬』間空三字。」盧記同。檢單疏本「即」、「敬」之間無字，不空。據此推測八行本合刻注疏時「即」、「敬」之間誤衍三字，而後剜去。

48. 頁十二右　我時其惟殷先哲王德

按：「時」，八行本、八行乙本、足利本、九行本、蒙古本、閩西本、十行本（元）、靜嘉堂本（元）、劉本（元、嘉靖）、永樂本、閩本、明監本、毛本、李本、王本、監圖本、岳本、白文本同；唐石經闕。《考文》云：「〔古本〕『時』作『是』。」阮記云：「時，古本作『是』。」盧記同。檢內野本作「是」。疑後世有傳本據孔《傳》「我是其惟殷先智王之德」改「時」作「是」。然疏文云「我於民未治之時，尚求等殷先智王」，則經文似作「時」為宜。

49. 頁十二左　爽惟天其罰殛我

按：「我」，八行本、八行乙本、足利本、九行本、蒙古本、閩西本、十行本（元）、靜嘉堂本（元）、劉本（元、嘉靖）、永樂本、閩本、明監本、毛本、李本、王本、監圖本、岳本、唐石經、白文本皆同。《考文》云：「〔古本〕『我』上有『於』字。」阮記云：「『我』上，古本有『於』字。」盧記同。內野本「我」上有「於」字。案《傳》文云「罰誅我」，據之，則經文似以無「於」字為宜。

50. 頁十二左　我罰汝

按：「罰」，八行本、八行乙本、足利本、九行本、蒙古本、閩西本、十行本（元）、靜嘉堂本（元）、劉本（元、嘉靖）、永樂本、閩本、明監本、毛本、李本、王本、監圖本、岳本皆同。《考文》云：「〔古本〕『罰』下有『誅』字。」阮記云：「『罰』下，古本有『誅』字。」盧記同。檢內野本「罰」下有「誅」字。案疏文云「我罰汝，汝亦不可怨我」，則孔穎達所據之本「罰」下無「誅」字，與八行本等相合。今仍從八行本等無「誅」字為宜。

51. 頁十三右　其上明聞於天

按：「其」，單疏本、八行本、八行乙本、足利本、九行本、蒙古本、閩西本、十行本（元）、靜嘉堂本（正德）、劉本（正德十二年）、永樂本同；閩本作「有」，明監本、毛本同。《考文》引文「為君不慎德行，有上明聞於天」，云：「〔宋板〕『有』作『其』。」阮記引文「有上明聞於天」，云：「有，宋板、十行俱作『其』。」盧記引文「其上明聞於天」，云：「宋板同。毛本『其』作『有』。」經文云「其尚顯聞于天」，則疏文作「其」字是。

52. 頁十三右　故德之言說而罰言行也

按：「之」，單疏本、八行本、八行乙本、足利本、九行本、蒙古本、關西本、十行本（元）、靜嘉堂本（正德）、劉本（正德十二年）、永樂本、閩本、明監本、毛本同。阮記云：「盧文弨云：『之』字疑衍。」盧記同。案諸本皆有「之」字，盧氏所疑無據。

53. 頁十三右　故云德也

按：「德」，十行本（元）、靜嘉堂本（正德）、劉本（正德十二年）、永樂本、閩本、明監本同；單疏本「德」下有「刑」字，八行本、八行乙本、足利本、九行本、蒙古本、關西本、毛本同。《正字》引文「故云德刑也」，云：「監本脫『刑』字。」阮記引文「故曰德刑也」，云：「十行、閩、監俱脫『刑』字。」盧記引文「故曰德也」，云：「閩本、明監本同。毛本『德』下有『刑』字。」案《傳》文云「勤德慎刑」，疏文是釋「德」與「刑」也。此處疏文「德」下當有「刑」字。十行本刊漏「刑」字。

54. 頁十三左　無令有非

按：「非」，八行本、八行乙本、足利本、九行本、蒙古本、關西本、十行本（元）、靜嘉堂本（正德）、劉本（正德十二年）、永樂本、閩本、明監本、毛本、李本、王本、監圖本、岳本皆同。《考文・補遺》云：「〔古本〕『非』作『罪』。」阮記云：「非，古本作『罪』。」盧記同。內野本作「非」，與傳世刊本皆合。檢山井鼎、物觀所據足利學校藏本《古文尚書》作「罪」，然其「罪」字右側加圈，旁書「非」字，是此部古本其抄寫時誤作「罪」，後校正之。《考文》及《補遺》之校勘不可盡信。

55. 頁十三左　敏為見事

按：「見」，十行本、靜嘉堂本（正德）、劉本（正德十二年）、永樂本、閩本、明監本同；單疏本「見」下有「事之速」三字，八行本、八行乙本、足利本、九行本、蒙古本、關西本、毛本同。《正字》引文「為見事有善而須德法」，云：「毛本『事』下衍『之速事』三字。」阮記引文「敏為見事之速」，云：「下三字，十行、閩、監俱誤脫。許宗彥曰：浦鏜以毛本為衍，殊非。」盧記引文「敏為見」，云：「閩本、明監本同。毛本『見』下有『事之速』三字，是也。許宗彥曰：浦鏜以毛本為衍，殊非。」案文義，上疏文云「心誠而行敏」，則「事之速」正云其「敏」也。單疏本、八行本等有「事之速」三字為是。

56. 頁十三左　以民安則不絕亡汝

按：「不」，八行本、八行乙本、足利本、九行本、蒙古本、關西本、十行本、靜嘉堂本（正德）、劉本（正德十二年）、永樂本、閩本、明監本、毛本、李本、王本、監圖本、岳本皆同。《考文》引文「則不絕亡汝」，云：「〔古本〕作『則不汝絕亡』。」阮記云：「古本作『則不汝絕亡』。」盧記同。檢內野本作「則不汝絕亡」，與傳世刊本異。案疏文云「以民安則不汝絕亡之」，則孔穎達所據之本似作「則不汝絕亡」，與內野本同，與傳世刊本異。然傳世刊本及內野本上《傳》文又出「則我不汝罪過，不絕亡汝」。則此處《傳》文究竟作「則不絕亡汝」或是「則不汝絕亡」，存之待考。

57. 頁十三左　而不念

按：「念」，八行本、八行乙本、足利本、九行本、蒙古本、關西本、十行本、靜嘉堂本（正德）、劉本（正德十二年）、永樂本、閩本、明監本、毛本、李本、王本、監圖本、岳本皆同。《考文》引文「而不念」，云「〔古本〕作『而不思念也』。」阮記云：「古本作『而不思念也』。」盧記同。案疏文云「無絕棄我言而不念，若享有國土，當明汝服行之教令」，則孔穎達所據之本無「思」字，與傳世刊本合。今仍以「念」為是。

58. 頁十四右　則汝乃得以殷民世世殷國

按：「世殷」，關西本、十行本（元）、靜嘉堂本（正德）、永樂本同；單疏本作「世享」，八行本、八行乙本、足利本、九行本、蒙古本、毛本同；劉本（正德）作「享殷」，閩本、明監本同。《正字》引文「則汝乃得以殷民世世享國」，云：「『世世享國』當從監、閩本作『世享殷國』。」阮記引文「則汝乃得以殷民世世享國」，云：「『世世享國』，十行本作『世世殷國』。閩、監俱作『世享殷國』，纂傳與毛本同。」盧記引文「則汝乃得以殷民世世殷國」，云：「閩本、明監本『世世』作『世享』。毛本『世世』同。『殷國』作『享國』，與纂傳合。」靜嘉堂本、劉本此葉雖俱為正德補板，然劉本於嘉靖時期印刷，嘉靖時期對正德補板亦有改動，其將「世」剜改作「享」，閩本等承之。今案《傳》文出「乃得以殷民世世享國」，則疏文「世殷」當從單疏本、八行本等作「世享」。

59. 頁十四左　而言不絕國祚短長由德也

按：「言」，單疏本、八行本、八行乙本、九行本、蒙古本、關西本、十行本（元）、靜嘉堂本（正德）、劉本（正德）、永樂本、閩本、明監本、毛本皆同。《正字》引文「而言不絕國祚短長由德也」，云：「『言』字當在『不絕』字下。」阮記云：「浦鏜云：『言』字當在『不絕』下。」盧記同。案文義，「不絕」二字當在「言」上，屬於上讀，接於「則汝乃得以殷民世世殷國」之下；「言」字下接「國祚短長由德也」。

60. 頁十四左　父昭子穆文王弟稱穆

按：「弟」，九行本、關西本、十行本（元）、靜嘉堂本（正德）、劉本（正德）、永樂本、閩本、明監本、毛本、王本、監圖本同；八行本作「第」，八行乙本、足利本、蒙古本、李本、岳本同。《考文》云：「〔古本〕『弟』作『第』。」《正字》云：「弟，古同『第』。」阮記云：「弟，古、岳、宋板、纂傳俱作『第』。案：《說文》有『弟』無『第』，後世『次弟』之『弟』既別從竹，則此當作『第』。」盧記同。檢《釋文》出「文王第稱穆」，則陸德明所據之本作「第」，與八行本等相合。然檢九條本、內野本作「弟」，是唐人寫本亦當有作「弟」者，似不必稱「第」是而「弟」誤。至於山井鼎稱古本作「第」，檢其所據之本確作「第」，當是其遞經抄寫中改作「第」。

61. 頁十四左　將言始國在西土

按：「在」，九行本、蒙古本、關西本、十行本（元）、靜嘉堂本（正德）、劉本（正德）、永樂本、閩本、明監本、毛本、李本、王本、監圖本、岳本同；八行本作「於」，八行乙本、足利本同。《考文》云：「宋板『在』作『於』。」

阮記云：「在，宋板作『於』。」盧記同。九條本作「在」，與八行本、足利本不同，而與十行本等相合。內野本作「在」，旁有批校「於　扌」，則內野本批校中的宋刊本應該包括八行本。案疏文云「考文王始國在西土岐周為政也」，則《傳》文作「在」是。八行本合刻注疏時誤「在」作「於」。

62. 頁十四左　文王弟稱穆

按：「弟」，九行本、關西本、十行本（元）、靜嘉堂本（正德）、劉本（正德）、永樂本、閩本、明監本、毛本、王本、監圖本同；蒙古本作「第」。古「第」、「弟」通，詳見上「父昭子穆文王弟稱穆」條。

63. 頁十五右　亦為亂行

按：「亦」，八行本、八行乙本、足利本、九行本、蒙古本、關西本、十行本（元）、靜嘉堂本（元）、劉本（元）、永樂本、閩本、明監本、毛本、李本、王本、監圖本、岳本皆同。《考文》引文「亦為亂行」，云：「〔古本〕作『而亦為亂行也』。」阮記云：「古本作『而亦為亂行也』。《正義》曰：俗本云『不為亂行』，定本云『亦為亂行』，俗本誤也。」八行本等傳世刊本作「亦為亂行」，與疏文所謂定本相合，是也。檢九條本作「亦非為亂行也」，與疏文所謂俗本「不為亂行」相近，九條本誤也。

64. 頁十五右　以此眾事少正

按：「事」，單疏本、八行本、八行乙本、足利本、九行本、蒙古本、關西本、十行本（元）、靜嘉堂本（元）、劉本（元）、永樂本、閩本、明監本、毛本皆同。《正字》引文「以此眾士少正，皆須戒酒也」，云「『士』誤『事』。」阮記云：「盧文弨云：『事』當作『士』。」盧記同。案上疏文云「眾國眾士於少正官」，則此處「事」疑當作「士」，浦說似是。

65. 頁十五左　此妹與沫一也

按：「妹與」，單疏本、八行本、八行乙本、足利本、九行本、蒙古本、關西本、十行本（元）、靜嘉堂本（元）、劉本（元）、永樂本、閩本、明監本、毛本皆同。記云：「齊召南云：《疏》此段脫誤不一。『此妹與沫一也』，『沫』字上脫『鄘風桑中之』五字。『沫』字下脫『鄉』字。『但妹為朝歌之所居也』，應作為『殷紂之所都也』。《詩》又云『沬之東矣，沬之鄉矣』，『鄉』字應是『北』字之訛。」阮記引館臣考證，似是，疏文似有脫文。

66. 頁十五左　但妹為朝歌之所居也

按：「朝歌」，單疏本、八行本、八行乙本、足利本、九行本、蒙古本、闞西本、十行本（元）、靜嘉堂本（元）、劉本（元）、永樂本、閩本、明監本、毛本同。「居」，單疏本、八行本、足利本、九行本、蒙古本、闞西本、十行本、靜嘉堂本（元）、劉本（元）、永樂本、閩本、明監本、毛本同。案下疏文云「妹屬鄘，紂所都在妹」，則此處「朝歌」似當作「紂」，「居」似當作「都」。

67. 頁十五左　沬之東矣沬知鄉矣

按：「鄉」，單疏本、八行本、八行乙本、足利本同、九行本、蒙古本、闞西本、十行本（元）、靜嘉堂本（元）、劉本（元）、閩本、明監本、毛本同。案下疏文云「即東與北為鄉也」，則此處「鄉」似當作「北」。

68. 頁十五左　皇僕生羗弗為穆

按：「羗」，單疏本、八行本、八行乙本、足利本、九行本、蒙古本、闞西本、十行本（元）、靜嘉堂本（元）、劉本（元）、永樂本、閩本同；明監本作「差」，毛本同。《考文・補遺》引文「僕生差弗」，云：「宋板『差』作『羗』，下同。」阮記引文「皇僕生差弗為穆」，云：「差，宋板、十行、閩本俱作『羗』。下同。」盧記引文「皇僕生羗弗為穆」，云：「宋板、閩本同。毛本『羗』作『差』，下同。」案明監本誤「羗」作「差」，形近之訛，毛本承之。

69. 頁十五左　羗弗生毀榆為昭

按：「榆」，單疏本、八行本、八行乙本、足利本、九行本、蒙古本、十行本（元）、靜嘉堂本（元）、劉本（元）、永樂本、閩本同；闞西本作「揄」，明監本、毛本同。阮記引文「差弗生毀揄為昭」，云：「揄，十行、閩本俱從木。下同。」盧記引文「羗弗生毀榆為昭」，云：「閩本同。毛本『榆』從扌，下同。」作「榆」是，從扌則非。

70. 頁十五左　毀榆生公飛為穆

按：「飛」，單疏本、八行本、八行乙本、足利本、九行本、蒙古本、關西本、十行本（元）、靜嘉堂本（元）、劉本（元）、永樂本、閩本、明監本同；毛本作「非」。《正字》云：「飛，監本誤『非』。」阮記引文「毀揄生公非為穆」，云：「非，十行、閩、監俱作『飛』。下同。」盧記引文「毀榆生公飛為穆」，云：「閩本、明監本同。毛本『飛』作『非』，下同。」此處疏文似引《釋文》文字，檢《酒誥》「文王第稱穆」之音義，作「非」。則毛本改「飛」作「非」是。

71. 頁十五左　亞圉生組紺為昭

按：「組」，單疏本、八行本、八行乙本、足利本、九行本、蒙古本、關西本、十行本（元）、靜嘉堂本（元）、劉本（元）、永樂本、閩本、明監本、毛本皆同。阮記云：「陳浩云：『組』應作『祖』。各本俱誤。」盧記同。檢南宋黃善夫刻三家注本《史記》卷四《周本紀》云「亞圉卒子公叔祖類立」，《史記索隱》曰：「世本云，太公組紺。」則司馬貞所見之本作「組」，與傳世諸本皆合。今仍以「組」為是。

72. 頁十六右　言天下教命者

按：「言天下教命者」，單疏本、八行本、八行乙本、足利本、九行本、蒙古本、關西本、十行本（元）、靜嘉堂本（元、正德）、劉本（元、正德）、永樂本、閩本、明監本、毛本皆同。阮記云：「纂傳作『今言天降命者』。」盧記同。案《傳》文云「惟天下教命」，則疏文作「言天下教命者」與《傳》文相合，是。

73. 頁十六右　正官治事

按：「治」，八行本、八行乙本、足利本、九行本、蒙古本、關西本、十行本（元）、靜嘉堂本（元）、劉本（元）、永樂本、閩本、明監本、毛本、李本、王本、監圖本、岳本皆同。《考文・補遺》云：「〔古本〕『治』作『理』。」阮記云：「治，古本作『理』。」檢九條本、內野本作「理」，此似是唐人寫本避唐高宗之諱。

74. 頁十六右　謂下羣吏

按：「吏」，八行本、八行乙本、足利本、九行本、蒙古本、闕西本、十行本（元）、靜嘉堂本（元）、劉本（元）、永樂本、閩本、明監本、毛本、李本、王本、監圖本、岳本皆同。《考文·補遺》云：「〔古本〕『吏』作『事』。」阮記云：「吏，古本作『事』。」盧記同。檢九條本、內野本作「吏」，與傳世刊本皆合。又檢山井鼎、物觀所據足利學校藏古本《古文尚書》抄作「叓」，然旁又有「吏」字，是此部古本誤寫作「叓」，後校正作「吏」。「叓」為「事」之古字。物觀《考文·補遺》不知其所據古本此處抄誤而後校正之事實，遂云古本作「事」。

75. 頁十六右　惟曰我民迪小子

按：「我」，八行本、八行乙本、足利本、九行本、蒙古本、闕西本、十行本（元）、靜嘉堂本（元）、劉本（元）、永樂本、閩本、明監本、毛本、李本、王本、監圖本、岳本、唐石經、白文本皆同。《考文》云：「〔古本〕『我』上有『化』字。」阮記云：「『我』上，古本有『化』字。」盧記同。檢九條本無「化」字，與唐石經及唐石經以下諸本皆合。又內野本「我」上有「化」字，旁有批校「本无扌同」，疑內野本所據之本無「化」字，內野本誤衍「化」字，故曰「本无」，「扌同」是謂宋刊本同無「化」字。又案疏文云「惟我民等，當教道子孫小子，令土地所生之物，皆愛惜之，則其心善矣」，考之，經文似無「化」字。古本經文「化」字或是衍文，疑古本誤據《傳》文「成王化我民」增入一「化」字。

76. 頁十八右　所為考行中正之德

按：「考」，單疏本、八行本、八行乙本、足利本、九行本、蒙古本、闕西本、十行本（元）、靜嘉堂本（元）、劉本（元）、永樂本、閩本、明監本同；毛本作「進」。《正字》云：「考，毛本誤『進』。」阮記引文「所為進行中正之德」，云：「進，十行、閩、監俱作『考』。」盧記引文「所為考行中正之德」，云：「閩本、明監本同。毛本『考』作『進』。」案《傳》文云「考中德為用」，則此處疏文作「考」字是。毛本誤改作「進」。

77. 頁十八右　乃及庶士眾百君子

按：「百」，九行本、蒙古本、關西本、十行本（元）、靜嘉堂本（元）、劉本（元）、永樂本、閩本、明監本、毛本同；單疏本作「伯」，八行本、八行乙本、足利本同。《考文》云：「〔宋板〕『百』作『伯』。」阮記云：「百，宋板作『伯』。」盧記同。案經文云「庶伯君子」，《傳》文出「眾伯君子」，則此處疏文似當從單疏本等作「伯」字為是。

78. 頁十八左　若治不得有所民事可憂

按：「有」，關西本、十行本（元）、靜嘉堂本（元）、永樂本、閩本、明監本、毛本同；單疏本無「有」字，八行本、八行乙本、足利本、九行本、蒙古本同。《考文》引文「以人君若治不得有所」，云：「〔宋板〕無『有』字。」阮記云：「宋板無『有』字。盧文弨云：疑『有』字當在『民』字上。○案：『有』疑當作『其』。」盧記同。案單疏本、八行本等無「有」字是，謂人君若治不得所，則民事可憂。

79. 頁十八左　王曰封我西土棐徂邦君

按：「徂」，八行本、八行乙本、足利本、九行本、蒙古本、關西本、十行本（元）、靜嘉堂本（元）、劉本（元）、永樂本、閩本、明監本、毛本、李本、王本、監圖本、岳本、唐石經、白文本皆同。《考文》云：「〔古本〕『徂』作『往』。」阮記云：「徂，古本作『往』。」盧記同。檢九條本、內野本作「徂」，與唐石經及唐石經以下皆合。檢山井鼎、物觀所據足利學校古本《古文尚書》作「往」，然「往」字旁有「徂」，是此部古本抄寫時誤作「往」，後又校正作「徂」。據此，可知《考文》此處校勘似不可信。

80. 頁十八左　能受殷王之命

按：「王之」，八行本、八行乙本、足利本、九行本、蒙古本、關西本、十行本（元）、靜嘉堂本（元）、劉本（元）、永樂本、閩本、明監本、毛本、李本、王本、監圖本、岳本皆同。《考文》引文「殷王之命」，云：「〔古本〕作『殷之王命』。」阮記云：「『王之』二字，古本倒，與《疏》合。」盧記同。檢九條本、內野本作「殷之王命」，又疏文云「今能受殷之王命」，則《傳》文似作「殷之王命」較勝。

81. 頁十九左　惟服事尊官

按：「惟」，單疏本、八行本、八行乙本、足利本、九行本、蒙古本、關西本、十行本（元）、靜嘉堂本（元）、劉本（元、嘉靖）、永樂本、閩本、明監本同；毛本作「雖」。《正字》云：「惟，毛本誤『雖』。」阮記引文「雖服事尊官」，云：「雖。十行、閩、監俱作『惟』。」盧記引文「惟服事尊官」，云：「閩本、明監本同。毛本『惟』作『雖』。」案經文云「惟服宗工」，則疏文作「惟」是。毛本作「雖」誤。浦說是。

82. 頁二十左　誕惟厥縱淫泆于非彝

按：「泆」，八行本、八行乙本、足利本、九行本、蒙古本、關西本、十行本（元）、靜嘉堂本（元）、劉本（嘉靖）、永樂本、閩本、明監本、毛本、李本、王本、監圖本、岳本、唐石經、白文本皆同。阮記云：「陸氏曰：『泆』又作『逸』，亦作『佚』。〇按：『泆』、『逸』、『佚』，古並通用。」盧記同。九條本作「[illegible]」，似為隸古文字。內野本作「泆」，與唐石經及唐石經以下皆合。

83. 頁二十左　民無不盡然痛傷其心

按：「心」，八行本、八行乙本、足利本、九行本、蒙古本、關西本、十行本（元）、靜嘉堂本（元）、劉本（嘉靖）、永樂本、閩本、明監本、毛本、李本、王本、監圖本、岳本皆同。《考文》引文「痛傷其心」，云：「〔古本〕下有『者也』二字。」阮記云：「古本下有『者也』二字。」檢九條本、內野本「心」下有「者也」二字。又疏文云「然痛傷其心也」，則孔穎達疏文所據之本「心」下似有「也」字。「心」下有「者也」，或是有「也」，皆屬古本句末虛詞。

84. 頁二十一右　庶羣自酒

按：「自」，八行本、八行乙本、足利本、九行本、蒙古本、關西本、十行本（元）、靜嘉堂本（元）、劉本（嘉靖）、永樂本、閩本、明監本、毛本、李本、王本、監圖本、岳本、唐石經、白文本皆同。阮記云：「《正義》曰：自酒，定本作『自』，俗本多誤為『嗜』。」盧記同。檢九條本、內野本作「自」。今尚未見孔穎達所見誤作「嗜」字之俗本。

85. 頁二十一右　天非虐民惟民行惡自召罪

按：「民」，八行本、八行乙本、足利本、九行本、蒙古本、關西本、十行本（元）、靜嘉堂本（元）、劉本（嘉靖）、永樂本、閩本、明監本、毛本、李本、王本、監圖本、岳本皆同。「民行」，八行本、足利本、九行本、蒙古本、關西本、十行本、靜嘉堂本（元）、劉本（嘉靖）、永樂本、閩本、明監本、毛本、李本、王本、監圖本、岳本皆同。《考文》引文「天非虐民，惟民行惡自召罪」，云：「〔古本〕二『民』作『人』，『行』上有『所』字，『罪』下有『也』字。」阮記云：「古本兩『民』字俱作『人』。『行』上有『所』字。」盧記同。九條本、內野本作「天非虐人，惟人所行惡，自召罪也」。唐人寫本作「人」，似為避諱之故。至於孔《傳》「行」上是否當有「所」字，存之待考。

86. 頁二十一左　人無於水監

按：「監」，八行本、八行乙本、足利本、九行本、蒙古本、關西本、十行本（元）、靜嘉堂本（元）、劉本（嘉靖）、永樂本、閩本、明監本、毛本、李本、王本、監圖本、岳本、唐石經、白文本皆同。《考文》云：「〔古本〕『監』作『鑒』。下文『民監』、『大監』同。」阮記云：「監，古本作『鑒』。下文『民監』、『大監』同。」盧記同。九條本作「監」，又《釋文》出「監」，與唐石經及唐石經以下皆合，今仍以「監」為正。檢內野本作「鑒」，或為傳抄之訛，或屬別本異文。

87. 頁二十一左　當於民監

按：「監」，八行本、八行乙本、足利本、九行本、蒙古本、關西本、十行本（元）、靜嘉堂本（元）、劉本（嘉靖）、永樂本、閩本、明監本、毛本、李本、王本、監圖本、岳本、唐石經、白文本皆同。考證詳見上「人無於水監」條。

88. 頁二十一左　大監撫于時

按：「監」，八行本、八行乙本、足利本、九行本、蒙古本、關西本、十行本（元）、靜嘉堂本（元）、劉本（嘉靖）、永樂本、閩本、明監本、毛本、李本、王本、監圖本、岳本、唐石經、白文本皆同。考證詳見上「人無於水監」條。

89. 頁二十一左　我其可不大視此為戒

按：「此」，八行本、八行乙本、足利本、九行本、蒙古本、關西本、十行本（元）、靜嘉堂本（元）、劉本（嘉靖）、永樂本、閩本、明監本、毛本、李本、王本、監圖本、岳本皆同。《考文》云：「〔古本〕『此』作『之』。」阮記云：「此，古本作『之』。」盧記同。檢九條本此處壞爛，有闕文，無法識別文字。內野本「視」下加圈，並有小字批校「此　扌」，是謂宋刊本「視」下有「此」字，可知內野本及內野本所據之本「視」下無「此」字。檢山井鼎、物觀所據足利學校藏古本《古文尚書》作「之」，推測此部古本「之」字是抄寫者增入。

90. 頁二十二左　所服行美道服行美事治民

按：「行美」，單疏本、九行本、蒙古本、關西本、十行本（元）、靜嘉堂本（元）、劉本（嘉靖）、永樂本、閩本、明監本、毛本同；八行本「道」字在「行美」之下，八行乙本、足利本同。《考文》引文「況惟汝之身事，所服行美道，服行美事治民，而不可固慎乎」，云：「〔宋板〕無『道』字，『美事』下有『道』字。謹按：似不可解。」阮記云：「『道』字，宋板在『事』字下。山井鼎曰：不可解。盧文弨云：『服行美事』，依《注》，『行美』二字衍。」盧記同。案《傳》文云「況汝身事，服行美道，服事治民乎」，今以為單疏本等似不誤，雖上文已云「服行美道」，孔穎達為通暢文義，又於「服事治民」之中增入「行美」二字，是謂行美道以事治民也。案八行本、足利本此行擠刻，當是初刻時刊漏部分文字，其後剜補，補刻時誤將「道」字置於「行美」之後。

91. 頁二十三右　揔上自劼毖殷獻已下

按：「獻」，九行本、蒙古本、關西本、十行本（元）、靜嘉堂本（元）、劉本（嘉靖）、永樂本、閩本、明監本、毛本同；單疏本「獻」下有「臣」字，八行本、八行乙本、足利本同。《考文》云：「〔宋板〕『獻』下有『臣』字。」阮記云：「『獻』下，宋板有『臣』字。」盧記同。案經文云「越獻臣百宗工矧」，則此處疏文當以有「獻」字是。

92. 頁二十三右　勿令失也

按：「勿」，八行本、八行乙本、足利本、九行本、蒙古本、關西本、十行本（元）、靜嘉堂本（元）、劉本（元）、永樂本、閩本、明監本、毛本、李本、王本、監圖本、岳本皆同。阮記云：「勿，十行本作『無』。」十行本、靜嘉堂本、劉本皆作「勿」。且劉本有明嘉靖時期補板，元刻「十行本」系列似已無再晚之修本。今疑阮記誤校。

93. 頁二十三右　惟工乃湎於酒

按：「惟」，八行本、八行乙本、足利本、九行本、蒙古本、關西本、十行本（元）、靜嘉堂本（元）、劉本（元）、永樂本、閩本、明監本、毛本、李本、王本、監圖本、岳本、唐石經、白文本皆同。阮記云：「盧文弨云：惟工，俗本誤作『百工』。」盧記同。檢九條本、內野本作「惟」。暫未見盧文弨所謂俗本作「百工」者。

94. 頁二十三左　乃使也

按：「乃」，十行本（元）、靜嘉堂本（元）、劉本（元）、永樂本、閩本同；八行本作「辯」，八行乙本、足利本、九行本、蒙古本、關西本、明監本、毛本、李本、監圖本、岳本同；王本作「辨」。阮記引文「辯使也」，云：「辯，十行、閩、葛俱誤作『乃』。」盧記引文「乃使也」，云：「閩本、葛本同。毛本『乃』作『辯』，是也。」經文出「辯」，《傳》文以「使」訓「辯」也。則《傳》文作「辯」是。

95. 頁二十四右　王曰封以厥庶民暨厥臣

按：「民」，八行本、八行乙本、足利本、九行本、蒙古本、關西本、十行本（元）、靜嘉堂本（元）、劉本（元）、永樂本、閩本、明監本、毛本、李本、王本、監圖本、岳本、白文本同；唐石經「民」字避諱闕末筆。《考文・補遺》云：「〔古本〕『民』作『人』。」阮記云：「民，古本作『人』。」盧記同。檢九條本、內野本作「人」，或是唐人避諱之故也。

96. 頁二十四左　以民當敬勞之故汝往之國

按：「汝」，八行本、八行乙本、足利本、九行本、蒙古本、關西本、十行本（元）、靜嘉堂本（元）、劉本（元）、永樂本、閩本、明監本、毛本、李本、王本、監圖本、岳本皆同。《考文》云：「〔古本〕『故』下復有『故』字。」阮記云:「古本重『故』字。」盧記同。檢九條本、內野本「故」下、「汝」上別有一「故」字。案上《傳》文云「當先敬勞民，故汝往治民必敬勞來之」，又下《傳》文云「亦所以敬勞之」，則此處《傳》文「敬勞之」三字連言，且以「故」字屬下讀為宜。古本不可盡信。

97. 頁二十四左　聽訟折獄

按:「折」，八行本、八行乙本、足利本、九行本、蒙古本、關西本、十行本（元）、靜嘉堂本（元）、劉本（元）、永樂本、閩本、明監本、毛本、李本、王本、監圖本、岳本皆同。《考文》云:「〔古本〕『折』作『斷』。」阮記云:「折，古本作『斷』。」盧記同。案《釋文》出「折」，則陸德明所據之本作「折」。檢九條本、內野本作「断」，則唐人寫本亦有作「断」字者。「断」、「折」孰是孰非，存之待考。

98. 頁二十五右　自然大家也傳用小臣與庶人

按:「傳用」，單疏本、八行本、八行乙本、足利本、九行本、蒙古本、關西本、十行本（元）、靜嘉堂本（元）、劉本（元）、永樂本、閩本、明監本、毛本同。阮記云:「浦鏜云:疑有脫誤。按:『傳用』二字未誤，與下『鄭以』為對。」盧記同。「自然大家也傳用」不可通，似有脫訛。

99. 頁二十五左　王啟監

按:「監」，八行本、八行乙本、足利本、九行本、蒙古本、關西本、十行本、靜嘉堂本（元）、劉本（元）、永樂本、閩本、明監本、毛本、李本、王本、監圖本、岳本、唐石經、白文本同。《考文》云:「〔古本〕『監』作『鑒』，下竝同。」阮記云:「監，古本作『鑒』，下皆同。」盧記同。檢九條本作「監」，又《釋文》出「監」。然內野本作「鑒」，唐人寫本或有作「鑒」者。今仍從八行本等以及《釋文》作「監」。

100. 頁二十六右　至于屬婦

按:「屬」，八行本、八行乙本、足利本、九行本、蒙古本、關西本、十行本（元）、靜嘉堂本（元）、劉本（元）、永樂本、閩本、明監本、毛本、李本、王本、監圖本、岳本、唐石經、白文本同。阮記云:「孫志祖云:《玉篇》

女部：嫋婦，姙身也。引《書》『至于嫋婦』。」盧記同。檢九條本、內野本作「屬」，與唐石經及唐石經以下皆合。今仍以「屬」為是。

101. 頁二十六左　惟其塗塈茨

按：「塗」，八行本、八行乙本、足利本、九行本、蒙古本、關西本、十行本（元）、靜嘉堂本（元）、劉本（元）、永樂本、閩本、明監本、毛本、李本、王本、監圖本、岳本、唐石經、白文本同。阮記云：「按：塗，《疏》作『斁』，下同。此亦古文之見於《疏》者，又見《羣經音辨》『攴』部。○按：衛包改『斁』為『塗』。幸《正義》猶存『斁』字。」檢九條本作「斁」，則九條本似為唐衛包改字前流傳之本，遂存古字「斁」。

102. 頁二十六左　廣云塗也

按：「廣」，十行本（元）、靜嘉堂本（元）、劉本（元）、永樂本、閩本、明監本同；九行本「廣」下有「雅」字，蒙古本、關西本、毛本、王本、監圖本同。阮記、盧記無說。案「廣」下當有「雅」字。十行本誤脫「雅」字。

103. 頁二十六右　亦須禮義然後治

按：「治」，九行本、蒙古本、關西本、十行本（元）、靜嘉堂本（元）、劉本（元）、永樂本、閩本、明監本、毛本、李本、王本、監圖本同；八行本作「洽」，八行乙本、足利本、岳本同。《考文》云：「〔古本〕『治』作『洽』。宋板同。〔古本〕『洽』下有『也』字。」阮記云：「治，古、岳、宋板俱作『洽』，與宋本《疏》同。」盧記同。檢九條本、內野本作「洽」，與八行本、足利本、岳本相合，作「洽」是。

104. 頁二十七右　乃後成

按：「乃」，單疏本作「而」，八行本、八行乙本、足利本同；九行本作「又」，蒙古本、關西本、十行本（元）、靜嘉堂本（元）、劉本（嘉靖）、永樂本同；閩本作「然」，明監本、毛本同。阮記引文「然後成」，云：「然，十行本作『乃』。」盧記引文「乃後成」，云：「毛本『乃』作『然』。」單疏本、八行本、足利本作「而」字是。南宋坊間所刻注疏本，似訛作「乃」，形近之訛。閩本改「乃」作「然」，以意改之，無版本依據，不可從。

105. 頁二十七右　飾以禮義使之行善然後治

按：「治」，闕西本、十行本（元）、靜嘉堂本（元）、劉本（嘉靖）、永樂本、閩本、明監本、毛本同；單疏本作「洽」，八行本、八行乙本、足利本、九行本、蒙古本同。當從單疏本等作「洽」，《傳》文作「洽」是，則疏文亦當作「洽」。詳見上「亦須禮義然後治」條考證。

106. 頁二十七右　乃言修治於未

按：「未」，十行本（元）、靜嘉堂本（元）、劉本（嘉靖）、永樂本、毛本同；單疏本作「末」，八行本、八行乙本、足利本、九行本、蒙古本、闕西本、閩本、明監本同。阮記云：「未，閩、監俱作『末』。按：『末』字是。」盧記同。案上疏文云「既勤於初」，則此處作「末」是。

107. 頁二十七右　二文皆言斁即古塗字

按：「斁」，單疏本、八行本、八行乙本、足利本、九行本、蒙古本、闕西本、十行本（元）、靜嘉堂本（元）、劉本（嘉靖）、永樂本、閩本、明監本、毛本皆同。阮記云：「盧文弨云：『斁』乃『敗』之訛。趙佑云：《說文》『雘』字下引《周書》曰『惟其敗丹雘』，孔《疏》蓋本此。『即古塗字』四字當為《疏》中之注。○案：『斁』當作『敗』，固為有據，但孔《疏》自据梅氏所上之本，非本《說文》也。」盧記同。據上「惟其塗塈茨」條考證所示，九條本經文「塗」作「斁」，即與孔疏所云「斁即古塗字」相合。則疏文作「斁」不誤。

108. 頁二十七右　不是以物塗之

按：「不」，十行本（元）、靜嘉堂本（元）、劉本（嘉靖）、永樂本、閩本、明監本同；單疏本作「揔」，八行本、八行乙本、足利本、九行本、蒙古本、闕西本、毛本同。《正字》云：「總，監本誤『不』。」阮記引文「揔是以物塗之」，云：「總，十行、閩、監俱作『不』。」盧記引文「不是以物塗之」，云：「閩本、明監本同。毛本『不』作『揔』。」單疏本等作「揔（總）」顯是，作「不」誤。

109. 頁二十七右　萬方皆來賓服

按：「萬」，闕西本、十行本（元）、靜嘉堂本（元）、劉本（嘉靖）、永樂本、閩本、明監本、毛本、監圖本同；八行本作「方」，八行乙本、足利本、九行本、蒙古本、李本、王本、岳本同。《考文》云：「〔古本〕『萬方』作『方方』，宋板同。」阮記云：「萬，古、岳、宋板俱作『方』。按：『方方』，孔《傳》屢見，後人誤以上『方』字為『万』字之誤，遂改作『萬』。纂傳已誤。夏氏曰『如兄弟之密，方方而來』，即用孔《傳》語也。」盧記同。檢九條本、內野本「萬」作「方」，與八行本等相合，作「方」是。

110. 頁二十七左　惟欲使至於萬年

按：「欲」，八行本、八行乙本、足利本、九行本、蒙古本、關西本、十行本（元）、靜嘉堂本（元）、劉本（嘉靖）、永樂本、閩本、明監本、毛本、李本、王本、監圖本、岳本皆同。「於」，八行本、足利本、九行本、蒙古本、關西本、十行本（元）、靜嘉堂本（元）、劉本（嘉靖）、永樂本、閩本、明監本、毛本、李本、王本、監圖本、岳本皆同。《考文》云：「〔古本〕『欲』上有『敬』字，無『於』字，但後人補『於』字。」阮記云：「『欲』上古本有『敬』字，無『於』字。」盧記同。「惟欲使至於萬年」，九條本作「惟欲使至萬年」，內野本作「惟敬欲使至於萬年」，「於」字旁有批校「扌有」，則可知內野本之底本無「於」字。今案疏文云「惟曰欲汝至於萬年」，則似當從八行本作「惟欲使至於萬年」為宜。古本「敬」字或為衍文。

111. 頁二十七左　累世長居國以安民

按：「居」，八行本、八行乙本、足利本、九行本、蒙古本、關西本、十行本（元）、靜嘉堂本（元）、劉本（嘉靖）、永樂本、閩本、毛本、李本、王本、監圖本、岳本同；監本作「君」。《考文》引文「累世長居國以安民」，云：「〔古本〕『居』作『君』，萬曆本同。」《正字》云：「居，監本誤『君』。」阮記云：「居，古本作『君』。監本亦作『君』。與《疏》不合。」盧記同。九條本作「居」，與八行本等相合。內野本「居」作「君居」。案疏文出「子子孫孫累世長居國以安民」，則《傳》文作「居」是。內野本作「君居」，疑內野本底本作「君」，旁有校正文字「居」，內野本抄寫本一併抄入正文，遂成「君居」。檢山井鼎、物觀所據足利學校藏本《古文尚書》作「君」，旁加圈，並有「居」字，是其以「居」字校正「君」字，山井鼎《考文》校勘不可盡信。

112. 頁二十七左　萬方皆來賓服

按：「萬」，闕西本、十行本（元）、靜嘉堂本（元）、劉本（嘉靖）、永樂本、閩本、明監本、毛本同；單疏本作「方」，八行本、八行乙本、足利本、九行本、蒙古本同。《考文》云：「〔宋板〕『萬』作『方』。」阮記云：「萬，宋板作『方』，是也。」盧記同。案《傳》文作「方」，則疏文亦當作「方」是。詳見上《傳》文「萬方皆來賓服」條考證。

113. 頁二十八右　以先王用明德於下之所行

按：「於」，闕西本、十行本（元）、靜嘉堂（元）、劉本（嘉靖）、永樂本、閩本、明監本、毛本同；單疏本作「欲」，八行本、八行乙本、足利本、九行本、蒙古本同。《考文》引文「以先王用明德於下之所行」，云：「〔宋板〕『於』作『欲』。謹按：似不可解，但作『行下之所欲』，則稍可通。」阮記云：「宋板『於』作『欲』。山井鼎曰：似不可解，但作『行下之所欲』，則稍可通。○案：鼎說亦不可通，据疏意，先王行明德，下亦行明德以從之，是謂先王用明德於下之所行也。先王既然，凡為君者亦如先王。用常法，是謂今亦奉用，為亦先王也。似當從今本作『於』。」作「欲」、作「於」，存之待考。

卷十五

1. 頁一左　然鼎之上

按：「鼎」，單疏本、八行本、八行乙本、足利本、九行本、蒙古本、關西本、十行本（元）、靜嘉堂本（元）、劉本（元）、永樂本、閩本、明監本、毛本同。阮記云：「『鼎』上疑有『一』字。」盧記同。諸本「鼎」上皆無「一」字，阮記所疑無版本依據，仍從諸本作「鼎」。

2. 頁一左　以遷都之事告文王廟

按：「告」，八行本、八行乙本、足利本、九行本、蒙古本、關西本、十行本（元）、靜嘉堂本（元）、永樂本、李本、王本、監圖本、岳本同；劉本（元）作「至」，閩本、明監本、毛本同。《考文》引文「告文王廟」，云：「〔古本〕『至』作『告』，宋板同。〔古本〕『廟』下有『也』字。」阮記引文「以遷都之事至文王廟」，云：「至，古、岳、宋板、十行、纂傳俱作『告』，與《疏》合。許宗彥曰：《曲禮正義》引亦作『告』。」盧記同。案十行本作「告」不誤，正德時期印本仍作「告」。劉本此葉雖為元刻版葉，然其誤作「至」，與十行本、靜嘉堂本不同。推測此版葉至嘉靖時期有個別文字損壞，嘉靖時期補刻作「至」，形近而訛。

3. 頁二左　月當日衝光照

按：「光」，關西本、十行本（元）、靜嘉堂本（元）、劉本（嘉靖）、永樂本、閩本、明監本、毛本同；單疏本「光」上有「日」字，八行本、八行乙本、足利本、九行本、蒙古本同。《考文》引文「光照月光」，云：「宋板『光』上有『日』字。」阮記云：「『光』上，宋板有『日』字。按：宋本是也。」盧記同。望者，月之半，月當日衝，是日光照月光圓滿。單疏本、八行本等有「日」字是，阮記言是。

4. 頁二左　必先正望朔

按：「望朔」，單疏本、八行本、八行乙本、足利本、九行本、蒙古本、闕西本、十行本（元）、靜嘉堂本（元）、劉本（嘉靖）、永樂本、閩本、明監本、毛本同。阮記云：「『望朔』二字，纂傳倒，是也。」盧記同。諸本皆作「望朔」，今仍作「望朔」。

5. 頁三左　周祀后稷

按：「祀」，十行本（明初）、靜嘉堂本（明初）、劉本（明初）、永樂本、閩本、明監本同；八行本作「祖」，八行乙本、足利本、九行本、蒙古本、闕西本、毛本、李本、王本、監圖本、岳本同。阮記引文「周祖后稷」，云：「祖，葛本、十行、閩、監俱誤作『祀』。」盧記引文「周祀后稷」，云：「葛本、閩本、明監本同。案：皆誤也。『祀』當作『祖』。」周所「祀」者，非獨后稷也，作「祖」則是，后稷乃周祖也。今案十行本此葉應是明初補板，非元刻版葉，頗疑明初補板時誤作「祀」，形近之訛也。

6. 頁四右　錫周公曰拜手稽首

按：「拜」，八行本、八行乙本、足利本、九行本、蒙古本、闕西本、十行本（明初）、靜嘉堂本（明初）、劉本（明初）、永樂本、閩本、明監本、毛本、李本、王本、監圖本、岳本、唐石經、白文本皆同。《考文》云：「〔古本〕拜上有『敎』字。謹按：古本『敢』字作『敎』，說見于《古文考》。」阮記云：「『拜』上，古本有『敎』字。按：『敎』字依孔《傳》增也。」盧記同。內野本「拜」上有「敎」字。又檢九條本「拜」上無「敎（敢）」字，與唐石經及唐石經以下諸本皆合。據之，疑古本「拜」上有『敎』字，依《傳》文而誤增也，阮記所言似是。

7. 頁四右　眾殷皆勤樂勤事而大作矣

按：上「勤」字，九行本、十行本（明初）、靜嘉堂本（明初）、劉本（明初）同；單疏本作「勸」，八行本、八行乙本、足利本、蒙古本、永樂本、閩本同；關西本印字不清；明監本作「歡」，毛本同。下「勤」字，單疏本、八行本、八行乙本、足利本、蒙古本、關西本、十行本（明初）、靜嘉堂本（明初）、劉本（明初）、永樂本同；九行本作「勸」，閩本、明監本、毛本同。《考文》引文「眾殷皆歡樂勸事」，云：「〔宋板〕『歡』作『勤』。」阮記引文「眾殷皆歡樂勸事」，云：「宋板『勸』作『勤』。十行『歡』、『勤』俱作『勤』。閩本『歡』字亦作『勸』。」盧記引文「眾殷皆勤樂勤事」，云：「宋板『勤樂』作『歡樂』。閩本『勤』並作『勸』。毛本上『勤』改『歡』，下『勤』改『勸』。案：所改是也。」案《傳》文云「眾殷之民大作言勸事」，則疏文上「勤」字當從單疏本、八行本作「勸」為是。下「勤」字與單疏本、八行本等同作「勤」，是也。

8. 頁四右　周公以順立成之明日而朝至

按：「立」，十行本（明初）、靜嘉堂本（明初）、劉本（明初）、永樂本同；單疏本作「位」，八行本、八行乙本、足利本、九行本、蒙古本、關西本、閩本、明監本、毛本同阮記引文「周公以順位成之明日而朝至」，云：「位，十行本誤作『立』。」盧記引文「周公以順立成之明日而朝至」，云：「毛本『立』作『位』，是也。」十行本此葉為明初補板，頗疑明初補板時誤作「立」。

9. 頁四右　則是三月十三日也

按：「三」，十行本（明初）、靜嘉堂本（明初）、劉本（明初）同；單疏本作「二」，八行本、八行乙本、足利本、九行本、蒙古本、永樂本、閩本、明監本、毛本同；關西本葉面局部損壞。阮記引文「則是三月十二日也」，云：「二，十行本誤作『三』。」盧記引文「則是三月十三日也」，云：「毛本『十三』作『十二』，是也。」十行本此葉為明初補板，頗疑明初補板時誤「二」作「三」。

10. 頁五右　賦斂謂賦功諸侯之功

按：「斂」，九行本、蒙古本、關西本、十行本（明初）、靜嘉堂本（明初）、劉本（明初）、永樂本、閩本同；單疏本作「功」，八行本、八行乙本、足利本、明監本、毛本同。「功」，九行本、蒙古本、關西本、十行本（明初）、靜嘉堂本（明初）、劉本（明初）、永樂本、閩本同；單疏本作「斂」，八行本、八行乙本、足利本、明監本、毛本同。阮記引文「賦功謂賦斂諸侯之功」，云：「賦功謂賦斂，十行、閩本俱作『賦斂謂賦功』。」盧記引文「賦斂謂賦功諸侯之功」，云：「毛本『賦』下『斂』、『功』二字互易。」案《傳》文云「以賦功屬役」，疏文是釋「賦功」是「賦斂諸侯之功」之義，當從單疏本、八行本等作「賦功謂賦斂諸侯之功」。

11. 頁五右　千里之外設方伯即州牧也

按：「即」，十行本（明初）、靜嘉堂本（明初）、劉本（明初）、永樂本、閩本、明監本、毛本同；單疏本「即」上別有「方伯」二字，八行本、八行乙本、足利本、九行本、蒙古本、關西本同。《考文》云：「〔宋板〕『即』上復有『方伯』二字。」阮記云：「『即』上，宋板復有『方伯』二字。按：宋本是也。」案「方伯」之下，當從單疏本、八行本等別有「方伯」二字為是。十行本刊漏一「方伯」。

12. 頁六右　歎皇天改其大子

按：「大」，蒙古本、永樂本、明監本、毛本同；八行本作「太」，八行乙本、足利本、九行本、關西本、李本、王本、監圖本、岳本同；十行本（明初）作「天」，靜嘉堂本（明初）、劉本（明初）、閩本同。阮記云：「大，岳本、纂傳改作『太』，下同。葛本此句誤作『天』，下亦作『太』。閩、監此亦誤作『天』，下作『大』。毛氏曰：『改厥元子』，注：『皇天改其大子，言紂雖為天所大子，無道猶改之』，《正義》曰：『《釋詁》：元，首也。首是體之大，故《傳》言大子。』今監本作『太子』，而《顧命》注『將正大子之尊』，猶作『小大』之『大』，則知作『太』者，傳寫誤爾。興國及建本皆作『太』誤。」檢九條本作「大」。作「大」、作「太」，似皆不誤。

13. 頁六右　言紂雖為天所大子

按：「大」，蒙古本、十行本（明初）、靜嘉堂本（明初）、劉本（明初）、永樂本、閩本、明監本、毛本同；八行本作「太」，八行乙本、足利本、九行本、李本、王本、監圖本、岳本同；闕西本作「大」、作「太」，難以斷定。阮記云：「按：下文『元子哉』，《傳》云『大為天所子』，與此不同，疑皆有誤，《疏》亦無所發明。」盧記同。檢九條本作「太」。作「大」、作「太」，似皆不誤。

14. 頁六右　無道尤改之

按：「尤」，十行本（明初）、靜嘉堂本（明初）、劉本（明初）、永樂本、閩本同；八行本作「猶」，八行乙本、足利本、九行本、蒙古本、闕西本、明監本、毛本、李本、王本、監圖本、岳本同。阮記引文「無道猶改之」，云：「猶，十行、閩、葛俱誤作『尤』。」盧記引文「無道尤改之」，云：「毛本『尤』作『猶』，是也。閩本、葛本並誤。下同。」檢九條本作「猶」，與八行本等相合，作「猶」是。十行本此葉為明初補板，頗疑補板時誤作「尤」。

15. 頁六右　故以為言也

按：「故」，靜嘉堂本（明初）、劉本（明初）、閩本、明監本、毛本同；單疏本作「託」，八行本、八行乙本、足利本、九行本、蒙古本、闕西本、永樂本同；十行本（明初）墨釘。《考文》引文「故以為言也」，云：「〔宋板〕『故』作『託』。」阮記云：「故，宋板作『託』，是也。」盧記同。案十行本此葉為明初補板，補板時此處作一字墨釘。靜嘉堂本為正德時期印本，正德時期補作「故」，誤也。

16. 頁六右　無道尤改之不可不慎也

按：「尤」，十行本（明初）、靜嘉堂本（明初）、劉本（明初）、永樂本、閩本同；單疏本作「猶」，八行本、八行乙本、足利本、九行本、蒙古本、闕西本、明監本、毛本同。阮記引文「無道猶改之」，云：「猶，十行、閩、葛俱誤作『尤』，下同。」案《傳》文以「猶」為是，則疏文亦當作「猶」。考證詳見上「無道尤改之」條。

17. 頁七右　殘暴在下

按：「在下」，單疏本、八行本、八行乙本、足利本、九行本、蒙古本、闕西本、十行本（元）、靜嘉堂本（元）、劉本（元）、永樂本、閩本、明監本、毛本皆同。阮記云：「在下，纂傳作『其民』。」盧記同。諸本皆作「在下」，今仍之。

18. 頁七右　夫尤人人

按：「尤」，十行本、靜嘉堂本（元）、劉本（元）同；單疏本作「猶」，八行本、八行乙本、足利本、九行本、蒙古本、關西本、永樂本、閩本、明監本、毛本同。阮記引文「夫猶人人」，云：「猶，十行本誤作『尤』。」盧記引文「夫尤人人」云：「毛本『尤』作『猶』，是也。」作「猶」是，猶者，若也，作「尤」則文義不通。

19. 頁七右　面稽天若

按：「面」，八行本、八行乙本、足利本、九行本、蒙古本、關西本、十行本（元）、靜嘉堂本（元）、劉本（元）、永樂本、閩本、明監本、毛本、李本、王本、監圖本、岳本、唐石經、白文本皆同。《考文》云：「〔古本〕『面』上有『禽』字。謹按：古文『禹』字。」阮記云：「『面』上，古本有『禽』字。案：『禽』乃『禽』字之譌，即古文『禹』字也，與《傳》合。」盧記同。檢內野本「面」上有「禽」字。然檢九條本「面」上無「禹」字，與唐石經及傳世刊本相合。疑經文「面」上有「禹」字之本，是誤據《傳》文增入「禹」字。今仍從九條本、唐石經等作「面」。

20. 頁八右　鄭云面尤迴向也

按：「尤」，十行本（元）、靜嘉堂本（元）、劉本（元）、永樂本同；單疏本作「猶」，八行本、八行乙本、足利本、九行本、蒙古本、關西本、閩本、明監本、毛本同。檢阮記、盧記皆無說。案下疏文云「面為向意」，則此處當作「猶」，謂面若向也。

21. 頁八右　則德化立美道成也

按：「美」，八行本、八行乙本、足利本、九行本、蒙古本、十行本（元）、靜嘉堂本（元）、劉本（元）、永樂本、閩本、明監本、毛本、李本同；關西本「美」上有「而」字，王本、監圖本、岳本同。「也」，關西本、十行本、靜嘉堂本（元）、劉本（元）、永樂本、閩本、明監本、毛本同；八行本無「也」字，八行乙本、足利本、九行本、蒙古本、李本、王本、監圖本、岳本同。《考文・補遺》云：「宋板無『也』字。」阮記云：「美道成也，岳本作『而美道成』，宋板亦無『也』字，與《疏》標目合。」盧記同。檢疏文標目云「傳王為至道成」，又疏文云「則德化立，美道成」，則孔穎達所據之本句末無「也」字，「美」上無「而」字，與八行本等相合。又檢九條本作「美道義成也」，其「道」下有「義」字，為傳世刊本所無。

22. 頁八右　而為大為天所子愛哉

按：「為」，九行本、蒙古本、闞西本、十行本（元）、靜嘉堂本（元）、劉本（元）、永樂本、閩本、明監本、毛本同；單疏本無「為」字，八行本、八行乙本、足利本同。《考文》云：「〔宋板〕無上『為』字。」阮記云：「『而』下，宋板無『為』字。」盧記同。上「為」字顯是衍文，單疏本、八行本等不衍，而坊間所刻注疏本皆衍一「為」字。

23. 頁八左　配大天而為治

按：「大」，單疏本、九行本、蒙古本、闞西本、十行本（元）、靜嘉堂本（元）、劉本（元）、永樂本、閩本、明監本、毛本同；八行本作「上」，八行乙本、足利本同。《考文》云：「〔宋板〕『大』作『上』。」阮記云：「大，宋板作『上』。按：『大』字誤。」盧記同。「皇」者，大也，孔穎達疏文以「大天」釋經文「皇天」，則此處疏文不必與《傳》文「配上天而為治」相合。八行本合刻注疏時不明此義，遂誤改「大」作「上」。綜上，當從單疏本等作「大」是。

24. 頁九右　則不訓自也

按：「自」，單疏本、八行本、八行乙本、足利本、九行本、蒙古本、闞西本、十行本（元）、靜嘉堂本（元）、劉本（元）、永樂本、閩本、明監本、毛本皆同。《正字》引文「傳言躬自服行，則自不訓用也」，云：「『用』誤『自』。」阮記云：「浦鏜云：『自』疑『用』字之誤。」盧記同。孫記云：「此言不訓『自』，浦校非。」案文義，經文云「自服于土中」，《傳》云「躬自服行教化」，則疏文是謂《傳》文不訓經文「自」字，故疏文於後云鄭、王以「用」訓「自」。綜上，作「自」不誤，浦說非是。

25. 頁九右　比介于我有周御事

按：「介」，八行本、八行乙本、足利本、九行本、蒙古本、闞西本、十行本（元）、靜嘉堂本（元）、劉本（元）、永樂本、閩本、明監本、毛本、李本、王本、監圖本、岳本、唐石經、白文本皆同。《考文》云：「〔古本〕『介』作『迩』。謹按：迩』即『邇』字，考《傳》文『比介』解『比近』，恐經文作『比迩』為是。」阮記云：「介，古本作『迩』。山井鼎曰：『迩』即『邇』字，考《傳》文『比介』解『比近』，恐經文作『比迩』為是。○案：作『迩』者，《古文尚書》也，今字《尚書》當作『邇』，後誤為『介』，則因『迩』字而譌也，開成石經已然。」盧記同。孫記云：「介，疑『尔』之誤。」案《傳》文以「比近」釋經文「比介」，則疑「介」字當為「尔」字之訛。檢九條本作「今」，或亦是「尔」字轉寫之訛。疑作「爾」是。

26. 頁九左　或加陵殷士殷人失執

按：「殷士」，單疏本、九行本、蒙古本、闞西本、十行本（元）、靜嘉堂本（元）、劉本（元）、永樂本、閩本、明監本、毛本同；八行本無「殷士」二字，八行乙本、足利本同無。《考文》云：「〔宋板〕無『殷士』二字。」阮記云：「宋板無『殷士』二字，非。」盧記同。案文義，有「殷士」是。若無「殷士」，則下文「失執」闕主語。八行本合刻注疏時漏「殷士」二字。

27. 頁十左　長不與長

按：「不與」，十行本（元）、靜嘉堂本（元）、永樂本同；單疏本作「與不」，八行本、八行乙本、足利本、九行本、蒙古本、闞西本、劉本（元）、閩本、明監本、毛本同。阮記引文「長與不長」，云：「『與不』二字，十行本倒。」盧記引文「長不與長」，云：「毛本『不與』二字倒。」疏文當先云「長」，再云「不長」。作「與不」是。十行本等誤倒，正德時期印本仍誤。劉本此葉雖為元刻版葉，然嘉靖時期對元刻板葉進行修改，改「不與」作「與不」，是也。

28. 頁十一　雖說之其實在人

按：「之」，八行本、八行乙本、足利本、九行本、蒙古本、闞西本、十行本（元）、靜嘉堂本（元）、劉本（元）、永樂本、閩本、明監本、毛本、李本、王本、監圖本同；岳本「之」下有「於天」二字。阮記云：「岳本『之』下有『於天』二字，《沿革例》曰：『雖說之』三字不可曉，考石經則曰『雖說之於天』，添『於天』二字意始明。○今案：此所謂石經，疑是成都石經。然岳氏自述所据書本無成都石經，未知其審『說之於天』，即《疏》所云『託天說之』也。」盧記同。檢九條本作「之」，與八行本等相合。檢內野本「之」下有「於天」二字，與岳本相合。孔《傳》「之」下是否當有「於天」二字，存之待考。

29. 頁十一左　順行禹湯所以成功

按：「以」，九行本、蒙古本、關西本、十行本（元）、靜嘉堂本（元）、永樂本、閩本、明監本、毛本同；八行本作「有」，八行乙本、足利本、李本、王本、監圖本、岳本同。《考文》云：「〔古本〕『以』作『有』，宋板同。」《正字》云：「『所有』誤『所以』，從《疏》校。」阮記云：「以，古、岳、宋板俱作『有』，與《疏》合。」盧記同。案疏文出「順行禹湯所有成功」，則《傳》文亦當作「有」。八行本等作「有」是。南宋坊間所刻注疏本似多誤作「以」。

30. 頁十一左　其命者智與愚也

按：「者」，單疏本、八行本、八行乙本、足利本、九行本、蒙古本、關西本、十行本（元）、靜嘉堂本（元）、劉本（元）、永樂本、閩本同；明監本作「有」，毛本同。阮記引文「其命有智與愚也」，云：「有，十行、閩本俱誤作『者』。」盧記同。案下疏文云「其命吉與凶也，其命歷年與不長也」，皆不言「有」字，則此處疏文作「者」字似不誤，阮記所言似非。

31. 頁十二右　惟勤修敬德

按：「勤」，關西本、十行本（元）、靜嘉堂本（元）、劉本（元）、永樂本、閩本、明監本、毛本同；單疏本作「勸」，八行本、八行乙本、足利本、九行本、蒙古本同。《考文》云：「〔宋板〕『勤』作『勸』。」阮記云：「勤，宋板作『勸』，是也。」盧記同。案文義，此篇是周公勸成王修敬德之作。作「勸」是，阮記言是。

32. 頁十二左　相夏相殷禹湯之功

按：「禹」，九行本、蒙古本、闞西本、十行本（元）、靜嘉堂本（元）、劉本（元）、永樂本、閩本、明監本、毛本同；單疏本「禹」上有「謂」字，八行本、八行乙本、足利本同。《考文》云：「〔宋板〕『禹』上有『謂』字。」阮記云：「『禹』上，宋板有『謂』字。按：宋本是。」盧記同。當從單疏本、八行本、足利本有「謂」字是。南宋坊間所刻注疏本似多刊漏「謂」字。

33. 頁十三左　我周王承夏殷之後

按：「王」，單疏本、八行本、八行乙本、足利本、九行本、蒙古本、闞西本、十行本（元）、靜嘉堂本（元）、劉本（元）、永樂本、閩本、明監本同；毛本作「公」。《考文·補遺》云：「〔宋板〕『公』作『王』。」《正字》引文「我周家承夏殷之後」，云：「監本誤『王』，毛本誤『公』。」阮記引文「我周公承夏殷之後」，云：「公，宋板、十行、閩、監俱作『王』。按：浦鏜挍改作『家』，是也。」盧記引文「我周王承夏殷之後」，云：「宋板、閩本、明監本同，毛本『王』作『公』。案：此皆誤，浦鏜挍改作『家』，是也。」單疏本、八行本等皆作「王」，浦說似無版本依據。今仍從單疏本作「王」。

34. 頁十四右　召公既相宅周公往營成周

按：「營」，八行本、八行乙本、足利本、九行本、蒙古本、闞西本、十行本（元）、靜嘉堂本（元）、劉本（元）、永樂本、閩本、明監本、毛本、李本、王本、監圖本、岳本、唐石經、白文本皆同。《考文》云：「〔古本〕『營』上有『經』字。」阮記云：「『營』上，古本有『經』字。」盧記同。疑此「經」字或是據《傳》文增入，古本或不可從。

35. 頁十四右　周公先相宅

按：「周」，十行本（元）、靜嘉堂本（元）、劉本（元）、永樂本、閩本、明監本、毛本同；單疏本作「召」，八行本、八行乙本、足利本、九行本、蒙古本、闞西本同。《考文·補遺》云：「宋板『周』作『召』。」阮記云：「周，宋板作『召』。按：『周』字誤。」盧記同。案經文云「召公既相宅」，則疏文當以「召」字是。阮記言是。

36. 頁十四右　及周公將欲歸於成王

按：「於」，十行本（元）、靜嘉堂本（元、劉本（元）、永樂本、閩本同；單疏本「於」上有「政」字，八行本、八行乙本、足利本、九行本、蒙古本、關西本同；明監本作「政」，毛本同。《考文》引文「將欲歸於成王」，云：「宋板『政』下有『於』字。」阮記引文「及周公將欲歸政成王」，云：「宋板『政』下有『於』字，十行、閩本俱有『於』無『政』。」盧記引文「及周公將欲歸於成王」，云：「宋板『於』上有『政』字。毛本『於』改作『政』。案：所改是也。」案當從單疏本、八行本等作「歸政」是。十行本刊漏「政」字，永樂本、閩本等承此誤。明監本則改「於」作「政」，仍非疏文舊貌。

37. 頁十四左　雖與相俱行

按：「與相」，九行本、關西本、十行本（元）、靜嘉堂本（元）、劉本（元）、永樂本、閩本、明監本、毛本同；單疏本作「相與」，八行本、八行乙本、足利本、蒙古本同。《考文》引文「雖與相俱行」，云：「〔宋板〕作『雖相與俱行』。」阮記云：「『與相』二字，宋板倒。按：當作『相與』。」盧記云：「宋板『與相』作『相與』，是也。」案文義，成王與周公相與俱行，而周公先至洛邑。單疏本、八行本、足利本、蒙古本作「相與」是。

38. 頁十六左　來教誨之言

按：「來」，九行本、十行本（元）、靜嘉堂本（元）、劉本（嘉靖）、永樂本、閩本、明監本、毛本同；八行本作「求」，八行乙本、足利本、蒙古本、關西本、李本、王本、監圖本、岳本同。《考文》云：「〔古本〕『來』作『求』，宋板同。」阮記云：「來，古、岳、宋板、纂傳俱作『求』，與《疏》合。」盧記同。案疏文云「又拜手稽首於周公，求教誨之言」，則《傳》文當作「求」。阮記言是。

39. 頁十七右　荅言其拜手稽首而受其言

按：「荅言」，十行本（正德十二年）、靜嘉堂本（正德）、劉本（正德十二年）同；單疏本作「故荅」，八行本、八行乙本、足利本、九行本、蒙古本、關西本、永樂本、閩本、明監本、毛本同。阮記引文「故荅其拜手稽首而受其言」，云：「故荅。十行本作『荅言』。按：此篇《疏》文，十行本多誤，此其一也。」孫記云：「『荅言』，疑當在『又述』上。」案十行本此葉為正德十二年補板，然此部十行本藏本正德版葉極為罕見，與靜嘉堂本包含大量正德補板的情況大不類，故疑此部十行本此葉正德版葉乃是補配，不能證明此部十行本印刷於正德時期。並疑十行本元刻板葉原作「故荅」不誤，正德補板時誤作「荅言」。

40. 頁十七左　有大功則列大祀

按：「列」，八行本、八行乙本、足利本、九行本、蒙古本、關西本、十行本（正德十二年）、靜嘉堂本（正德）、劉本（正德十二年）、永樂本、閩本、明監本、毛本、李本、王本、監圖本、岳本皆同。《考文》云：「〔古本〕『列』下有『為』字。」阮記云：「『列』下，古本有『為』字，與《疏》合。」盧記同。檢敦煌殘卷伯二七四八號、內野本「列」下有「為」字；又案疏文云「次序有大功者，則列為大祀」，又云「有大功則列為大祀，謂有殊功堪載祀典者」。據此，傳世刊本似皆脫漏「為」字。「列」下當補一「為」字。

41. 頁十八右　又申述所以祀神功臣功者

按：「功」，靜嘉堂本（正德）、永樂本同；單疏本作「記」，八行本、八行乙本、足利本、九行本、蒙古本、關西本、十行本（元）、劉本（正德十二年）、閩本、明監本、毛本同。阮記引文「又申述所以祀神記臣功者」，云：「記，十行本誤作『功』。」盧記引文「又申述所以祀神功臣功者」，云：「毛本上『功』字改作『記』。所改是也。」案十行本作「記」原不誤，正德補板時誤作「功」。阮本之底本為正德時期印本。劉本此葉雖為正德補板，然劉本印刷於嘉靖時期，嘉靖時期又對正德版面進行修改，改「功」為「記」，是也。

42. 頁十八右　於於初即教之

按：「於於」，十行本（元）、靜嘉堂本（正德）、劉本（正德十二年）、永樂本同；單疏本作「宜於」，八行本、八行乙本、足利本、九行本、蒙古本、關西本同；閩本作「於其」，明監本、毛本同。《考文》引文「於其初即教之」，云：「〔宋板〕『於其』作『宜於』。」阮記引文「於其初即教之」，云：「於其，宋板作『宜於』是。十行本誤作『於於』。」盧記引文「於於初即教之」，云：「宋本『於於』作『宜於』，是也。毛本作『於其』，亦誤。」單疏本、八行本等作「宜於」是。十行本誤「宜於」作「於於」。閩本以「於於」文義不通，雖改「於於」作「於其」，然已非疏文原貌。

43. 頁十八右　惟當用我此事在周之百官

按：「此事」，單疏本、八行本、八行乙本、足利本、九行本、蒙古本、關西本、十行本（元）、靜嘉堂本（正德）、劉本（正德十二年）、永樂本、閩本、明監本、毛本皆同。《正字》引文「惟當用我所為在周之百官」，云：「『所為』誤『此事』，從下《疏》挍。」阮記云：「此事，浦鏜據下《疏》改作『所為』。」盧記同。案下疏文出「惟當用我所為在周之百官」，作「所為」似較勝，浦說似是。

44. 頁十九左　惟當用我所為在周之百官

按：「所為」，單疏本、八行本、八行乙本、足利本、九行本、蒙古本、關西本、十行本（元）、靜嘉堂本（元）、劉本（元）、永樂本、閩本、明監本、毛本皆同。案諸本皆同，上疏文出「惟當用我此事在周之百官」，與此處「惟當用我所為在周之百官」不同。浦鏜以為此處「所為」是，而上疏文「此事」非。詳見上「惟當用我此事在周之百官」條考證。

45. 頁二十一右　務在知人

按：「知」，十行本（元）、靜嘉堂本（元）、劉本（元）、永樂本、閩本、明監本、毛本同；單疏本作「和」，八行本、八行乙本、足利本、九行本、蒙古本同；關西本作「[illegible]」，難以斷定其為何字。《考文・補遺》引文「務在知人」，云：「〔宋板〕『知』作『化』。」阮記云：「知，宋板作『化』，是也。」盧記同。案八行本、足利本皆作「和」，不作「化」，疑物觀誤校。此處當從單疏本、八行本等作「和」是。十行本等作「知」誤，「和」字形近之訛。

46. 頁二十一右　言欲已長久也

按：「已」，蒙古本、關西本、十行本（元）、靜嘉堂本（元）、劉本（元）、永樂本、閩本、明監本、毛本同；單疏本作「己」，九行本同；八行本作「以」，八行乙本、足利本同。《考文》引文「言欲已長久也」，云：「〔宋板〕『已』

作『以』。」阮記云：「已，宋板作『以』。盧文弨云：作『以』疑非。」當從單疏本、九行本作「已」是。「已」者，成王也。八行本作「以」誤。

47. 頁二十一左　無問遠近者用來歸王

按：「者，單疏本、八行本、八行乙本、足利本、九行本、蒙古本、關西本、十行本（元）、靜嘉堂本（元）、劉本（元）、永樂本、閩本、明監本、毛本皆同。阮記云：「按：『者』字疑當作『皆』。」盧記同。案《傳》文云「民無遠用來，言皆來」，則疏文作「者」似不誤。阮記所疑無據。

48. 頁二十一左　不可去之

按：「之」，八行本、八行乙本、足利本、九行本、蒙古本、關西本、十行本（元）、靜嘉堂本（元）、劉本（元）、永樂本、閩本、明監本、毛本、李本、王本、監圖本、岳本同。阮記云：「據《疏》，似無『之』字，或當作『不可去也』。」盧記同。「不可去之」，檢敦煌殘卷伯二七四八號作「不可去」，內野本作「不可去也」。又案文義，成王謂周公不可去，故作「不可去」或「不可去也」似較勝。

49. 頁二十一左　而奉順天

按：「天」，八行本、八行乙本、足利本、九行本、蒙古本、關西本、十行本（元）、靜嘉堂本（元）、劉本（元）、永樂本、閩本、明監本、毛本、李本、王本、監圖本、岳本皆同。《考文》引文「而奉順天」，云：「〔古本〕下有『地』字。」阮記云：「古本下有『地』字。盧記同。案「而奉順天」，檢敦煌殘卷伯二七四八號同作「而奉順天」，內野本作「而奉順天也」。檢山井鼎所據足利學校藏本《古文尚書》作「而奉順天地」，疑其「地」字實為「也」字轉寫之訛，不可信。

50. 頁二十二右　言化治

按：「治」，十行本（元）、靜嘉堂本（元）、劉本（元）、永樂本、閩本、李本同；八行本作「洽」，八行乙本、足利本、九行本、蒙古本、關西本、明監本、毛本、王本、監圖本、岳本同。《考文》引文「言化洽」，云：「〔古本〕下有『之』字。」阮記引文「言化洽」，云：「洽，十行、閩、葛俱誤作

『治』。古本『洽』下有『之』字，非也。」盧記引文「言化治」，云:「閩本、葛本同。毛本『治』作『洽』，是也。古本『洽』下有『之』字，非。」檢敦煌殘卷伯二七四八號、內野本作「洽」，與八行本等相合，作「洽」是。十行本作「治」誤，形近之訛也。

51. 頁二十二右　舉大明德以佑助我

按:「佑」，單疏本作「佐」，八行本、八行乙本、足利本、九行本、蒙古本、闕西本、十行本（元）、靜嘉堂本（元）、劉本（元）、永樂本同；閩本作「佑」，明監本、毛本同。《考文》引文「以佑助我」，云:「〔宋板〕『佑』作『佐』，下『我小至佑我』同。」阮記云:「佑，宋板、十行俱作『佐』。下『我小至佑我』同。」盧記引文「舉大明德以佐助我」，云:「宋板同。毛本『佐』作『佑』。下『我小佐我』同。」案當以「佐」為是。檢十行本作「佐」不誤，然其「佐」字俗刻，靜嘉堂本作「佐」，劉本作「佐」，永樂本作「佐」，皆因十行本俗刻之故。「佐」字俗刻，近於「佑」字，閩本或因此誤識底本文字。

52. 頁二十三右　使就君於周

按:「使」，九行本、蒙古本、靜嘉堂本（明初）、永樂本、王本同；八行本作「便」，八行乙本、足利本、闕西本、十行本（明初）、劉本（明初）、閩本、明監本、毛本、李本、監圖本、岳本同。阮記引文「便就君於周」，云:「便，十行本誤作『使』。」盧記引文「使就君於周」，云:「毛本『使』作『便』。案:『使』字誤也。」十行本此葉為明初補板，其作「便」不誤。至明正德時期，其「便」字刻板有脫落，遂印作「使」。至嘉靖時，對明初刻板修改，剜改作「便」。阮本所據之底本，當為正德時期印本。

53. 頁二十三右　命正公後

按:「正」，十行本（明初）、靜嘉堂本（明初）、永樂本同；八行本作「立」，八行乙本、足利本、九行本、蒙古本、闕西本、劉本（明初）、閩本、明監本、毛本、李本、王本、監圖本、岳本同。阮記引文「命立公後」，云:「立，十行本誤作『正』。」盧記引文「命正公後」，云:「毛本『正』作『立』。案:『正』字誤也。」十行本此葉為明初補板，頗疑明初補板時誤「立」作「正」。劉本此葉雖仍為明初補板，但嘉靖時期對明初補板亦有補正，改「正」作

「立」，是也。阮本所據之本當為正德時期印本，而閩本所據之本當為嘉靖時期印本。

54. 頁二十三右　公當留佑我

按：「佑」，劉本（嘉靖）、閩本、明監本、毛本同；八行本作「佐」，八行乙本、足利本、九行本、蒙古本、關西本、十行本（明初）、靜嘉堂本（明初）、永樂本、李本、王本、監圖本、岳本同。《考文》云：「〔古本〕『佑』作『佐』，宋板同。」阮記云：「佑，古、岳、宋板、十行、纂傳俱作『佐』，是也。」十行本作「佐」不誤，靜嘉堂本仍作「[illegible]」，「佐」字之俗刻也，然已近似「佑」字，阮本因此誤識其底本文字。至嘉靖時，或是「佐」字漫漶作「佑」，或是嘉靖時期修補時誤識文字而刻作「佑」。

55. 頁二十三右　亦未克敉公功

按：「敉」，八行本、八行乙本、足利本、九行本、蒙古本、關西本、十行本（明初）、靜嘉堂本（明初）、劉本（明初）、永樂本、閩本、明監本、毛本、李本、王本、監圖本、岳本、唐石經、白文本皆同。《考文》云：「〔古本〕『敉』作『撫』。」阮記云：「敉，古本作『撫』。」盧記同。敦煌殘卷伯二七四八號、內野本皆作「敉」，與唐石經及傳世刊本相合。檢山井鼎所據足利學校藏古本《古文尚書》作「撫」，或是據《傳》文改經文也，不可信。

56. 頁二十三右　言四方雖道治

按：「道」，八行本、八行乙本、足利本、九行本、蒙古本、關西本、十行本（明初）、靜嘉堂本（明初）、劉本（明初）、永樂本、閩本、明監本、毛本、李本、王本、監圖本、岳本皆同。《考文》云：「〔古本〕『道』作『通』。謹按：後改作『道』。」阮記云：「道，古本初作『通』，後改作『道』。」盧記同。敦煌殘卷伯二七四八號、內野本作「道」，與八行本等相合，作「道」是。檢山井鼎所據足利學校藏古本《古文尚書》作「通」，「通」字旁加圈，又書「道」字，是此部古本抄寫時誤作「通」，又以「道」校正之。

57. 頁二十三左　周洛邑

按：「周」，十行本（明初）、靜嘉堂本（明初）、劉本（明初）、永樂本、閩本、明監本同；單疏本「周」下有「謂」字，八行本、八行乙本、足利本、九行本、蒙古本、關西本、毛本同。《正字》引文「周謂洛邑」，云：「監本脫『謂』字。」阮記引文「周謂洛邑」，云：「十行、閩、監俱脫『謂』字。」盧記引文「周洛邑」，云：「閩本、明監本同。毛本『周』下有『謂』字。」十行本等誤脫「謂」字，永樂本、閩本皆承襲此誤，毛本補「謂」字是。

58. 頁二十三左　公當留佑我

按：「佑」，十行本（明初）、閩本、明監本、毛本同；單疏本作「佐」，八行本、八行乙本、足利本、九行本、蒙古本、關西本、靜嘉堂本（明初）、劉本（明初）、永樂本同。《考文・補遺》云：「〔宋板〕『佑』作『佐』。」阮記云：「佑，宋板作『佐』，與宋本注合。」盧記同。十行本此葉為明初補板，其作「佑」；靜嘉堂本此葉仍為明初補板，其作「佐」。劉本此葉亦是明初補板，作「佐」。據此推測，十行本明初補版刻作「佐」字之俗寫，然印刷時墨跡粘連，遂成作「佑」字。正德時期印本靜嘉堂本，嘉靖時期印本劉本，仍皆印作「佐」字俗寫，然已近似「佑」字，閩本、阮本因此誤識底本文字作「佑」。

59. 頁二十三左　是顧無事

按：「是」，單疏本、八行本、八行乙本、足利本、九行本、蒙古本、關西本、十行本（明初）、靜嘉堂本（明初）、劉本（明初）、永樂本、閩本、明監本、毛本皆同。阮記云：「按：『是』疑當作『自』。」盧記同。諸本皆作「是」，阮記所疑無據。孔疏原文作何字，存之待考。

60. 頁二十三左　文武受民之於天下

按：「民」，十行本（明初）、靜嘉堂本（明初）、永樂本、閩本、明監本、毛本同；單疏本作「人」，八行本、八行乙本、足利本、九行本、蒙古本、關西本同。「之於天下」，單疏本、八行本、足利本、九行本、蒙古本、關西本、十行本（明初）、靜嘉堂本（明初）、劉本（明初）、永樂本、閩本、明監本、毛本皆同。《考文》引文「文武受民之於天下」，云：「〔宋板〕『民』作『人』。」《正字》引文「文武受民之於天下」，云：「『之於天下』當『受之於天』誤。」阮記云：「民，宋板作『人』。浦鏜云：當作『文武受民，受之於天』。」盧記同。案疏文「文武受民之於天下」是否有脫訛，存之待考。

61. 頁二十四右　我意欲置太平

按：「置」，十行本（明初）、靜嘉堂本（明初）、劉本（明初）、永樂本、閩本、明監本、毛本同；單疏本作「致」，八行本、八行乙本、足利本、九行本、蒙古本、關西本同。《考文》云：「〔宋板〕『置』作『致』。」《正字》云：「『置』當『致』字誤。」阮記云：「置，宋板作『致』。按：宋本是也。」盧記同。單疏本等作「致」顯是。十行本此葉為明初補板，疑明初補板時誤「致」作「置」。

62. 頁二十四左　今我繼文祖大業

按：「今」，九行本、關西本、十行本（明初）、靜嘉堂本（明初）、永樂本、閩本、明監本、毛本同；單疏本作「令」，八行本、八行乙本、足利本、蒙古本同。《考文》云：「〔宋板〕『今』作『令』。」阮記云：「今，宋板作『令』，是也。」盧記同。案文義，成王令周公營洛邑，安文王所受命之民，是令周公繼文王之大業也。作「令」是。

63. 頁二十五右　王意以礼留我

按：「礼」，十行本（明初）、靜嘉堂本（明初）、劉本（明初）、永樂本同；單疏本作「此」，八行本、八行乙本、足利本、九行本、蒙古本、關西本、毛本同；閩本作「禮」，明監本同。阮記云：「此，十行、閩、監俱作『禮』。」案文義，「此」謂文武之業。作「此」是。十行本此葉為明初補板，疑明初補板時誤作「礼」，形近之訛也。

64. 頁二十五左　被人恭敬推先王

按：「王」，關西本、十行本（明初）、靜嘉堂本（明初）、劉本（明初）、永樂本、閩本、明監本同；單疏本作「已」，八行本、八行乙本、足利本、九行本、蒙古本、毛本同。《正字》云「被人恭敬推先已」，云：「已，監本誤『王』。」阮記引文「被人恭敬推先已」，云：「已，十行、閩、監俱作『王』。盧文弨云：毛本是。」盧記引文「被人恭敬推先王」，云：「閩本、明監本同。毛本『王』作『已』。盧文弨云：毛本是。」案文義，周公被人恭敬推先，其已戒成王，使成王為善政。作「已」是。

65. 頁二十五左　所以君土中

按:「君土」,十行本(明初)、靜嘉堂本(明初)、劉本(明初)、永樂本、閩本、明監本同;八行本作「居土」,八行乙本、足利本、九行本、蒙古本、關西本、李本、王本、監圖本、岳本同;毛本作「居王」。《考文》引文「所以居王中」,云:「正誤:『王』當作『土』。」《考文·補遺》云:「古本、宋板作『居土中』。」《正字》引文「所以居土中」,云:「居,監本誤『君』。」阮記引文「所以居王中」,云:「居王中,古、岳、宋板、閩本作『居土中』,是也。十行、葛、正德、嘉、萬俱作『君上中』,亦非。」盧記引文「所以君土中」,云:「古本、岳本、宋板、閩本『君上中』作『居土中』,是也。毛本作『居王中』,尤誤。」案疏文云「所以居土中者」,則《傳》文作「居土」是。十行本此葉為明初補板,頗疑明初補板時誤「居土」作「君土」。

66. 頁二十六右　本說之

按:「本」,八行本、八行乙本、足利本、九行本、蒙古本、關西本、十行本(明初)、靜嘉堂本(明初)、劉本(明初)、永樂本、閩本、明監本、毛本、李本、王本、監圖本同;岳本作「故本而」。阮記云:「岳本作『故本而說之』。《沿革例》曰:『本說之』三字不可曉,依《疏》云『故本而說之』,意始明。〇案:《傳》文多簡,《疏》中述《傳》往往增加數字以顯其意,似未可據《疏》以改《傳》。」盧記同。案「本說之」三字,檢九條本作「本說也」,檢內野本作「本說之也」,二本皆與傳世刊本大致相同。岳本據疏文增「故」、「而」二字,似不可取。

67. 頁二十六右　萬年猒乃德

按:「猒」,九行本、蒙古本、關西本、十行本(明初)、靜嘉堂本(明初)、劉本(明初)、岳本、唐石經同;八行本作「厭」,八行乙本、足利本、永樂本、閩本、明監本、毛本、李本、王本、監圖本、白文本同。阮記引文「萬年厭乃德」,云:「厭,唐石經、古本、岳本、纂傳俱作『猒』。按:『厭飫』之『厭』,《說文》本作『猒』,今通作『厭』,別作『饜』。其誤久矣。十行本脫『于』字。」盧記引文「萬年猒乃德」,云:「唐石經、古本、岳本、纂傳『猒』下有『于』字。毛本『猒』作『厭』。案:有『于』字是也。『厭飫』之『厭』,《說文》本作『猒』,今通作『厭』,別作『饜』。『猒』字不誤。」

檢九條本、內野本作「猷」，又檢《釋文》作「猷」，皆與唐石經相合。今從九條本、唐石經、《釋文》作「猷」。

68. 頁二十六左　予斥成王下句並告文武

按：「予斥」，闕西本、十行本（明初）、靜嘉堂本（明初）、劉本（明初）、永樂本、閩本、明監本、毛本同；單疏本作「子斥」，八行本、八行乙本、足利本、九行本、蒙古本同。「王」，十行本（明初）、靜嘉堂本（明初）、劉本（明初）、永樂本、閩本、明監本、毛本同；單疏本「王下」有「言用文王之道制為典法以明成王行之為明君也特舉文祖不言武王」二十八字，八行本、足利本、九行本、蒙古本、闕西本同。《考文》引文「予斥成王」，云：「〔宋板〕『予』作『子』。補闕：言用文王之道制為典法以明成王行之為明君也特舉文祖不言武王。謹按：『子斥成王』下，宋板有此二十八字。《正字》引文「子斥成王」，云：「『子』誤『予』。」阮記云：「宋板『予』作『子』，『王』下有『言用文王之道制為典法以明成王行之為明君也特舉文祖不言武王』二十八字。」盧記同。案上疏文云「明子之法」，此處當云「子斥成王」，「予」作「子」是。又闕西本、十行本等「王」下刊漏二十八字，當從單疏本、八行本等補之。

69. 頁二十六左　周公自非已意也

按：「自」，十行本（明初）、靜嘉堂本（明初）、劉本（明初）、永樂本、閩本、明監本、毛本同；單疏本「自」下有「言」字，八行本、八行乙本、足利本、九行本、蒙古本、闕西本同。《考文》引文「周公自非已意也」，云：「〔宋板〕『自』下有『言』字。」《正字》引文「是文武使已來居此地，周公自非已意也」，云：「『非』字疑在『周公』上。」阮記云：「『自』下，宋板有『言』字是。」盧記同。當從單疏本、八行本等補「言」字。周公述其居洛邑是文武使之來也，周公自言居此非已之意也。有「言」字是。

70. 頁二十六左　謂之秬鬯酒二器

按：「鬯」，十行本（明初）、靜嘉堂本（明初）、劉本（明初）、永樂本、閩本、明監本、毛本同；單疏本「鬯」下別有一「鬯」字，八行本、八行乙本、足利本、九行本、蒙古本、闕西本同。《考文》引文「酒二器明潔致敬」，云：

「〔宋板〕『酒』上有『鬯』字。」阮記云：「宋板『酒』上復有『鬯』字。」盧記同。上疏文云黑黍酒煮鬱金草而和之，此為秬鬯。又案《傳》文云「以黑黍酒二器」，此黑黍酒為鬯酒。據此疏文「鬯」下當別有一「鬯」字，上一「鬯」字屬上讀，與「秬」連文，是黑黍酒煮鬱金草也。下一「鬯」字屬下讀，與「酒」字連文，謂黑黍酒也。

71. 頁二十六左　釋註云

按：「註」，十行本（明初）、靜嘉堂本（明初）、劉本（明初）、永樂本、閩本、明監本、毛本同；單疏本作「詁」，八行本、八行乙本、足利本、九行本、蒙古本、關西本同。《考文》引文「釋註云」，云：「〔宋板〕『註』作『詁』。」阮記云：「註，宋板作『詁』。按：『註』字誤。」盧記同。案「註」字顯誤，此疏文引《爾雅》也，作「詁」是。十行本此葉為明初補板，疑其補板時誤。

72. 頁二十六左　是明禋為明絜致敬也

按：「絜」，單疏本、八行本、八行乙本、足利本、蒙古本、十行本（明初）、靜嘉堂本（明初）、劉本（明初）、永樂本同；九行本作「潔」，關西本、閩本、明監本、毛本同。《考文・補遺》云：「〔宋板〕『潔』作『絜』。下皆同。」阮記引文「是明禋為明潔致敬也」，云：「潔，宋板作『絜』，下皆同。○按：『絜』正字，『潔』俗字。」盧記同。今從單疏本、八行本等作「絜」為宜，阮記言是。

73. 頁二十六左　故本而說之此事者

按：「此事者」，單疏本、八行本、八行乙本、足利本、九行本、蒙古本、關西本、十行本（明初）、靜嘉堂本（明初）、劉本（明初）、永樂本、閩本、明監本、毛本皆同。阮記云：「按：『此事者』三字，疑有誤。」盧記同。疑「此事者」上脫一「說」字，或脫一「述」字，諸如此類。

74. 頁二十七右　得還鎬京即文武

按：「即」，單疏本、八行本、九行本、蒙古本、關西本、十行本（元）、靜嘉堂本（元）、劉本（嘉靖）、永樂本、閩本、明監本、毛本同；八行乙本

「即」下擠刻一「告」字，足利本同。《考文》引文「得還鎬京即文武」，云：「〔宋板〕『即』下有『告』字。」阮記云：「『即』下，宋板有『告』字，是也。」盧記同。案《傳》文云「則絜告文武，不經宿」，則疏文「即」下當有「告」字。單疏本已闕「告」字，八行本早印之本仍承單疏本之脫漏。八行本後印之本補刻一「告」字，是也。

75. 頁二十七左　特加文武各牛

按：「牛」，十行本（元）、靜嘉堂本（元）、劉本（嘉靖）、永樂本、閩本、明監本同；八行本「牛」上有「一」字，八行乙本、足利本、九行本、蒙古本、關西本、毛本、李本、王本、監圖本、岳本同。《正字》引文「特加文武各一牛，告白，尊周公云云」，云：「『白』誤『曰』。監本脫『一』字。」阮記引文「特加文武各一牛」，云：「十行、閩、葛俱脫『一』字。」盧記引文「特加文武各牛」，云：「閩本、葛本同。毛本『各』下有『一』字。」案經文云「文王騂牛一，武王騂牛一」，是文武各一牛也。《傳》文「牛」上當有「一」字。

76. 頁二十七左　告曰尊周公

按：「曰」，八行本、九行本、蒙古本、關西本、十行本（元）、靜嘉堂本（元）、劉本（嘉靖）、永樂本、閩本、明監本、毛本、李本、王本、監圖本同；八行乙本作「白」，足利本、岳本同。《考文》引文「告曰尊周公」，云：「〔古本〕『曰』作『白』。『為魯侯』下有『之也』二字。」阮記云：「曰。古、岳俱作『白』，與《疏》合。」盧記云「古本、葛本『曰』作『白』，與《疏》合。」檢敦煌殘卷二七四八號作「白」，又疏文云「特加一牛，告白文武之神，言為尊周公立其後為魯侯」，則《傳》文似作「白」為宜。

77. 頁二十七左　既受言誥之

按：「言」，單疏本、八行本、八行乙本、足利本、九行本、蒙古本、關西本、十行本（元）、靜嘉堂本（元）、劉本（嘉靖）、永樂本、閩本、明監本、毛本皆同。「之」，單疏本、八行本、足利本、九行本、蒙古本、關西本、十行本、靜嘉堂本（元）、劉本（嘉靖）、永樂本、閩本、明監本、毛本皆同。《正字》引文「周公歸政，成王既受言誥之」，云：「『言』、『之』字誤衍。從《續通解》挍。」阮記云：「浦鏜據《儀禮續通解》挍云：『言』、『之』二字衍。」盧記同。案《傳》文云「成王既受周公誥」，則疏文「既受言誥之」似有脫訛或衍文。

78. 頁二十八左　特以二牛告文武

按：「牛」，單疏本、九行本、蒙古本、關西本、十行本（元）、靜嘉堂本（元）、劉本（嘉靖）、永樂本、閩本、明監本、毛本同；八行本作「年」，八行乙本、足利本同。《考文・補遺》云：「〔宋板〕『牛』作『年』。」阮記云：「牛，宋板作『年』，是也。」盧記同。案單疏本作「牛」，又經文云「文王騂牛一，武王騂牛一」，是以二牛告文武也。作「牛」似不誤。八行本合刻注疏時誤「牛」為「年」。

79. 頁二十九右　云祭之日

按：「云」，單疏本、八行本、八行乙本、足利本、九行本、蒙古本、關西本、十行本（元）、靜嘉堂本（元）、劉本（元）、永樂本同；閩本作「示」，明監本、毛本同。《考文》引文「祭統賜臣爵祿之法示」，云：「〔宋板〕『示』作『云』。」《正字》引文「祭統賜臣爵祿之法，云祭之日云云，所命者北面」，云：「『云』誤『亦』。『者』字《祭統》無。」阮記引文「示祭之日」，云：「示，宋板、十行俱作『云』，是也。」案疏文作「云」是，「云」下是述《祭統》之文也。閩本誤「云」作「示」，明監本、毛本承之。

卷十六

1. 頁一右　皆非在官

按：「在官」，靜嘉堂本（元）、劉本（嘉靖）、閩本、明監本同；單疏本作「民事」，八行本、八行乙本、足利本、九行本、蒙古本、永樂本、毛本同；關西本作「民序」。阮記引文「皆非民事」，云：「民事，十行、閩、監俱作『在官』。○按：「段玉裁挍本『民』作『序』，是也。」盧記引文「皆非在官」，云：「閩本、明監本同。毛本『在官』作『民事』。段玉裁挍本又改『民』作『序』，是也。」今以為似當從關西本作「民序」。「民」字屬上讀，商王士，殷遺多士，皆非民也。「序」字屬下讀，疏文「序謂之『頑民』」，是因經文云「成周既成，遷殷頑民」，故疏文云「序謂之『頑民』」。綜上，從關西本作「民序」為宜。靜嘉堂本此葉雖為元刻版葉，但局部有修版，疑明代修版時刻作「在官」。

2. 頁二右　惟天不與言無堅固治者

按：「與」，八行本、八行乙本、足利本、九行本、蒙古本、關西本、靜嘉堂本（元）、劉本（嘉靖）、永樂本、閩本、明監本、毛本、李本、王本、監圖本、岳本皆同。「言」，靜嘉堂本（元）、劉本（嘉靖）、閩本、明監本同；八行本作「信」，足利本、九行本、蒙古本、關西本、永樂本、毛本、李本、王本、監圖本、岳本同。《考文・補遺》引文「惟天不與信無」，云：「〔古本〕『與』上有『右』字。」《正字》引文「惟天不與，信無堅固治者」，云：「信，監本誤『言』。」阮記引文「惟天不與信無堅固治者」，云：「『與』上，古本有『右』字。信，十行、閩、監俱誤作『言』。」盧記引文「惟天不與信無堅固治者」，云：「古本『與』上有『右』字。毛本『言』作『信』。案：『言』字非。閩本、明監本並誤。」檢敦煌殘卷伯二七四八號「與」上有「祐」字，「言」作「信」。內野本「與」上有「右」字，「言」作「信」。案經文云「惟天不畀允」，又疏文出「惟天不與信」，則《傳》文似當作「惟天不與信」為宜。《傳》文以「與」釋「畀」，以「信」釋「允」。

3. 頁三右　大淫泆有辭

按：「泆」，八行本、八行乙本、足利本、九行本、蒙古本、關西本、靜嘉堂本（元）、劉本（元）、永樂本、閩本、明監本、毛本、李本、王本、監圖本、岳本、唐石經、白文本皆同。阮記云：「陸氏曰：『泆』有作『佾』，注同。○按：『失』聲，『佾』聲，古音同。」盧記同。內野本作「泆」。檢敦煌殘卷伯二七四八號作「佾」，與陸德明所見別本相合。

4. 頁三右　既言天之効驗法惡與善

按：「法」，靜嘉堂本（元）、劉本（元）、永樂本、閩本同；單疏本作「去」，八行本、八行乙本、足利本、九行本、蒙古本、關西本、明監本、毛本同，《要義》所引亦同。阮記引文「既言天之効驗去惡與善」，云：「去，十行、閩本俱誤作『法』。」盧記引文「既言天之効驗法惡與善」，云：「閩本同。毛本『法』作『去』。」案文義，作「去」是，下既云「與善」，此處當作「去惡」，作「法」則文義不通。

5. 頁四右　罔顧于天顯民祗

按：「祗」，八行本、八行乙本、足利本、九行本、蒙古本、關西本、靜嘉堂本（元）、劉本（元）、永樂本、閩本、明監本、李本、王本、監圖本、岳本、唐石經、白文本同；毛本作「祇」。阮記引文「罔顧于天顯民祇」，云：「祇，唐石經、岳、葛、十行、閩、監俱作『祗』。」盧記引文「罔顧于天顯民祗」，云：「唐石經、岳本、葛本、閩本、明監本同。毛本『祗』作『祇』。」案《傳》文云「無能明人為敬」，祗，敬也，經文作「祗」是。毛本作「祇」誤。

6. 頁五右　天乃與之

按：「與」，單疏本、八行本、九行本、蒙古本、關西本、靜嘉堂本（元）、劉本（嘉靖）、永樂本、閩本、明監本、毛本同；八行乙本作「興」，足利本同。《考文》云：「〔宋板〕『與』作『興』。」阮記云：「與，宋板作『興』。」盧記同。案下疏文云「惟天不與，不明其德」，則此處亦當作「與」。八行本作「與」不誤。此蓋八行本後印時補板，補板時誤作「興」。

7. 頁六右　不能使民安之

按：「安」，八行本、八行乙本、足利本、九行本、蒙古本（抄）、關西本、靜嘉堂本（元）、劉本（嘉靖）、永樂本、閩本、明監本、毛本、李本、王本、監圖本、岳本皆同。《考文》引文「不能使民安之」，云：「〔古本〕作『不能使民安，安之也』。謹按：恐衍一『安』字。」阮記云：「古本作『不能使民安，安之也』。山井鼎曰：恐衍一『安』字。按：《疏》云『不能使民安而安之』，即古本之所本。」案「不能使民安之」，敦煌殘卷伯二其四八號、內野本作「不能使人安，安之也」，與疏文「不能使民安而安之」所據之本相合，疑《傳》文「安」下當別有一「安」字。

8. 頁六右　朕不敢有後

按：「後」，八行本、八行乙本、足利本、九行本、蒙古本（抄）、關西本、靜嘉堂本（元）、劉本（嘉靖）、永樂本、閩本、明監本、毛本、李本、王本、監圖本、岳本、唐石經、白文本皆同。阮記云：「唐石經『後』下本有『誅』字，後磨改。」盧記同。敦煌殘卷伯二其四八號、內野本作「後」下無「誅」字。或是唐時有寫本誤據《傳》文增入「誅」字，唐石經初刻時據此種文本，其後正而刪之。

9. 頁六右　今爾又曰

按：「又」，八行本、八行乙本、足利本、九行本、蒙古本（抄）、關西本、靜嘉堂本（元）、劉本（嘉靖）、永樂本、閩本、明監本、毛本、李本、王本、監圖本、岳本、唐石經、白文本皆同。《考文》引文「今爾又曰」，云：「〔古本〕作『爾今又曰』。蔡本『又』作『其』。」《正字》云：「今本『又』作『其』。」阮記云：「顧炎武曰：又，今本作『其』。」盧記同。敦煌殘卷伯二其四八號、內野本作「又」，與唐石經等相合。蔡《傳》作「其」似誤。

10. 頁六左　今往又有言曰

按：「往」，蒙古本（抄）、靜嘉堂本（元）、劉本（嘉靖）、永樂本、閩本、明監本同；單疏本作「汝」，八行本、八行乙本、足利本、九行本、關西本、毛北同。《正字》云：「汝，監本誤『往』。」阮記引文「今汝又有言曰」，云：「汝，十行、閩、監俱作『往』。」盧記引文「今往又有言曰」，云：「毛本『往』作『汝』。」案《傳》文云「今汝又曰夏至眾士蹈道者」，則疏文作「汝」是。

11. 頁六左　我一人惟聽用有德之者故我敢求汝有德之人

按：「者」，單疏本、八行本、八行乙本、足利本、九行本、蒙古本（抄）、關西本、靜嘉堂本（元）、劉本（嘉靖）、永樂本、閩本、明監本、毛本皆同。《正字》云：「『者』當『人』字誤。」阮記云：「浦鏜云：『者』當『人』字誤。〇按：浦云非也。」盧記同。今疑「之者」二字或有訛衍。

12. 頁六左　言未遷之時當求往

按：「當」，單疏本、八行本、八行乙本、足利本、九行本、蒙古本（抄）、關西本、靜嘉堂本（元）、劉本（嘉靖）、永樂本、閩本、明監本、毛本同。《正字》云：「當，疑『尚』字誤。」阮記云：「浦鏜云：『當』疑『尚』字誤。」盧記同。今疑「當求往」三字有脫訛。

13. 右七左　爾不啻不有爾土

按：「啻」，八行本、八行乙本、足利本、九行本、蒙古本、關西本、靜嘉堂本（元）、劉本（元）、永樂本、閩本、明監本、毛本、李本、王本、監圖本、岳本、唐石經、白文本皆同。阮記云：「陸氏曰：啻，徐本作『翅』，下篇放此。」盧記同。檢敦煌殘卷伯二七四八號作「啻」，與唐石經同。今暫未見陸氏所云作「翅」字之徐氏本。

14. 頁九右　乃不知稼穡之艱難

按：「乃」，八行本、九行本、蒙古本、關西本、靜嘉堂本（元）、劉本

（元）、永樂本、閩本、明監本、毛本、李本、王本、監圖本、岳本、唐石經、白文本同；八行乙本作「亦」，足利本同。《考文》云：「〔宋板〕『乃』作『亦』。」阮記云：「乃，宋板作『亦』。葛本脫『穡』字。」盧記同。八行本作「乃」不誤，後印時補板誤作「亦」，故八行乙本誤作「亦」。

15. 頁九左　力為逸豫遊戲

按：「力」，靜嘉堂本（元）、劉本（元）、永樂本、閩本、明監本同；八行本作「乃」，八行乙本、足利本、九行本、蒙古本、闕西本、毛本、李本、王本、監圖本、岳本同。阮記引文「乃為逸豫遊戲」，云：「乃，葛本、十行、閩、監俱誤作『力』。」盧記引文「力為逸豫遊戲」，云：「葛本、閩本、明監本同。毛本作『乃』，是也。」案經文出「乃逸」，則《傳》文作「乃」是，作「力」誤。

16. 頁十左　言孝行者

按：「者」，靜嘉堂本（元）、劉本（元）、永樂本、閩本同；八行本作「著」，八行乙本、足利本、九行本、蒙古本、闕西本、明監本、毛本、李本、王本、監圖本、岳本同。阮記引文「言孝行著」，云：「著，十行、閩、葛俱誤作『者』。」盧記引文「言孝行者」，云：「言孝行者」，云：「毛本『者』作『著』。」案疏文標目云「傳武丁起至行著」，則《傳》文作「著」是。

17. 頁十三右　長敬天命

按：「長」，靜嘉堂本（元）、劉本（嘉靖）同；八行本作「畏」，八行乙本、足利本、九行本、蒙古本、闕西本、永樂本、閩本、明監本、毛本、李本、王本、監圖本、岳本同。阮記引文「畏敬天命」，云：「畏，十行本誤作『長』。」盧記引文「長敬天命」，云：「各本『長』皆作『畏』，形近之譌。」今檢靜嘉堂本、劉本此葉雖皆為元刻版葉，然元代版葉至明代印刷時，部分文字印字不清，或版片文字筆畫有損壞，「畏」字遂印作「長」。元刻十行本元代版葉印作「長」，並非屬於形近之訛。

18. 頁十三左　用善政以諧和萬民故也

按：「諧」，單疏本、八行本、八行乙本、足利本、九行本、蒙古本、闕西本、靜嘉堂本（元）、劉本（嘉靖）、永樂本、閩本、明監本、毛本同；《要義》引作「皆」。阮記云：「按：『諧』字疑當作『皆』。」盧記同。案《傳》文云「不暇思慮政事，用皆和萬民」，則疏文作「皆」為宜。《要義》所改是也。

19. 頁十三左　惟當正身行己以供待之

按：「身」，單疏本、八行本、八行乙本、足利本、九行本、蒙古本、闞西本、靜嘉堂本（元）、永樂本同；劉本（嘉靖）作「心」，閩本、明監本、毛本同。《考文・補遺》引文「正心行己」，云：「〔宋板〕『心』作『身』。」阮記引文「惟當正心行己以供待之」，云：「心，宋板、十行俱作『身』。」盧記引文「惟當正身行己以供待之」，云：「宋板同。毛本『身』作『心』。」案元刻十行注本之本元代版葉作「身」不誤，至嘉靖補板時誤「身」作「心」，蓋與上疏文「專心於政」之「心」字並排，相涉而誤。

20. 頁十四右　釋詁云盤樂也

按：「盤」，單疏本、八行本、八行乙本、足利本、九行本、蒙古本、闞西本、靜嘉堂本（元）、劉本（元）、永樂本、閩本、明監本、毛本皆同。《正字》云：「盤，《爾雅》作『般』。」阮記云：「孫志祖云：盤，《爾雅》作『般』。」盧記同。檢《四部叢刊》影宋本《爾雅・釋詁》云：「般，樂也。」《爾雅》雖作「般」，然《古文尚書》經文作「盤」，故而疏文仍作「盤」為宜。

21. 頁十四右　故不敢非時畋獵以為樂耳

按：「畋」，單疏本、八行本、八行乙本、足利本、蒙古本、闞西本、靜嘉堂本（元）、劉本（元）、永樂本同；九行本作「田」，閩本、明監本、毛本同。阮記引文「故不敢非時田獵以為樂耳」，云：「田，十行本作『畋』。」盧記引文「故不敢非時畋獵以為樂耳」，云：「岳本『畋』作『田』。」案單疏本等作「畋」，然經文出「盤于遊田」，《傳》文出「不敢樂於遊逸田獵」，九行本或是據經文及《傳》文改疏文。今以為仍當從單疏本作「畋」為宜，不必據經傳改疏文。

22. 頁十四左　王當正己身以供待萬民

按：「以供」，靜嘉堂本（元）、劉本（元）、永樂本、閩本、明監本同；

單疏本「以供」下有「待之也以身供」六字，八行本、八行乙本、足利本、九行本、蒙古本、關西本同；毛本作「以洪」，下有「待之也以身供」六字。《考文》引文「以洪待之也」，云：「正誤：『洪』當作『供』。」《考文・補遺》云：「宋板『洪』作『供』。」《正字》引文「王當正己身，以供待之也，以身供待萬民」，云：「上『供』字毛本誤『洪』。監本脫『之也以身供待』六字。」阮記引文「王當正己身以洪待之也以身供待萬民」，云：「洪，宋板作『供』，十行、閩、監俱無『洪待之也以身』六字。」盧記引文「王當正己身以供待萬民」，云：「閩本、明監本同。毛本『以』下有『洪待之也以身』六字，與宋板合。宋板『洪』作『供』。」案「以供」下當從單疏本等補「待之也以身供」六字。毛本「以供」作「以洪」，誤。

23. 頁十五右　侵淫不止

按：「侵」，單疏本、八行本、八行乙本、足利本、九行本、蒙古本、關西本、靜嘉堂本（元）、劉本（元）、永樂本、閩本、明監本、毛本同；《要義》引作「浸」。《正字》云：「『侵』當作『浸』。」阮記云：「浦鏜云：『侵』當作『浸』。」盧記同。案文義，似當作「浸」為宜。《要義》改八行本「侵」作「浸」，是也。

24. 頁十五右　酗從酉

按：「酉」，單疏本、八行本、八行乙本、足利本、九行本、蒙古本、關西本、靜嘉堂本（元）、劉本（元）、永樂本、毛本同，《要義》所引亦同；閩本作「酒」，明監本同。《正字》引文「酗從酒，以凶為聲」，云：「酒，毛本誤『酉』。」阮記云：「酉，閩、監俱誤作『酒』。按：浦鏜以毛本為誤，非也。」盧記引文「酗從酉」，云：「閩本、明監本『酉』作『酒』。毛本『酉』不誤。浦鏜以毛本為誤，非也。」案「酗」字顯從「酉」，非從「酒」也。作「酉」是。閩本誤「酉」作「酒」，明監本承之。毛本改「酒」作「酉」是。

25. 頁十五左　古人之難君明臣良

按：「人之」，九行本、靜嘉堂本（元）、劉本（元）、永樂本、閩本、明監本、毛本同；單疏本作「之人」，八行本、八行乙本、足利本、蒙古本、關西本同。《考文》云：「〔宋板〕『古人之』作『古之人』。」《正字》引文「古人之難君明臣良，猶尚相訓誥」，云：「『人之』字當誤倒。」阮記云：「古人之，宋板作『古之人』。按：宋本不誤。」盧記同。案經文云「我聞曰古之人」，則疏文「人之」當從單疏本、八行本等作「之人」為是。

26. 頁十六右　譸張誑也

按：「譸」，單疏本、八行本、八行乙本、足利本、九行本、蒙古本、闕西本、靜嘉堂本（元）、劉本（元）、永樂本、閩本、明監本、毛本同。阮記云：「孫志祖云：《爾雅》作『侜張』。」盧記同。檢《四部叢刊》影宋本《爾雅・釋訓》作「侜」。然經文及《傳》文皆作「譸」，則似不可據《爾雅》改此疏文。

27. 頁十七右　罰無殺無辜

按：「無」，靜嘉堂本（元）、劉本（元）同；單疏本「無」下有「罪」字，八行本、八行乙本、足利本、九行本、蒙古本、闕西本、永樂本、閩本、明監本、毛本同，《要義》所引亦同。阮記引文「罰無罪殺無辜」，云：「十行本脫『罪』字。」盧記引文「罰無殺無辜」，云：「毛本『無』下有『罪』字，此誤脫也。」案經文出「罰無罪，殺無辜」，則疏文上「無」字之下當有「罪」字。案永樂本此行擠刻，則疑永樂本之底本闕「罪」字。

28. 頁十七左　傳太保也師太師也

按：「傳」，九行本「傳太保也」至「西為右」段釋文在下《傳》文「故以名篇○」下；闕西本作「保」，劉本（元）、永樂本、閩本、明監本、毛本、王本同；靜嘉堂本（元）漫漶，剩「亻」旁；監圖本作「為保」，其「為保太保也」至「西為右」段音義在《傳》文「故以名篇」下，音義與《傳》文之間無分隔符。檢阮記、盧記無說。案經文「王為左右」，下為音義，阮本按例當加「○」，以分隔經文與音義。檢《釋文》出「為保」、「為師」，則作「傳」者誤。靜嘉堂本此葉為元刻版葉，此字已漫漶，剩「亻」旁。劉本此葉雖為元刻版葉，然其作「保」，此「保」字應是嘉靖補板時所刻。

29. 頁十七左　同姓也

按：「同」，八行本、八行乙本、足利本、九行本、蒙古本、闕西本、靜嘉堂本（元）、劉本（元）、永樂本、閩本、明監本、毛本、李本、王本、監圖本、岳本同，《要義》所引亦同。《考文》云：「〔古本〕『同』上有『周』字。」阮記云：「『同』上，古本有『周』字。」盧記同。案「同姓也」，檢內野本作「周同姓也」。然敦煌殘卷二七四八號作「同姓」，無「周」字，與傳世刊本相合。今仍從傳世刊本作「同姓也」。

30. 頁十九右　越我民罔尤違

按：「越」，八行本、八行乙本、足利本、九行本、蒙古本、闞西本、靜嘉堂本（元）、劉本（元）、永樂本、閩本、毛本、李本、王本、監圖本、岳本、唐石經、白文本同；明監本作「曰」。阮記云：「越，蔡《傳》本作『曰』。盧文弨云：宋元以來本無不作『越』字，蔡《傳》亦以『於』為訓，似亦本作『越』字。○按：唐石經亦作『越』。」盧記同。檢內野本作「粵」。檢敦煌殘卷二七四八號作「越」，與唐石經相合。今仍從唐石經作「越」。

31. 頁十九右　乃其墜命

按：「墜」，八行本、八行乙本、足利本、九行本、蒙古本、闞西本、靜嘉堂本（元）、劉本（元）、永樂本、閩本、明監本、毛本、李本、王本、監圖本、岳本、白文本皆同；唐石經此行九字，初刻之後磨去一字。阮記云：「『墜』下，唐石經本有『厥』字，後磨改。」盧記同。檢敦煌殘卷二七四八號作「墜」下無「厥」字，與唐石經磨改後文字相合。今仍以無「厥」字為是。

32. 頁十九右　正在我今小子旦

按：「我今」，蒙古本、靜嘉堂本（元）、劉本（元）、永樂本、閩本、明監本同；八行本作「今我」，八行乙本、足利本、九行本、闞西本、毛本、李本、王本、監圖本、岳本同。《考文》云：「〔古本〕『我今』作『今我』，宋板同。」《正字》引文「正在今我小子旦」，云：「『今我』字，監本誤倒。」阮記引文「正在今我小子旦」，云：「山井鼎曰：古本『我今』作『今我』，宋板同。○按：葛本、十行、閩、監俱作『我今』。毛本卻不誤，鼎失檢耳，纂傳亦作『今我』。」盧記引文「正在我今小子旦」，云：「毛本『我今』作『今我』。山井鼎曰：古本『我今』作『今我』，宋板同。○按：葛本、閩本、明監本俱作『我今』，毛本卻不誤，鼎失檢耳。纂傳亦作『今我』。」檢敦煌殘卷二七四八號作「今我」，與八行本等相合。又經文云「今予小子旦」，則《傳》文當從八行本等作「今我」為是。

33. 頁二十右　尹摯佐湯

按：「尹」，八行本、八行乙本、足利本、九行本、蒙古本、關西本、靜嘉堂本（元）、劉本（元）、永樂本、閩本、明監本、毛本、王本、監圖本、岳本同；李本作「伊」。《考文》云：「謹按：古本『尹摯』作『伊尹』，後改作『伊摯』，未知孰是。」阮記云：「尹，《史記集解》作『伊』。山井鼎曰：尹摯，古本作『伊尹』，後改作『伊摯』。〇按：古本後改者，正與《史記集解》合，亦與宋板《疏》標目合。」盧記同。案「尹摯」二字，敦煌殘卷伯二七四八號作「伊尹，摯」，內野本作「伊摯」。又案單疏本、八行本疏文標目云「傳伊摯至太平」，則「尹」似當作「伊」為宜。

34. 頁二十右　功至大夫

按：「夫」，靜嘉堂本（元）、劉本（元）同；八行本作「天」，八行乙本、足利本、九行本、蒙古本、關西本、永樂本、閩本、明監本、毛本、王本、監圖本、岳本；李本殘闕作「大」，原作何不可曉。阮記引文「功至大天」，云：「天，十行本誤作『夫』。」盧記引文「功至大夫」，云：「毛本『夫』作『天』，是也。」案經文云「格于皇天」，則《傳》文作「天」是。

35. 頁二十左　言時有若者

按：「時」，關西本、靜嘉堂本（元）、劉本（元）、永樂本、閩本、明監本、毛本同；單疏本「時」下有「則」字，八行本、八行乙本、足利本、九行本、蒙古本同，《要義》所引亦同。《考文》云：「宋板『時』下有『則』字。」阮記云：「『時』下，宋板有『則』字，是也。」盧記同。案經文云「時則有若」，則疏文「時」下當有「則」字。

36. 頁二十左　傳尹摯至太平

按：「尹」，九行本、蒙古本、關西本、靜嘉堂本（元）、劉本（元）、永樂本、閩本、明監本、毛本同；單疏本作「伊」，八行本、八行乙本、足利本同。《考文》云：「〔宋板〕『尹』作『伊』。謹按：《傳》文作『尹摯』，此作『伊摯』。按：古本舊作『伊尹』，後改『尹』作『摯』。古本後改者，恐有據也。」阮記云：「尹，宋板作『伊』。山井鼎曰：《傳》文作『尹摯』，此作『伊摯』。按：古本後改者，恐有據也。〇按：宋板於《傳》雖作『尹』，於《疏》則作『伊』，是也。」盧記同。案《傳》文當從內野本作「伊摯」，詳細考證見上「尹摯佐湯」條，則疏文標目似當從單疏本、八行本作「伊」。

37. 頁二十一左　有陳烈之功

按：「烈」，九行本、靜嘉堂本（元）、劉本（元）、永樂本同；單疏本作「列」，八行本、八行乙本、足利本、蒙古本、關西本、閩本、明監本、毛本同，《要義》所引亦同。阮記引文「有陳列之功」，云：「列，十行本誤作『烈』，下同。」盧記引文「有陳烈之功」，云：「毛本『烈』作『列』。案：『烈』字誤，下同。」案《傳》文云「惟此道有陳列之功」，則疏文作「列」是。

38. 頁二十一左　是配也

按：「配」，靜嘉堂本（元）、劉本（元）、永樂本、閩本、明監本、毛本同；單疏本「配」下有「天」字，八行本、八行乙本、足利本、九行本、蒙古本、關西本同，《要義》所引亦同。《考文》引文「為天之子是配也」，云：「〔宋板〕『配』下有『天』字。」阮記云：「『配』下，宋板有『天』字。」盧記同。案《傳》文及上下疏文皆云「配天」，則此處「配」下亦當有「天」字也。

39. 頁二十二左　君憂得人臣能舉賢

按：「能」，單疏本、八行本、八行乙本、足利本、九行本、蒙古本、關西本、靜嘉堂本（元）、劉本（元）、閩本同，《要義》所引亦同；明監本作「皆」，毛本同。阮記引文「臣皆舉賢」，云：「皆，十行、閩本俱作『能』。」盧記引文「臣能舉賢」，云：「閩本同。毛本『能』作『皆』。」案文義，君尚賢，臣亦能舉賢，作「能」是。明監本改作「皆」無版本依據，不可從。

40. 頁二十二左　信天壽有平至之君

按：「信」，蒙古本、關西本、靜嘉堂本（元）、劉本（元）、永樂本同；

八行本作「言」，八行乙本、足利本、九行本、閩本、明監本、毛本、李本、監圖本、岳本同，《要義》所引亦同；王本漫漶。阮記引文「言天壽有平至之君」，云：「言，十行本誤作『信』。」盧記引文「信天壽有平至之君」，云：「信天壽有平至之君」，云：「毛本『信』作『言』。案：『信』字誤。」檢疏文標目云「傳言天至以威」，則《傳》文從八行本等作「言」為是。

41. 頁二十二左　天滅亡加之有威

按：「有」，關西本、靜嘉堂本（元）、劉本（元）、永樂本同；八行本作「以」，八行乙本、足利本、九行本、蒙古本、閩本、明監本、毛本、李本、王本、監圖本、岳本同。盧記引文「加之以威」，云：「以，十行本誤作『有』。」盧記引文「加之有威」，云：「毛本『有』作『以』。案：『有』字誤。」檢敦煌殘卷伯二七四八號作「以」，與八行本等相合。又疏文標目云「傳言天至以威」，則《傳》文當從八行本等作「以」字是。

42. 頁二十三右　則知中宗高宗之屬身是也

按：「則」，靜嘉堂本（元）、劉本（元）、永樂本、閩本、明監本、毛本同；單疏本作「即」，八行本、八行乙本、足利本、九行本、蒙古本、關西本同。「身」，單疏本、八行本、足利本、九行本、蒙古本、關西本、靜嘉堂本（元）、劉本（元）、永樂本、閩本、明監本、毛本同。《正字》引文「則知中宗高宗之屬身是也」，云：「『知』疑『如』字誤。『則』、『身』二字疑衍。」阮記云：「盧文弨、浦鏜並云：『則』、『身』二字俱衍，『知』當作『如』。」盧記同。今以為「則」當從單疏本、八行本等作「即」，而疑「身」字為衍文。

43. 頁二十三右　鄭注以為傳言臣事

按：「傳」，靜嘉堂本（元）、劉本（元）、永樂本、閩本、明監本、毛本同；單疏本作「専」，八行本、八行乙本、足利本、九行本、蒙古本、關西本同，《要義》所引亦同。《考文》云：「〔宋板〕『傳』作『専』。」阮記云：「傳，宋板作『専』。按：『傳』字誤。」盧記同。案上疏文云「此經専說君之善惡」，則此處疏文當云「鄭注以為専言臣事」，謂鄭氏說與孔氏之異也。

44. 頁二十三左　虢閎閎氏虢國叔字文王弟夭名

按：「虢閎閎氏虢國叔字文王弟夭名」，八行本、八行乙本、足利本、九行本、蒙古本、關西本、靜嘉堂本（元）、劉本（元）、永樂本、閩本、明監本、毛本、李本、王本、監圖本、岳本皆同，《要義》所引亦同。阮記引文「閎氏虢國叔字文王弟夭名」，云：「『閎氏』二字，纂傳在『夭名』上。按：王氏錄諸家說往往竄易字句，多不足據。然此處孔《傳》原文實不可解，故存以俟考。」盧記同。檢敦煌殘卷伯二七四八號作「虢閎夭ミ氏。虢，國，叔，字，文王弟。夭，名」，據此推測孔《傳》原文流傳之中或早已錯亂，原文暫不可考。

45. 頁二十三左　佐文王為胥附奔走先後禦侮之任

按：「奔走」，八行本、八行乙本、足利本、九行本、蒙古本、關西本、靜嘉堂本（元）、劉本（元）、永樂本、閩本、明監本、毛本、李本、王本、監圖本、岳本皆同，《要義》所引亦同。阮記云：「陸氏曰：『奔』又作『本』，『走』又作『奏』，音同。」盧記同。檢敦煌殘卷伯二七四八號作「奔走」，與傳世刊本相合。又內野本作「奔奏」，則此本「奏」字與陸德明所見別本相合。

46. 頁二十三左　公曰君奭至厥躬

按：「厥躬」，單疏本、九行本、蒙古本、關西本、靜嘉堂本（元）、劉本（元）、永樂本、閩本、明監本、毛本同；八行本作「宮括」，八行乙本、足利本同。《考文》云：「〔宋板〕『厥躬』作『宮括』。」阮記云：「厥躬，宋板作『宮括』，宋本不誤。」盧記同。今按此段疏文止於「順天之意，勤德以受命」，則其所釋經文止於「集大命于厥躬」。當從單疏本等作「厥躬」是。八行本改作「宮括」誤。

47. 頁二十三左　故文王能成之命於其身

按：「之」，靜嘉堂本（元）、劉本（元）、永樂本同；單疏本作「大」，八行本、八行乙本、足利本、九行本、蒙古本、關西本、閩本、明監本、毛本同。阮記引文「故文王能成大命於其身」，云：「大，十行本誤作『之』。」盧記引文「故文王能成之命於其身」，云：「毛本『之』作『大』。案：『之』字誤。」案經文出「集大命于厥躬」，則疏文作「大」是，作「之」則誤。

48. 頁二十三左　故閎散泰南宮皆是

按:「是」，九行本、關西本、靜嘉堂本（元）、劉本（元）同；單疏本作「氏」，八行本、八行乙本、足利本、蒙古本、永樂本、閩本、明監本、毛本同，《要義》所引亦同。阮記引文「故閎散泰南宮皆氏」，云:「氏，十行本誤作『是』。」盧記引文「故閎散泰南宮皆是」，云:「毛本『是』作『氏』。案:所改是也。」案文義，閎、散、泰、南宮皆為氏，夭、宜生、顛、括皆為名。作「氏」是。

49. 頁二十三左　相通前後曰先後

按:「通」，靜嘉堂本（元）、劉本（元）、永樂本同；單疏本作「道」，八行本、八行乙本、足利本、九行本、關西本、閩本、明監本、毛本同。阮記引文「相道前後曰先後」，云:「道，十行本誤作『通』。」盧記引文「相通前後曰先後」，云:「毛本『通』作『道』。案:『通』字誤。」檢宋刊巾箱本《毛詩詁訓傳》卷十六《緜》，毛《傳》云:「相道前後曰先後。」據此，此處疏文作「道」是。

50. 頁二十四右　文王德如此者

按:「德」，九行本、蒙古本、關西本、靜嘉堂本（元）、劉本（嘉靖）、永樂本、閩本、明監本、毛本同；單疏本作「得」，八行本、八行乙本、足利本同。《考文》云:「〔宋板〕『德』作『得』。」阮記云:「德，宋板作『得』。」盧記同。案文義，文王亦如殷家惟天所大佑，文王得以如此者，是五臣蹈行文王之德也。作「得」是。

51. 頁二十四左　誕將天威

按:「威」，八行本、八行乙本、足利本、九行本、蒙古本、關西本、靜嘉堂本（元）、劉本（嘉靖）、永樂本、閩本、明監本、毛本、李本、王本、監圖本、岳本、唐石經、白文本皆同。《考文》云:「〔古本〕作『誕畏天畏』。」阮記云:「古本作『誕將天畏』。」盧記同。檢內野本作「誕將天畏」。又檢山井鼎所據足利學校藏古本《古文尚書》作「誕畏天畏」，然上「畏」字旁有「將」字，可知此部古本上「畏」字乃是「將」字轉寫之訛，山井鼎校勘不可盡信。

52. 頁二十六右　故以鳴鳳如之格天

按：「如」，靜嘉堂本（元）同；單疏本作「況」，八行本、八行乙本、足利本、九行本、蒙古本、關西本、劉本（嘉靖）、永樂本、閩本、明監本、毛本同。阮記引文「故以鳴鳳泥之格天」，云：「況（泥），十行本誤作『如』。」盧記引文「故以鳴鳳如之格天」，云：「毛本『如』作『況』。案：『如』字誤。」案《傳》文云「況曰其有能格于皇天乎」，則疏文作「況」是。檢靜嘉堂本此葉雖為元刻版葉，然頗疑此「如」字非元刻。劉本此葉為嘉靖時補板，補板時改「如」作「況」，是也。阮本之底本當為正德時期印本。

53. 頁二十六左　故今謀於寬裕也

按：「今」，靜嘉堂本（元）、劉本（嘉靖）、永樂本、閩本、明監本、毛本同；單疏本作「令」，八行本、八行乙本、足利本、九行本、蒙古本、關西本同。《考文》云：「〔宋板〕『今』作『令』。」《正字》云：「『今』疑『令』字誤。」阮記云：「今，宋本作『令』。按：宋本是也。」盧記同。案《傳》文云「告君汝謀寬饒之道」，是令其謀於寬裕之道也。從單疏本、八行本等作「令」是。

54. 頁二十六左　為汝民立中正矣

按：「正」，八行本、八行乙本、足利本、九行本、蒙古本、關西本、靜嘉堂本（元）、劉本（嘉靖）、永樂本、閩本、明監本、毛本、李本、王本、監圖本、岳本皆同。《考文》引文「為汝民立中正矣」，云：「〔古本〕作『為汝民立中正之教矣』。」阮記云：「『正』下，古本有『之教』二字。」盧記同。檢九條本「正」下有「教」字。然敦煌殘卷伯二七四八號作「立中正矣」，與傳世刊本相合，又疏文標目云「傳前人至正矣」，則孔穎達所據之本亦與傳世刊本相合，今仍從八行本等作「正」，而不必據九條本等補「教」字。

55. 頁二十七右　言其大不可不戒

按：「戒」，八行本、八行乙本、足利本、九行本、蒙古本、關西本、靜嘉堂本（元）、劉本（元、嘉靖）、永樂本、閩本、明監本、毛本、李本、王本、監圖本、岳本皆同。《考文》引文「不可不戒」，云：「〔古本〕下有『之』字。謹按：此下崇禎本有數字空闕，檢諸本經傳連接，非有缺誤，但當有『喪』、

『否』二字，釋文耳。」阮記云：「古本下有『之』字。山井鼎曰：此下崇禎本有數字空闕，檢諸本經傳連接，非有缺誤，但當有『喪』、『否』二字，釋文耳。」盧記同。案「不可不戒」，敦煌殘卷伯二七四八號同，九條本作「不可不戒也」。據此，似不必據山井鼎所見古本於「戒」下補「之」字。

56. 頁二十七右　天休滋至

按：「滋」，八行本、八行乙本、足利本、九行本、蒙古本、關西本、靜嘉堂本（元）、劉本（元、嘉靖）、永樂本、閩本、明監本、李本、王本、監圖本、岳本、唐石經、白文本同；毛本作「玆」。《考文》引文「天休玆至」，云：「正誤：『玆』當作『滋』。」《考文・補遺》云：「古本、宋板『玆』作『滋』。」《正字》云：「滋，毛本誤『玆』。」阮記引文「天休玆至」，云：「玆，古本、唐石經、岳、葛、宋板、十行、閩、監俱作『滋』。〇按：『玆』、『滋』，古多通用。」盧記引文「天休滋至」，云：「毛本『滋』作『玆』。按：『玆』、『滋』，古多通用。」敦煌殘卷伯二七四八號無「滋」或是「玆」字，九條本作「芓」。今仍從唐石經等作「滋」。毛本作「玆」無據。

57. 頁二十七右　明我俊民在讓

按：「俊」，八行本、八行乙本、足利本、九行本、蒙古本、關西本、靜嘉堂本（元）、劉本（元、嘉靖）、永樂本、閩本、明監本、毛本、李本、王本、監圖本、岳本、唐石經、白文本皆同。《考文》云：「〔古本〕『俊』作『畯』。」阮記云：「俊，古本作『畯』。」盧記同。檢敦煌殘卷伯二七四八號作「畯」。檢九條本「晙」，旁有校文「畯」字。據此而知，唐人寫本有作「畯」字者。

卷十七

1. 頁二右　謂流之遠也

按：「也」，靜嘉堂本（元）、劉本（嘉靖）、永樂本同；單疏本作「地」，八行本、八行乙本、足利本、蒙古本、關西本、閩本、明監本、毛本同。阮記引文「謂流之遠地」，云：「地，十行本誤作『也』。」盧記引文「謂流之遠地」，云：「毛本『也』作『地』。案：『也』字誤。」案文義，既是流放，是流之於遠地也，當從單疏本、八行本等作「地」是。

2. 頁二左　留佑成王

按：「佑」，靜嘉堂本（元）、劉本（嘉靖）、永樂本、閩本、明監本同；單疏本作「佐」，八行本、八行乙本、足利本、蒙古本、關西本、毛本同，《要義》所引亦同。阮記引文「留佐成王」，云：「佐，十行、閩、監俱作『佑』。按：當作『佐』。」盧記引文「留佑成王」，云：「閩本、明監本同。毛本『佑』作『佐』。案：『佐』字是。」檢南宋黃善夫刻三家注本《史記・魯周公世家》云：「是為魯公，周公不就封，留佐武王。」據之，則此處疏文「佑」當作「佐」為是。

3. 頁三右　使可蹤跡而法循之

按：「跡」，蒙古本、關西本、靜嘉堂本（元）、劉本（嘉靖）、永樂本、閩本、明監本、毛本、王本同；八行本作「迹」，八行乙本、足利本、李本、監圖本、岳本同。阮記云：「跡，岳本、纂傳俱作『迹』。按：《說文》有『迹』

無『跡』，此處經文及《傳》上句俱作『迹』，此句不當岐出。」盧記同。經文及上《傳》文皆作「迹」，此處《傳》文亦當作「迹」為宜。又檢敦煌殘卷六二五九號、九條本作「迹」，作「迹」是。

4. 頁四左　使此冊書告令之

按：「此」，八行本、八行乙本、足利本、蒙古本、關西本、靜嘉堂本（元）、劉本（元）、永樂本、李本、王本、監圖本、岳本同；閩本作「作」，明監本、毛本同。《考文》引文「告召公使作冊書告令之」，云：「宋板『作』作『此』。古本作『使為此冊書告令也之也』。謹按：二本紛亂混淆，似有謬誤，姑記其異，以俟取捨耳。但古本上『也』字誤寫灼然，可刪。」阮記引文「使作冊書告令之」，云：「古本作『使為此冊書告令也之也』，宋板作『使此冊書告令之』。山井鼎云：二本紛亂混淆，似有謬誤，古本上『也』字誤寫灼然。○按：岳本、纂傳俱作『使此冊書告令之』，與《考文》所引之宋板同偽，古本衍二『也』字，《疏》標起訖可證。」盧記引文「使此冊書告令之」，云：「古本作『使為此冊書告令也之也』，宋板作『使此冊書告令之』。山井鼎云：二本紛亂混淆，似有謬誤，古本上『也』字誤寫灼然。○按：岳本、纂傳俱作『使此冊書告令之』，與《考文》所引之宋板同偽，古本衍二『也』字，疏標起訖可證。」檢敦煌殘卷斯二〇七四號、九條本「使」下有「為」字，又疏文云「使為此策書告令之」，則《傳》文「使」下似當補一「為」字。

5. 頁四左　成王既至作蒲姑

按：「作」，單疏本、八行本、八行乙本、足利本、關西本、靜嘉堂本（元）、劉本（元）、永樂本、閩本、明監本同；蒙古本作「將」，毛本同。阮記引文「成王既至將蒲姑」，云：「將，十行、閩、監俱誤為『作』。」盧記引文「成王既至作蒲姑」，云：「閩本、明監本同。毛本『作』改『將』，是也。」按經文云「周公告召公作將蒲姑」，則疏文標目「作」似當作「將」為宜。單疏本即已誤「將」作「作」也。

6. 頁五右　以成以政之序

按：「以」，靜嘉堂本（元）同；單疏本作「王」，八行本、八行乙本、足利本、蒙古本、關西本、劉本（元）、永樂本、閩本、明監本、毛本同，《要義》所引亦同。阮記引文「以成王政之序」，云：「王，十行本誤作『以』。」盧記引文「以成以政之序」，云：「毛本下『以』字改作『成』。案：『以』字誤。」靜嘉堂本誤作「以」，阮本亦作「以」，阮本大體是以正德時期印本為底本。劉本此葉雖為元刻版葉，然其印作「王」，是，可知嘉靖時期對元刻版葉進行若干修改。

7. 頁五右　王親征之奄滅其國

按：「之」，單疏本、八行本、八行乙本、足利本、蒙古本、關西本、靜嘉堂本（元）、劉本（元）、永樂本同；閩本無「之」字，明監本、毛本同，《要義》所引亦同。阮記引文「王親征奄滅其國」，云：「『征』下，宋板、十行俱衍『之』字。」案《傳》文云「王親征，奄滅其國」，則疏文似當無「之」字為宜，然頗疑孔穎達疏文原文或即有「之」字，待考。

8. 頁五左　殷之諸侯王民者

按：「王」，靜嘉堂本（元）、永樂本同；八行本作「正」，八行乙本、足利本、蒙古本、劉本（元）、閩本、明監本、毛本、李本、王本、監圖本、岳本同；關西本作「[illegible]」，難以識別。阮記引文「殷之諸侯正民者」，云：「正，十行本誤作『王』。」盧記引文「殷之諸侯王民者」，云：「毛本『王』作『正』。案：『王』字誤。」靜嘉堂本作「王」誤。劉本此葉雖為元刻版葉，然其作「正」是，可知此字為嘉靖時期剜改。

9. 頁五左　我大降汝命

按：「降」，關西本、靜嘉堂本（元）、劉本（元）、永樂本、閩本、明監本、毛本同；八行本作「下」，八行乙本、足利本、蒙古本、李本、王本、監圖本、岳本同。《考文》引文「我大降汝命」，云：「〔古本〕『降』作『下』。宋板同。」阮記云：「降，古、岳本、纂傳俱作『下』。」盧記同。檢敦煌殘卷斯二〇七四號、九條本作「下」，與八行本、岳本等相合。又疏文云「我武王大下汝天下民」，則《傳》文作「下」是。

10. 頁六右　洪惟天之命

按：「天」，靜嘉堂本（元）、永樂本同；八行本「天」上有「圖」字，八行乙本、足利本、蒙古本、闞西本、劉本（元）、閩本、明監本、毛本、李本、王本、監圖本、唐石經、白文本同。阮記引文「洪惟圖天之命」，云：「十行本脫『圖』字。」盧記引文「洪惟天之命」，云：「諸本『天』上有『圖』字。此誤脫也。」案八行本「圖天之」三字擠刻。靜嘉堂本、永樂本皆闕「圖」字。劉本此葉雖為元刻版葉，然其「圖天之」三字擠刻，可知嘉靖補板時對元刻版葉亦有所補正。

11. 頁六左　謂下災異譴告之

按：「異」，闞西本、靜嘉堂本（元）、劉本（元）同、永樂本、閩本、明監本、毛本同；單疏本「異」下有「以」字，八行本、八行乙本、足利本、蒙古本同。《考文》云：「〔宋板〕『異』下有『以』字。」阮記云：「『異』下，宋板有『以』字。」案《傳》文云「惟天下至戒於夏以譴告之謂災異」，則疏文「異」下當有「以」字。

12. 頁六左　不能開於民所施政教

按：「民」，八行本、八行乙本、足利本、蒙古本、闞西本、靜嘉堂本（元）、劉本（元）、永樂本、閩本、明監本、毛本、李本、王本、監圖本、岳本同。《考文》云：「〔古本〕『民』下有『之』字。」阮記云：「『民』下，古本有『之』字。」檢敦煌殘卷斯二〇七四號、九條本「民」下有「之」字，又案疏文云「不能開發於民之所施政」，則《傳》文「民」下或有「之」字為宜。

13. 頁六左　桀乃大下罰於民

按：「罰」，八行本、八行乙本、足利本、蒙古本、闞西本、靜嘉堂本（元）、劉本（元）、永樂本、閩本、明監本、毛本、李本、王本、監圖本、岳本同。《考文》云：「〔古本〕『罰』上有『誅』字。」阮記云：「『罰』下，古本有『誅』字。」盧記云：「古本『罰』下有『誅』字。」檢敦煌殘卷斯二〇七四號、九條本「罰」下無「誅」字，與傳世刊本相合。又經文云「乃大降罰」，疏文云「乃大下罪罰於民」，則《傳》文似無「誅」字。今仍從敦煌殘卷斯二〇七四號、九條本以及傳世刊本無「誅」字為宜。

14. 頁六左　言桀不能善奉於人眾

按：「人眾」，八行本、八行乙本、足利本、蒙古本、關西本、靜嘉堂本（元）、劉本（元）、永樂本、閩本、明監本、毛本、李本、王本、監圖本、岳本皆同。《考文》引文「奉於人眾」，云：「〔古本〕下有『民』字。」阮記云：「『眾』下古本有『民』字。○按：以《疏》攷之，『人眾』當作『民眾』，『眾』下不得復有『民』字。」盧記同。「人眾」，敦煌殘卷斯二〇七四號、九條本作「民眾」，然「眾」下並無「民」字。內野本作「眾民」，檢山井鼎所據足利學校藏古本《古文尚書》作「人眾民」，蓋此部古本輾轉據內野本而來，既乙正作「人眾」，而「眾」下之「民」字未及刪也。今以為作「人眾」是，並且應據敦煌殘卷斯二〇七四號、九條本改「人眾」作「民眾」為宜。

15. 頁六左　謂殘賊臣

按：「謂」，八行本、八行乙本、足利本、蒙古本、關西本、靜嘉堂本（元）、劉本（元）、永樂本、閩本、明監本、毛本、李本、王本、監圖本、岳本同。阮記云：「『臣』上，古本有『之』字。」檢敦煌殘卷斯二〇七四號、九條本作「謂殘賊臣也」，「臣」上無「之」字。又疏文標目云「傳桀洪至賊臣」，則《傳》文似以無「之」字為宜。又阮本誤將圈字刻於「謂」字之側。阮本應將圈字刻於「臣」字之側。

16. 頁七右　民當奉主

按：「主」，單疏本、八行本、八行乙本、足利本、蒙古本、關西本、靜嘉堂本（元）、劉本（元）、永樂本、閩本、明監本同；毛本作「王」。《考文·補遺》引文「民當奉王」，云：「〔宋板〕『王』作『主』。」阮記引文「民當奉王」，云：「王，宋板、十行、閩、監俱作『主』。」盧記引文「民當奉主」，云：「宋板、閩本、明監本同。毛本『主』作『王』。案：所改是也。」案單疏本等皆作「主」，唯毛本作「王」。案文義，君為民之主也，作「主」或不誤。盧記所言似無據。

17. 頁七左　天所不與之者

按：「所」，單疏本、八行本、八行乙本、足利本、蒙古本、關西本、靜嘉堂本（元）、劉本（元）、永樂本、閩本、明監本、毛本同。阮記云：「按：

『所』下，疑有『以』字。」盧記同。《傳》文出「天所以不與桀」，則疏文「所」下似有「以」字較勝。

18. 頁九左　武正服喪三年

按：「正」，靜嘉堂本（元）、劉本（嘉靖）同；八行本作「王」，八行乙本、足利本、蒙古本、關西本、永樂本、閩本、明監本、毛本、李本、監圖本、岳本同，《要義》所引亦同；王本漫漶。阮記引文「武王服喪三年」，云：「王，十行本誤作『正』。」盧記引文「武正服喪三年」，云：「案：『正』當作『王』，形近之譌。」案疏文云「武王嗣立，服喪三年」，則《傳》文作「王」是。作「正」顯誤，阮記言是。

19. 頁九左　聖君上智之名

按：「君」，關西本、靜嘉堂本（元）、永樂本同；單疏本作「者」，八行本、八行乙本、足利本、蒙古本、劉本（嘉靖）、閩本、明監本、毛本同。阮記引文「聖者上智之名」，云：「者，十行本誤作『君』。」盧記引文「聖君上智之名」，云：「毛本『君』作『者』。案：『君』字誤。」下疏云「狂者，下愚之稱」，此處當云「聖者，上智之名」。作「者」是。關西本、靜嘉堂本、永樂本作「君」誤。劉本此葉為嘉靖補板，補板時改「君」作「者」，是也。

20. 頁十左　惟用教我用美道伐殷

按：「伐」，關西本、靜嘉堂本（元）、劉本（元）、永樂本、閩本、明監本、毛本同；八行本作「代」，八行乙本、足利本、蒙古本、李本、王本、監圖本、岳本同。《考文》引文「用美道伐殷」，云：「〔古本〕『伐』作『代』，宋板同。」《正字》引文「惟用教我用美道代殷」，云：「『代』誤『伐』。」阮記云：「伐，古、岳、宋板、纂傳俱作『代』。按《疏》則作『代』字是。」盧記云：「古本、岳本、宋板、纂傳當作『代』。按《疏》則作『代』是。」檢單疏本、八行本疏文出「欲以代紂，惟汝以仁政得人心」，則《傳》文作「代」是。

21. 頁十左　開其有德能顧天之者

按：「之」，單疏本、八行本、蒙古本、靜嘉堂本（元）、劉本（元）、永樂本、閩本、明監本、毛本同；八行乙本作「道」，足利本、關西本同。《考文》云：「〔宋板〕『之』作『道』。」《正字》引文「能顧天之者欲以伐紂」，云：「『之』下當脫『道』字。『伐』當作『代』。」阮記云：「之，宋板作『道』。按：宋本是也。」考之疏文，「之」下似闕「道」字，或闕「美道」二字。

22. 頁十左　欲以伐紂

按：「伐」，關西本、靜嘉堂本（元）、劉本（元）、永樂本、閩本、明監本、毛本同；單疏本作「代」，八行本、八行乙本、足利本、蒙古本、李本、王本同。《考文》云：「〔宋板〕『代』作『伐』。」《正字》引文「能顧天之者欲以伐紂」，云：「『之』下當脫『道』字。『伐』當作『代』。」阮記云：「伐，宋板作『代』。按：作『代』與宋本注合。」盧記同。案八行本、足利本、李本、王本、監圖本、岳本《傳》文出「惟用教我用美道代殷」，則疏文亦當作「代」。單疏本、八行本等作「代」是。

23. 頁十二左　即此畋亦田之義也

按：「亦」，單疏本、八行本、八行乙本、足利本、蒙古本、關西本、靜嘉堂本（元）、劉本（嘉靖）、永樂本、閩本、明監本、毛本同，《要義》所引亦同。《正字》云：「『爾』誤『亦』。」阮記云：「浦鏜云：『爾』誤『亦』。按：浦是也。」盧記同。案經文出「畋爾田」，疏文釋之，故「亦」當作「爾」。浦說是也。

24. 頁十二左　董之以武帥

按：「帥」，靜嘉堂本（元）、劉本（嘉靖）、永樂本、閩本、明監本、毛本同；單疏本作「師」，八行本、八行乙本、足利本、蒙古本、關西本同，《要義》所引亦同。《考文》云：「〔宋板〕『帥』作『師』。」《正字》云：「『師』誤『帥』。」阮記云：「帥，宋板作『師』。○按：作『師』與昭十三年《傳》合。」盧記同。檢元相臺岳氏刊本《春秋經傳集解》昭十三年出「董之以武師」，則此處疏文作「師」是。阮記言是。

25. 頁十二左　與眾多士

按：「眾」，蒙古本、關西本、靜嘉堂本（元）、劉本（嘉靖）、永樂本、閩本、明監本、毛本同；八行本作「殷」，八行乙本、足利本、李本、王本、監圖本、岳本同，《要義》所引亦同。《考文》引文「告汝眾方與眾多士」，云：「〔古本〕下『眾』作『殷』，宋板同。」阮記云：「眾，古、岳、宋板、纂傳俱作『殷』。按：『眾』字非也。」盧記云：「古、岳、宋板、纂傳『眾』作『殷』。按：『眾』字非也。」經文云「暨殷多士」，則《傳》文似當作「殷」。八行本等作「殷」是。

26. 頁十二左　臣我我監

按：「我」，八行本、八行乙本、足利本、蒙古本、關西本、靜嘉堂本（元）、劉本（嘉靖）、永樂本、閩本、李本、王本、監圖本、岳本同，《要義》所引亦同；明監本作「服」，毛本同。《考文》引文「今汝奔走來徙臣服我監五年」，云：「〔古本〕無『服』字。謹按：宋板、正、嘉三本『臣服我監』作『臣我我監』，衍一『我』字。萬曆本改上『我』字作『服』，崇禎本據之。當以古本為正也。」阮記引文「臣服我監」，云：「古本無『服』字。山井鼎曰：宋板、正、嘉三本作『臣我我監』，衍一『我』字，神廟本改上『我』字作『服』，崇禎本據之。按：岳本、十行、葛俱與宋板同。」盧記引文「臣我我監」，云：「岳本、葛本同。毛本『臣我』作『臣服』。案：古本無『服』字。山井鼎曰：宋板、正、嘉三本作『臣我我監』，衍一『我』字，神廟本改上『我』字作『服』，崇禎本據之。」案「臣我我監」，敦煌殘卷斯二〇七四號、九條本作「臣我監」，則八行本等傳世刊本似衍一「我」字。

27. 頁十二左　則是還本土

按：「是」，關西本、靜嘉堂本（元）、劉本（嘉靖）、永樂本、閩本、明監本、毛本同；八行本作「得」，八行乙本、足利本、蒙古本、李本、王本、監圖本、岳本同。《考文》引文「無過則是還本土」，云：「〔古本〕『是』作『得』，宋板同。」阮記云：「是，古、岳、宋板俱作『得』。按：『是』字非。」盧記引文「則是還本土」，云：「古本、岳本、宋板『是』作『得』。案：『是』字非。」案疏文云「故期以五年無過，則得還本土」，則《傳》文當從八行本等作「得」是。

28. 頁十三右　我有周惟其大夫賜汝

按：「夫」，靜嘉堂本（元）、永樂本同；八行本作「大」，八行乙本、足利本、蒙古本、關西本、劉本（元）、閩本、明監本、毛本、李本、王本、監圖本、岳本同。阮記引文「我有周惟其大大賜汝」，云：「大大，十行本誤作『大夫』。」盧記引文「我有周惟其大夫賜汝」，云：「毛本『大夫』作『大大』。『大夫』誤也。」經文云「我有周惟其大」，則「夫」當作「大」。上「大」字屬上讀，下「大」字屬下讀。靜嘉堂本、永樂本皆誤作「夫」。劉本作「大」不誤，劉本此葉為元刻版葉，或是嘉靖時期對元刻版葉進行若干修改，又或是「夫」字印字不清，遂成「大」字。

29. 頁十三右　言受多福之作

按：「作」，靜嘉堂本（元）、劉本（元）、永樂本同、閩本；八行本作「祚」，八行乙本、足利本、蒙古本、關西本、毛本、李本、王本、監圖本、岳本同；明監本作「胙」。《正字》引文「言受多福之祚」，云：「祚，監本誤『胙』。」阮記引文「言受多福之祚」，云：「祚，十行、閩、葛俱誤為『作』。監本作『胙』，是也。」盧記引文「言受多福之作」，云：「閩本、葛本同。明監本作『胙』，是也。毛本誤作『祚』。」檢敦煌殘卷斯二〇七四號、九條本作「祚」，與八行本等相合。今仍從八行本等作「祚」是。

30. 頁十三左　若能不入於凶德若能不入於凶德

按：「若能不入於凶德」，靜嘉堂本（元）、劉本（元）、永樂本同；單疏本無此七字，八行本、八行乙本、足利本、蒙古本、關西本、閩本、明監本、毛本同。阮記引文「若能不入於凶德」，云：「此句十行本誤複。」盧記引文「若能不入於凶德若能不入於凶德」，云：「二句誤複衍。」靜嘉堂本、劉本、永樂本「若能不入於凶德」下誤重「若能不入於凶德」，當從單疏本、八行本等刪之。

31. 頁十五右　今已為王矣

按：「已」，蒙古本、關西本、靜嘉堂本（元）、劉本（元）、永樂本、閩本、明監本、毛本、監圖本同；八行本作「以」，八行乙本、足利本、李本、王本、岳本同，《要義》所引亦同。《考文》引文「今已為王矣」，云：「〔古本〕『今』下有『以』字。宋板『已』作『以』。謹按：以下文註推之，古本衍『已』字。」阮記云：「古本『今』下有『以』字，宋本『已』作『以』。

山井鼎曰：以下文注推之，古本衍『已』字也。按：岳本與宋本同。纂傳與今本同。」盧記同。按「今已為王矣」，敦煌殘卷斯二〇七四號同；敦煌殘卷二六三〇號作「今已王矣」；九條本作「今以王矣」，「以」字旁有小字「已」；內野本作「今已王矣」。案疏文云「成王今已為王矣」、「故言『今已為王矣』」，則孔穎達所據之本似作「今已為王矣」。孔《傳》原文難以斷定，僅列諸本異文，以俟再考。

32. 頁十五左　知憂此官置得賢人者少也

按：「置」，靜嘉堂本（元）、劉本（元）、永樂本、閩本、明監本、毛本同；單疏本作「宜」，八行本、八行乙本、足利本、蒙古本同；闕西本作「致」。《考文》云：「宋板『置』作『宜』。」阮記云：「置，宋板作『宜』。」盧記云：「宋板『置』作『宜』。」案《傳》文云「知憂得其人者少」，下疏文云「知憂得人者少也」，據此疑單疏本「宜」字為衍文。

33. 頁十六左　茲乃三宅無義民

按：「義」，八行本、八行乙本、足利本、蒙古本、闕西本、靜嘉堂本（元）、劉本（元）、永樂本、閩本、明監本、毛本、李本、王本、監圖本、岳本、唐石經、白文本皆同。《考文》云：「〔古本〕『義』作『誼』。」阮記云：「義，古本作『誼』，下『義德』同。」盧記同。檢敦煌殘卷斯二〇七四號、敦煌殘卷伯二六三〇號、九條本、內野本作「誼」，則唐人寫本確有作「誼」字之本。

34. 頁十七右　皐陶所謀者

按：「皐」，闕西本、靜嘉堂本（元）、劉本（嘉靖）、永樂本、閩本、明監本、毛本同；單疏本「皐」上有「故言九德」四字，八行本、八行乙本、足利本、蒙古本同，《要義》所引亦同。《考文》引文「惟有皐陶謀九德」，云：「〔宋板〕『九德』下有『故言九德』四字。謹按：惟有皐陶謀九德，故言九德皐陶所謀者云云。所接如此。」阮記云：「『皐』上，宋板有『故言九德』四字。」盧記云：「宋板『皐』上有『故言九德』四字。」案《傳》文出「九德，皐陶所謀」，則疏文當云「故云『九德皐陶所謀』者」，單疏本、八行本等有「故言九德」四字為是。

35. 頁十七左　但大佞以忠

按：「以」，靜嘉堂本（元）、永樂本同；單疏本作「似」，八行本、八行乙本、足利本、蒙古本、關西本、劉本（嘉靖）、閩本、明監本、毛本同，《要義》所引亦同。阮記引文「但大佞似忠」，云：「似，十行本誤作『以』。」盧記引文「但大佞以忠」，云：「案：『以』當作『似』，毛本不誤。」作「似」是，靜嘉堂本、永樂本作「以」顯誤。劉本此葉為嘉靖補板，嘉靖補板時改「以」作「似」，是也。

36. 頁十七左　但禹能謀所面見之事官賢人

按：「官」，關西本、靜嘉堂本（元）、劉本（嘉靖）、永樂本、閩本、明監本同；單疏本作「善官」，八行本、八行乙本、足利本、蒙古本同，《要義》所引亦同；毛本作「宮」。《考文》引文「官賢人」，云：「〔宋板〕『官』上有『善』字。」《正字》引文「但禹能謀所面見之事官賢人」，云：「官，毛本誤『宮』。」阮記引文「但禹能謀所面見之事宮賢人」，云：「按：『宮』字，諸本俱作『官』，惟毛本獨誤。山井鼎《攷文》以毛本為據，直書作『官』，誤也。『官』上，宋板有『善』字。」盧記引文「但禹能謀所面見之事官賢人」，云：「諸本同，毛本『官』誤『宮』。山井鼎《攷文》以毛本為據，直書作『官』，誤也。『官』上，宋板有『善』字。」案文義，下疏文云「既得其官，分別善惡」，即是善官賢人也。當從單疏本、八行本等作「善官」是。

37. 頁十八右　言逮近化

按：「逮」，八行本作「遠」，八行乙本、足利本、蒙古本、關西本、靜嘉堂本（元）、劉本（嘉靖）、永樂本、閩本、明監本、毛本、李本、王本、監圖本、岳本同。阮記引文「言遠近化」，云：「遠，十行本誤作『逮』。」盧記引文「言逮近化」，云：「岳本『逮』作『遠』，是也。」檢靜嘉堂本此葉為元刻版葉，其作「遠」不誤，然其印字模糊，近似「逮」字。阮記、阮本誤識文字。

38. 頁十八右　亦於成湯之道

按：「於」，單疏本、八行本、八行乙本、足利本、蒙古本、關西本、靜嘉堂本（元）、劉本（嘉靖）、永樂本、閩本、明監本同；毛本作「從」。《考文・補遺》引文「從成湯之道」，云：「宋板『從』作『於』。」《正字》引文「亦於成湯之道，得升聞于天」，云：「亦於，毛本誤『亦從』。」阮記引文「亦從成湯之道」，云：「從，宋板、十行、閩、監俱作『於』。」盧記引文「亦於成湯之道」，云：「宋板、閩本、明監本同。毛本『於』作『從』。」案上《傳》文出「亦於成湯之道」，則疏文亦當作「於」為是。毛本作「從」誤。

39. 頁十九左　亦曰至長伯

按：「曰」，靜嘉堂本（元）、劉本（元）、永樂本、閩本、明監本、毛本同；單疏本作「越」，八行本、八行乙本、足利本、蒙古本、關西本同。《考文》云：「〔宋板〕『曰』作『越』。」阮記云：「曰，宋板作『越』。按：『曰』字非也。」盧記同。經文出「亦越文王武王」，則疏文標目作「越」是。

40. 頁二十右　維武王時爾

按：「維」，蒙古本、關西本、靜嘉堂本（元）、劉本（元）、永樂本、閩本、明監本、毛本同；單疏本作「惟」，八行本、八行乙本、足利本同。《考文》引文「維武王」，云：「〔宋板〕『維』作『惟』。」阮記云：「維，宋板作『惟』，纂傳作『謂』。」盧記同。考之疏文，似當從單疏本、八行本作「惟」為宜。疏文謂文王時尚未封建諸侯，則經文所謂「立民長伯」惟有在武王之時也。作「惟」是。

41. 頁二十左　特舉文武之初以為法則

按：「特」，蒙古本、靜嘉堂本（元）、劉本（元）、永樂本、閩本、明監本、毛本同；八行本作「時」，八行乙本、足利本、關西本、李本、王本、監圖本、岳本同。《考文》云：「〔古本〕『特』作『時』，屬上句。宋板同。」阮記云：「『特』字，岳、纂傳俱作『時』，屬上句，與《疏》合，宋板亦作『時』，下更有『也』字。」盧記同。案疏文云「此文武未伐紂之時也」，則《傳》文作「時」是。

42. 頁二十左　乃至左右攜持舉物之僕

按：「舉」，單疏本作「器」，八行本、八行乙本、足利本、蒙古本、關西本、靜嘉堂本（元）、劉本（元）、永樂本、閩本、明監本、毛本皆同，《要義》所引亦同。阮記引文「乃至左右攜持器物之僕」，云：「器，十行本誤作

『舉』。」盧記引文「乃至左右攜持舉物之僕」，云：「毛本『舉』作『器』。案：『舉』字誤。」案諸本皆作「器」。下疏文出「又舉官之次」，故疑阮記誤校，或是阮本底本有後人用墨筆添寫作「舉」，阮本、阮記遂將文字識作「舉」。

43. 頁二十一右　其綴衣虎賁而言牧者以下文自詳

按：「而言牧者以」，單疏本、八行本、八行乙本、足利本、蒙古本、關西本、靜嘉堂本（元）、劉本（嘉靖）、永樂本、閩本、明監本、毛本皆同，《要義》所引亦同。《正字》引文「前已備文，故此不言常伯。其綴衣虎賁而言牧者」，云：「『前已備文故』及『而言牧者』九字疑衍文。『其』疑『與』字誤。」阮記云：「盧文弨云：『而言牧者以』五之疑衍。○按：此《疏》自前已備文至自詳廿四字皆疑衍，下句『故』字亦衍。」盧記同。今仍從單疏本，阮記所疑尚無據。

44. 頁二十一左　其作立政之篇

按：「作」，單疏本、蒙古本、關西本、靜嘉堂本（元）、劉本（嘉靖）、永樂本、閩本、明監本、毛本同，《要義》所引亦同；八行本「其」、「作」間空一格，八行乙本、足利本同。《考文·補遺》云：「〔宋板〕『其』、『作』間空一字。」阮記云：「宋板『其』、『作』間空一字。」盧記同。案單疏本「其」、「作」之間無字，據此推斷八行本合刻注疏時誤衍某字，後又剜去。

45. 頁二十二右　故言師言監

按：「師」，關西本、靜嘉堂本（元）、劉本（元）、永樂本、閩本、明監本、毛本同；單疏本作「帥」，八行本、八行乙本、足利本、蒙古本同。《考文》云：「〔宋板〕『師』作『帥』。」阮記云：「師，宋板作『帥』。」盧記同。案《傳》文云「蠻夷微盧之眾師，及亳人之歸文王者三，所為之立監」，則疏文似當作「師」。單疏本、八行本等作「帥」或誤。

46. 頁二十二左　知此能居心者

按：「能」，蒙古本、關西本、靜嘉堂本（元）、劉本（元）、永樂本、閩本、明監本、毛本同；單疏本「能」上有「言」字，八行本、八行乙本、足利本同。《考文》云：「〔宋板〕『能』上有『言』字。」阮記云：「『能』上，宋板有『言』字。」盧記同。案上疏文云「上言文王能知三宅三俊」，此處疏文是釋《傳》文為何言文王能居心遠惡舉善。據此，疏文「能」上當從單疏本、八行本等補「言」字為是。

47. 頁二十三右　然後莫不盡其力

按：「其」，關西本、靜嘉堂本（元）、劉本（元）、永樂本、閩本、明監本、毛本同；八行本作「心」，八行乙本、足利本、蒙古本、李本、王本、監圖本、岳本皆同。《考文》云：「〔古本〕『其』作『心』，宋板同。」《正字》引文「然後莫不盡其心力」，云：「脫『心』字，從《疏》校。」阮記云：「其，古、岳、宋板俱作『心』，與《疏》合。」盧記同。檢疏文云「言知其有勤勞，各盡心力」，則《傳》文當作「心」。阮記言是。

48. 頁二十三左　及眾當所慎之事

按：「當所」，單疏本、八行本、八行乙本、足利本、蒙古本、關西本、靜嘉堂本（元）、劉本（元）、永樂本、閩本、明監本、毛本皆同，《要義》所引亦同。阮記云：「按：『當所』二字亦宜倒。」盧記同。檢傳世刊本《傳》文皆云「眾當所慎之事」，然敦煌殘卷伯二六三〇號、九條本《傳》文皆云「眾所當慎之事」，又上疏文云「眾所當慎之事，文王亦不得知也」，則此處疏文「當所」似應作「所當」為宜。阮記言是。

49. 頁二十四左　無有立政用儉利之人者

按：「之」，八行本、八行乙本、足利本、蒙古本、關西本、靜嘉堂本（元）、劉本（元）、閩本、明監本、毛本、李本、王本、監圖本、岳本皆同。阮記、盧記無說。又檢敦煌殘卷伯二六三〇號、九條本皆作「之」，與傳世刊本相合。然阮記引疏文「無有立政用儉利之人」，云：「之，宋板作『小』。」今檢單疏本、八行本、足利本、蒙古本、關西本疏文作「小」，疑阮本圈字標錯位置，當圈疏文「小」字。今案諸本《傳》文作「之」，據此疑疏文亦當作「之」為宜，單疏本、八行本等作「小」誤。

50. 頁二十五左　孺子今已則政為王矣

按：「則」，靜嘉堂本（元）、劉本（元）、永樂本同；單疏本作「即」，八行本、八行乙本、足利本、蒙古本、關西本、閩本、明監本、毛本同。阮記引文「孺子今已即政為王矣」，云：「即，十行本誤作『則』。」盧記引文「孺子今已則政為王矣」，云：「毛本『則』作『即』。案：『則』字誤。」案《傳》文云「言稚子已即政為王矣」，則疏文作「即」是。阮記言是。

51. 頁二十五左　王其勿設於眾治獄之官

按：「設」，靜嘉堂本（元）、劉本（元）、永樂本同；單疏本作「誤」，八行本、八行乙本、足利本、蒙古本、關西本、閩本、明監本、毛本同。阮記引文「王其勿誤於眾治獄之官」，云：「誤，十行本『誤』作『設』。」盧記引文「王其勿設於眾治獄之官」，云：「毛本『設』作『誤』。案：『設』字誤也。」案經文云「其勿誤於庶獄」，則疏文當作「誤」，作「設」非。

52. 頁二十五左　不可任不其才

按：「不」，靜嘉堂本（元）、劉本（元）、永樂本同；單疏本作「非」，八行本、八行乙本、足利本、蒙古本、關西本、閩本、明監本、毛本同。阮記引文「不可任非其采」，云：「非，十行本誤作『不』。」盧記引文「不可任不其才」，云：「毛本下『不』字作『非』。案：『非』字是。」當從單疏本等作「非」是，作「不」則文義不通。

53. 頁二十五左　如禹之陟方

按：「禹」，關西本、靜嘉堂本（元）、劉本（元）、永樂本、閩本、明監本、毛本同；單疏本作「舜」，八行本、八行乙本、足利本、蒙古本同。《考文》云：「〔宋板〕『禹』作『舜』。」《正字》引文「如禹之陟方意亦然」，云：「『禹』當『舜』字誤。」阮記云：「禹，宋板作『舜』。○按：宋本是也。」盧記同。案「陟方」者，《舜典》語，舜之事也。據之，此處疏文當從單疏本等作「舜」為是。

54. 頁二十六左　周公言然之時

按：「然」，單疏本、八行本、八行乙本、足利本、蒙古本、關西本、靜嘉堂本（元）、劉本（元）、永樂本、閩本、明監本、毛本皆同。阮記云：「按：『然』字恐係『此』字之譌。」盧記同。諸本皆作「然」，作「然」或不誤。阮記所疑無據。

卷十八

1. 頁一右　及其即位之後

按：「位」，關西本、靜嘉堂本（元）、劉本（嘉靖）、永樂本、閩本、明監本、毛本同；單疏本作「政」，八行本、八行乙本、足利本、蒙古本同。《考文》云：「宋板『位』作『政』。」阮記云：「位，宋板作『政』。」盧記云：「宋板『位』作『政』。」案《傳》文出「在成王即政後」，則此處疏文作「政」是。

2. 頁一右　六服承德

按：「六服」，靜嘉堂本（元）；單疏本作「罔不」，八行本、八行乙本、足利本、蒙古本、關西本、劉本（嘉靖）、永樂本、閩本、明監本、毛本同。阮記引文「罔不承德」，云：「罔不，十行本作『六服』，非也。」盧記引文「六服承德」，云：「岳本『六服』作『罔不』。案：『六服』非也。」案靜嘉堂本此葉雖為元刻板葉，然此葉左欄局部包括「六服」二字在內，似為正德時期局部修補，疑正德時期對元刻版葉進行修補時誤作「六服」。至嘉靖補板時，改作「罔不」，是也。

3. 頁二左　家不安則危

按：「家」，單疏本、八行本、八行乙本、足利本、蒙古本、關西本、靜嘉堂本（元）、劉本（元）、永樂本、閩本、明監本、毛本皆同。《正字》引文「邦不安則危」，云：「『邦』誤『家』。」阮記云：「家，纂傳作『邦』。按：浦鏜亦謂『家』宜作『邦』。」盧記同。案經傳疏，此「家」似當作「國」或是「邦」，浦鏜所疑或是。

4. 頁二左　安其國於未危之前

按：「前」，單疏本、八行本、八行乙本、足利本、蒙古本、闕西本、靜嘉堂本（元）、劉本（元）、永樂本、閩本、明監本、毛本皆同。阮記云：「前，纂傳作『始』。按：上句作『前』，此句當作『始』。」盧記同。諸本皆作「前」，又《傳》文云「制治安國，必于未亂未危之前」，則疏文作「前」當不誤。阮記所言未必是。

5. 頁三右　外主太岳之事

按：「太」，靜嘉堂本（元）、劉本（元）、永樂本、閩本同；單疏本作「方」，八行本、八行乙本、足利本、蒙古本、闕西本、明監本、毛本同。阮記引文「外主方岳之事」，云：「方，十行、閩本俱作『太』。」盧記引文「外主太岳之事」，云：「閩本同。毛本『太』作『方』。」案《傳》文云「百揆四岳」，則疏文顯當作「方岳」。作「太岳」則與「四岳」之意牴牾也。綜上，「太」當作「方」。

6. 頁四右　使小大皆協睦

按：「皆」，靜嘉堂本（元）、劉本（元）、閩本、明監本、毛本、王本同；八行本無「皆」字，八行乙本、足利本、蒙古本、闕西本、李本、監圖本、岳本同。《考文》引文「使大小皆協睦」，云：「〔古本〕無『皆』字，宋板同。〔古本〕『睦』下有『之』字。」《正字》引文「使大小皆協睦」，云：「『皆』衍字。」阮記引文「使大小皆協睦」，云：「『大小』二字，岳、葛、十行、閩、監、纂傳俱倒。古、岳、宋板、纂傳俱無『皆』字。『睦』下，古本有『之』字。」盧記引文「使小大皆協睦」，云：「葛本、閩本、明監本、纂傳同。古本、岳本、宋板、纂傳無『皆』字。古本『睦』下有『之』字。毛本『小大』二字倒，下《疏》同。」檢內野本無「皆」字，與八行本等相合。又疏文云「使小大協睦也」，據此，《傳》文當以無「皆」字為是。

7. 頁四右　主國禮治天地神祇人鬼之事

按：「地神」，八行本、八行乙本、足利本、蒙古本、闕西本、靜嘉堂本

（元）、劉本（元）、永樂本、閩本、明監本、毛本、李本、王本、監圖本、岳本皆同。阮記云：「天地神祇，纂傳作『天神地祇』。」盧記同。內野本作「天地神祇」，與諸本相合，今仍作「天地神祇」為宜。

8. 頁四右　及國之吉凶賓軍嘉五禮

按：「賓軍」，八行本、八行乙本、足利本、蒙古本、關西本、靜嘉堂本（元）、劉本（元）、永樂本、閩本、明監本、毛本、李本、王本、監圖本、岳本皆同。阮記云：「『賓軍』二字，纂傳倒，《疏》同。」盧記同。內野本作「賓軍」，又疏文云「又主吉凶賓軍嘉之五禮」，與八行本等《傳》文相合。今仍從八行本等作「賓軍」。

9. 頁四右　夏司馬討惡

按：「夏」，八行本、八行乙本、足利本、蒙古本、關西本、靜嘉堂本（元）、劉本（元）、永樂本、閩本、明監本、毛本、李本、王本、監圖本、岳本皆同。《考文》云：「〔古本〕『夏』下有『官』字。」阮記云：「『夏』下，古本有『官』字。」盧記同。檢內野本「夏」下有「官」字，然其「官」字旁加圈，並有批校「扌　有」，是謂「官」字是據它本補入，非內野本底本所有。今仍以八行本等無「官」字為是。

10. 頁四右　秋司寇刑姦順時殺

按：「秋」，八行本、八行乙本、足利本、蒙古本、關西本、靜嘉堂本（元）、劉本（元）、永樂本、閩本、明監本、毛本、李本、王本、監圖本、岳本皆同。「殺」，八行本、八行乙本、足利本、蒙古本、關西本、靜嘉堂本（元）、劉本（元）、永樂本、閩本、明監本、毛本、李本、王本、監圖本、岳本皆同。《考文》云：「〔古本〕作『秋官司寇刑姦惡順時教殺之』。」阮記引文「秋司寇刑姦順時殺」，云：「古本作『秋官司寇刑姦惡順時教殺之』。」盧記同。內野本「秋」下有「官」字，然其「官」字旁有批校「或有」，是謂「官」字是據它本補入，非內野本底本所有。又檢內野本「殺」作「教」，然旁有校文「殺　扌」，批校是謂刊本「教」作「殺」，後世抄本則將校文一併抄入正文，足利學校所藏古本《古文尚書》「殺」遂訛作「教殺」。綜上，今仍以八行本等作「秋」、作「殺」為是。

11. 頁四右　以居民士農工商四人

按：「人」，八行本、八行乙本、足利本、蒙古本、闕西本、靜嘉堂本（元）、劉本（元）、永樂本、閩本、明監本、毛本、李本、王本、監圖本、岳本皆同。《考文》云：「〔古本〕『人』作『民』。」阮記云：「人，古本、纂傳俱作『民』。」檢內野本作「民」。又經文云「四民」，則《傳》文似當作「民」。

12. 頁七右　是去而後反也

按：「後」，單疏本、八行本、蒙古本、闕西本、靜嘉堂本（元）、劉本（嘉靖）、永樂本、閩本、明監本、毛本同；八行乙本作「復」，足利本同。《考文》云：「〔宋板〕『後』作『復』。」阮記云：「後，宋板作『復』，按：『後』字非也。」盧記同。當從單疏本、八行本作「後」，八行乙本作「復」或是補板時誤刻。

13. 頁七右　令暨出口

按：「暨」，靜嘉堂本（元）、永樂本同；單疏本作「既」，八行本、八行乙本、足利本、蒙古本、闕西本、劉本（嘉靖）、閩本、明監本、毛本同。阮記引文「令既出口」，云：「既，十行本誤作『暨』。」盧記引文「令暨出口」，云：「毛本『暨』作『既』。」案文義，作「既」是，作「暨」誤。此蓋與上疏文「暨大夫是也」相涉而誤。

14. 頁七左　戒汝卿之有事者

按：「之」，單疏本、八行本、蒙古本、闕西本、靜嘉堂本（元）、劉本（嘉靖）、永樂本、閩本、明監本、毛本同；八行乙本作「士」，足利本同。《考文》云：「〔宋板〕『之』作『士』。」阮記云：「之，宋板作『士』。按：『之』字非也。」盧記同。八行乙本此葉局部有修補，「士」字即是修補時所刻。案下疏文云「功之高者」、「業之大者」，此處作「之」似不誤。阮記所言未必是。又或單疏本「卿」下、「之」上脫「士」字，暫備一說。

15. 頁八右　而名且美

按：「且」，靜嘉堂本（元）、劉本（元）、永樂本、閩本、明監本、毛本同；八行本作「日」，八行乙本、足利本、蒙古本、闕西本、李本、王本、監圖本、岳本同。《考文》云：「〔古本〕『且』作『日』，宋板同。」阮記云：「且，古、岳、葛本、宋板、纂傳俱作『日』。」盧記云：「古本、岳本、葛本、宋板、纂傳『且』作『日』。」案疏文云「則譽顯而名益美也」，則《傳》文當以「日」為是，作「且」則與疏文之義不合。

16. 頁八右　當思危懼

按：「當」，八行本、八行乙本、足利本、蒙古本、闕西本、靜嘉堂本（元）、劉本（元）、永樂本、閩本、明監本、毛本、李本、王本、監圖本、岳本皆同。「懼」，八行本、蒙古本、闕西本、靜嘉堂本（元）、劉本（元）、永樂本、閩本、明監本、毛本、李本、王本、監圖本、岳本同；足利本作「惟」。《考文》引文「當思危懼」，云：「〔古本〕『思』上有『常』字。」《考文・補遺》引文「當思危懼」，云：「宋板『懼』作『惟』。」阮記云：「『當』下，古本有『常』字。『懼』，宋板作『惟』。按：當從宋本，以『惟』字下屬。」盧記云：「古本『當』下有『常』字。『懼』，宋板作『惟』。按：當從宋本，以『惟』字下屬。」案「當思危懼」，內野本作「當常思危懼」，其「常」字旁加圈，並有批校「□有」，據此可知內野本「常」字是據它本補入，而內野本之底本實作「當思危懼」。今仍以「當」為是。又「懼」，足利本作「惟」，疑八行本後印之本筆畫脫落，「懼」遂訛作「惟」。

17. 頁八左　駒麗扶餘馯貌之屬

按：「貌」，闕西本、靜嘉堂本（元）同；八行本作「貊」，八行乙本、足利本、蒙古本、永樂本、閩本、明監本、毛本、劉本、王本、監圖本、岳本同，《要義》所引亦同；劉本（元）作「貊」。阮記引文「駒麗扶餘馯貊之屬」，云：「貊，十行本誤作『貌』。」盧記引文「駒麗扶餘馯貌之屬」，云：「岳本『貌』作『貊』。『貌』字誤也。」檢《釋文》出「貊」。作「貊」是，作「貌」顯誤。

18. 頁八左　以幣賄賜肅慎之來賀

按：「賄」，八行本、八行乙本、足利本、蒙古本、闕西本、靜嘉堂本（元）、劉本（元）、永樂本、閩本、明監本、毛本、李本、王本、監圖本、岳本皆同，《要義》所引亦同。「來賀」，關西本、靜嘉堂本（元）、劉本（元）、永樂本、閩本、明監本、毛本、王本同；八行本作「夷亡」，八行乙本、足利本、蒙古本、李本、監圖本、岳本同；《要義》作「夷長」。《考文》引文「賜肅慎之來賀」，云：「〔古本〕作『賜肅慎之夷也亡』，宋板同，但無『也』字。謹按：極是。」《正字》云：「」阮記云：「來賀，古本作『夷也亡』，岳本、宋板、纂傳俱作『夷亡』。《疏》標起訖亦作『夷亡』。《史記集解》引孔《傳》云：賄，賜也。孔《疏》述《傳》云『以幣賜肅慎氏之夷也』，《疏》又云『王賜以財賄』，蓋以財賄賜人，因訓『賄』為『賜』。財賄即幣也，言『幣』言『賜』，即不必更言『賄』矣。竊疑孔《傳》此句上當有『賜賄也』三字，此句衍『賄』字。」盧記同。案疏文云「是『王使之為命書以幣賜肅慎氏之夷也』」，則《傳》文「賄」字似衍，阮記所言似是。「來賀」，八行本等作「夷亡」，內野本作「夷也亡」，疏文標目云「傳榮國至夷亡」，則《傳》文似作「夷亡」是。然疏文云「是『王使之為命書以幣賜肅慎氏之夷也』」，據此，孔穎達所據之本似作「夷也」。未知「夷也」、「夷亡」孰是，存之待考。

19. 頁九左　斥及奄君已定亳姑

按：「斥」，靜嘉堂本（元）、劉本（嘉靖）、永樂本、閩本、明監本、毛本同；八行本作「并」，八行乙本、足利本、蒙古本、關西本、李本、王本、監圖本、岳本同，《要義》所引亦同。《考文》引文「斥及奄君」，云：「〔古本〕『斥』作『并』，宋板同。」阮記云：「斥，古、岳、宋板、纂傳俱作『并』。」盧記云：「古本、岳本、宋板、纂傳俱作『并』。」案疏文云「并言及奄君已定於亳姑」，則《傳》文作「并」是，作「斥」誤。

20. 頁十右　惟孝友于兄弟

按：「惟」，八行本、八行乙本、足利本、蒙古本、關西本、靜嘉堂本（元）、劉本（嘉靖）、永樂本、閩本、明監本、毛本、李本、王本、監圖本、岳本、唐石經、白文本皆同。《考文》引文「惟孝友于兄弟」，云：「〔古本〕『惟孝』下有『于孝』二字，作『惟孝于孝友于兄弟』。謹按：《論語》引之。足利所藏古本《論語》及皇侃《義疏》本作『惟孝于孝』，足利本《論語》作『孝于惟孝』。潘岳《閒居賦》作『孝乎惟孝』。『乎』、『于』通用，固無意義也，所引之文少有異耳。據斯數者，今本《尚書》脫『孝乎』二字明矣。至朱熹解《論語》，云『孝乎』為句，則妄之甚也。」阮記云：「『孝』下，古本有『于孝』二字。山井鼎曰：足利所藏古本《論語》及皇侃《義疏》本作『惟孝于孝』，足利本《論語》作『孝于惟孝』。潘岳《閒居賦》作『孝乎惟孝』。『乎』、『于』通用固無意義也，所引之文少有異耳，據斯數者，今本《尚書》脫『孝乎』二字明矣。○按：今皇《疏》本亦作『孝于惟孝』，山井鼎於論語《考文》亦祇言古本『乎』作『于』，不言作『惟孝于孝』，與此不合。要之，《閒居賦》最為近之。『孝乎惟孝』者，猶言君子人與君子人也，故曰『美大孝之辭』。以『乎』為『于』已不可通，若作『惟孝于孝』，更無是理。古本之謬，往往類此。」盧記同。檢內野本「惟」下有「孝于」二字，《古文尚書》經文原作何，存之待考。

21. 頁十左　即畢命所去

按：「去」，靜嘉堂本（元）、劉本（嘉靖）、永樂本同；單疏本作「云」，八行本、八行乙本、足利本、蒙古本、關西本、閩本、明監本、毛本同。阮記引文「即畢命所云」，云：「云，十行本誤作『去』。」盧記引文「即畢命所去」，云：「毛本『去』作『云』。案：『去』字誤。」案疏文此句下所言，皆《畢命》之文也，故而作「云」是，作「去」誤。

22. 頁十一右　所聞之古聖賢之言

按：「之」，劉本（嘉靖）、閩本、明監本、毛本同；八行本作「上」，八行乙本、足利本、蒙古本、關西本、永樂本、李本、王本、監圖本、岳本同，《要義》所引亦同；靜嘉堂本（元）漫漶。《考文》引文「所聞之古聖賢之言」，云：「〔古本〕上『之』作『上』，宋板同。〔古本〕『言』下有『也』字。下註『有初無終』下同。」阮記引文「所聞之古聖賢之言」，云：「『之』，古、岳、宋板、纂傳俱作『上』。『言』下古本有『也』字。」盧記同。檢內野本作「上」，與八行等相合，作「上」是。靜嘉堂本此葉為元刻版葉，其文字已漫漶，阮本、阮記遂誤識為「上」字。

23. 頁十一右　亦不能用之

按：「亦」，八行本、八行乙本、足利本、蒙古本、關西本、靜嘉堂本

（元）、永樂本、李本、王本、監圖本、岳本同；劉本（嘉靖）作「而」，閩本、明監本、毛本同。《考文》云：「〔古本〕『而』作『亦』，宋板同。」阮記引文「而不能用之」，云：「而，古、岳、宋板、十行、纂傳俱作『亦』。按：『而』字非也。」盧記引文「亦不能用之」，云：「古本、岳本、宋板、纂傳同。毛本『亦』誤作『而』。」靜嘉堂本此葉為元刻版葉，其作「亦」本不誤。而劉本此葉為嘉靖補板，其誤作「而」，閩本等承其誤。

24. 頁十二左　民者真也

按：「真」，劉本（嘉靖）、永樂本、閩本、明監本、毛本同；單疏本作「冥」，八行本、八行乙本、足利本、蒙古本同；靜嘉堂本（元）漫漶。《考文》云：「宋板『真』作『冥』。」《正字》云：「『真』當『冥』字誤。」阮記云：「真，宋板作『冥』。案：嚴杰云：宋本是也，鄭注《論語・泰伯》可證，鄭注《呂刑》亦可證。」盧記同。單疏本、八行本等作「冥」是。靜嘉堂本此葉為元刻版葉，其文字已漫漶，阮記因此誤識別作「真」字。嘉靖時期補板亦誤刻作「真」。

25. 頁十三右　因見所習之物

按：「見」，單疏本、八行本、八行乙本、足利本、蒙古本、關西本、靜嘉堂本（元）、劉本（嘉靖）、永樂本、閩本、明監本、毛本皆同。阮記引文「因見所習之物」，云：「按：《傳》『見』上有『所』字。」盧記同。案《傳》文云「因所見所習之物」，則疏文「見」上似當有「所」字為宜。阮記所言是。

26. 頁十三左　常在於道德教之

按：「教之」，單疏本、八行本、八行乙本、足利本、蒙古本、關西本、靜嘉堂本（元）、劉本（嘉靖）、永樂本、閩本、明監本、毛本皆同。阮記云：「許宗彥云：『教之』二字因下句而衍。」盧記云：「許宗彥云：『教之』二字因下句誤衍。」考下疏文云「汝以道德教之」，則此處「教之」二字似衍。阮記言是。

27. 頁十三左　禮記曲禮下文云

按：「文」，關西本、靜嘉堂本（元）、劉本（嘉靖）、永樂本、閩本、明監本、毛本同；單疏本無「文」字，八行本、八行乙本、足利本、蒙古本同，《要義》所引亦同。《考文》引文「禮記曲禮下文云」，云：「宋板無『文』字。」阮記引文「禮記曲禮下文云」，云：「宋板無『文』字。」盧記同。案「云」字下所言，皆為《禮記・曲禮下》之語，據此，當從單疏本、八行本等以無「文」字為是。

28. 頁十四右　王大發大命

按：「大」，八行本、八行乙本、足利本、蒙古本、靜嘉堂本（元）、劉本（嘉靖）、永樂本、閩本、明監本、毛本、李本、王本、監圖本，《要義》所引亦同；關西本作「將」，岳本同。《正字》云：「『大發』，按《疏》當『將發』誤。《續通解》無此字。」阮記云：「大，岳本作『將』。按：《疏》述注作『將』，其標目仍作『大』。又云『顧命羣臣大發大命』，恐俱因注之誤而誤也。《續通解》及纂傳載此注俱直云『王發大命』，無『將』字。」案單疏本疏文標目云「傳王將至出命」，又疏文云「王將發大命」，今從關西本、岳本作「王將發大命」為宜。

29. 頁十四左　下至御治事

按：「治」，八行本、八行乙本、足利本、蒙古本、關西本、靜嘉堂本（元）、劉本（嘉靖）、永樂本、閩本、明監本、毛本、李本、王本、監圖本、岳本同，《要義》所引亦同。《考文》引文「同召六卿下至御治事」，云：「〔古本〕無『治』字。『事』下有『也』。」阮記云：「古本無『治』字。按：《疏》作『下及御事』。今本因下《傳》而誤。」盧記云：「古本無『治』字。按：《疏》作『下及御事』。殆因下《傳》而誤。」檢內野本「御」下無「治」字。案經文云「百尹御事」，又疏文出「故云『同召六卿下及御事』也」。綜上，《傳》文似當以無「治」字為宜。阮記言是。

30. 頁十四左　顧命至御事

按：「至御事」，蒙古本、關西本、靜嘉堂本（元）、劉本（嘉靖）、永樂本、閩本、明監本、毛本同；單疏本無「至御事」三字；八行本「顧命至御事」五字擠刻，八行乙本、足利本同。《正字》引文「《疏》『顧命』至『於此解也』」，云：「二十二十四字當在上『顧命』傳下。『至御事』三字誤衍。」

阮記引文「顧命至御事」，云：「此下兩段《疏》，一本在篇題下。浦鏜云『至御事』三字誤衍。」盧記同。案此標目下所接疏文，是釋經文「顧命」二字，則「至御事」三字為衍文，浦說是。至於此段疏文，以及下「傳『實命至要言』」段疏文，仍從八行本等綴合次序，似不必移置於《傳》文「實命羣臣敘以要言」之下。

31. 頁十四左　以上欲指明二公中分天下之事

按：「二」，單疏本、八行本、八行乙本、足利本、蒙古本、關西本、靜嘉堂本（元）、劉本（嘉靖）、永樂本、閩本同；明監本作「三」，毛本同。《考文・補遺》引文「三公中分」，云：「〔宋板〕『三』作『二』。」阮記引文「以上欲指明三公中分天下之事」，云：「三，宋板、十行、閩本俱作『二』，是也。」盧記引文「以上欲指明二公中分天下之事」，云：「宋板、閩本同。毛本『二』誤作『三』。」案《傳》文云「二公為二伯，中分天下而治之」，則疏文作「二」是，作「三」誤。

32. 頁十四左　傳成王至悅謂

按：「謂」，單疏本作「懌」，八行本、八行乙本、足利本、蒙古本、關西本、劉本（嘉靖）、永樂本、閩本、明監本、毛本同；靜嘉堂本（元）「懌」字漫漶。阮記引文「傳成王至悅懌」，云：「懌，十行本誤作『謂』。」盧記引文「傳成王至悅謂」，云：「案：『謂』當作『懌』，形近之譌。」案靜嘉堂本此葉為元刻版葉，其文字漫漶，阮記、阮本所據之本應為正德時期印本，大體與靜嘉堂本相類。阮記、阮本或因此誤將其識別作「謂」。

33. 頁十五右　故待言公

按：「待」，永樂本同；單疏本作「特」，八行本、八行乙本、足利本、蒙古本、關西本、劉本（正德）、閩本、明監本、毛本同，《要義》所引亦同；靜嘉堂本（元）漫漶。阮記引文「故特言公」，云：「『特』，十行本誤作『待』。」盧記引文「故待言公」，云：「毛本『待』作『特』。案：『待』字誤也。」案文義，作「特」是，作「待」顯誤。今疑元刻十行注疏本作「特」本不誤，後世印刷時刻板文字有脫落，遂印作「待」，永樂本亦因此而訛作「待」。

34. 頁十五左　其餘五國妣姓

按：「妣」，單疏本作「姬」，八行本、八行乙本、足利本、蒙古本、關西本、劉本（正德）、永樂本、閩本、明監本、毛本同，《要義》所引亦同；靜嘉堂本（元）漫漶。阮記引文「其餘五國姬姓」，云：「姬，十行本誤作『妣』。」盧記引文「其餘五國妣姓」，云：「案：『妣』當作『姬』，形近之譌。」檢靜嘉堂本此葉為元刻版葉，文字漫漶，疑阮本所據之本文字亦漫漶，遂誤識為「妣」。

35. 頁十五左　蓋大夫士皆被召也

按：「士」，蒙古本、關西本、靜嘉堂本（元）、劉本（正德）、永樂本、閩本、明監本、毛本同；單疏本無「士」字，八行本、八行乙本、足利本同，《要義》所引亦同。《考文》引文「蓋大夫士皆被召也」，云：「〔宋板〕無『士』字。」《正字》引文「蓋大夫士皆被召也」，云：「《續通解》本無『士』字。」阮記云：「宋板無『士』字。按：《續通解》亦無『士』字。」盧記同。案單疏本、八行本等無「士」字是，疑南宋坊間所刻注疏本誤衍「士」字。

36. 頁十六右　故能適殷

按：「適」，蒙古本、靜嘉堂本（元）、劉本（嘉靖）、永樂本、王本同；八行本作「通」，八行乙本、足利本、關西本、閩本、明監本、毛本、李本、監圖本、岳本同。阮記引文「故能通殷」，云：「通，十行本誤作『適』。」盧記引文「故能適殷」，云：「毛本『適』作『通』。『適』字誤也。」案經文云「克達殷集大命」，《傳》文以「通」釋「達」也。作「通」是。

37. 頁十六右　大度於艱難

按：「度」，蒙古本、靜嘉堂本（元）、劉本（嘉靖）、永樂本、閩本、明監本、毛本、李本同；八行本作「渡」，八行乙本、足利本、關西本、王本、監圖本、岳本同。《考文》引文「大度於艱難」，云：「〔古本〕『度』作『渡』，宋板同。」阮記云：「度，古、岳、宋板作『渡』。按：《續通解》亦作『渡』。纂傳作『度』。」盧記云：「古本、岳本、宋板『度』作『渡』。按：《續通解》亦作『渡』。纂傳作『度』。《疏》內同。」案單疏本疏文出「大渡於艱難」，則《傳》文似當從八行本等作「渡」字為宜。

38. 頁十六左　不得結誓出言語

按：「結誓」，單疏本、蒙古本、關西本、靜嘉堂本（元）、劉本（嘉靖）、永樂本同；八行本「得」、「結」之間空兩格，八行乙本、足利本同。《考文・補遺》云：「〔宋板〕『得』、『結』間空兩字。」阮記云：「宋板『得』、『結』二字間空二字。盧文弨云：此無脫文，但『結誓』疑當作『結信誓』。」盧記云：「宋板『得』下空二字。盧文弨云：此無脫文，但『結誓』疑當作『結信誓』。」案單疏本「得」、「結」間無字，據此推測八行本合刻注疏時誤衍二字，後剜去。

39. 頁十六左　言當戰慄畏懼

按：「當」，靜嘉堂本（元）同；單疏本作「常」，八行本、八行乙本、足利本、蒙古本、關西本、劉本（嘉靖）、永樂本、閩本、明監本、毛本、李本、王本、監圖本、岳本同。阮記引文「言常戰慄畏懼」，云：「常，十行本誤作『當』。」盧記引文「言當戰慄畏懼」，云：「毛本『當』作『常』。案：所改是也。」今檢靜嘉堂本，其「當」字或是「常」字之漫漶，阮記、阮本因此將其識作「當」。應以「常」字為是。

40. 頁十六左　故我詩蓄出言教命汝

按：「詩蓄」，劉本（嘉靖）、永樂本同；單疏本作「詳審」，八行本、八行乙本、足利本、蒙古本、關西本、閩本、明監本、毛本同；靜嘉堂本（元）漫漶。阮記引文「故我詳審出言教命汝」，云：「詳審，十行本誤作『詩蓄』。」盧記引文「故我詩蓄出言教命汝」，云：「毛本『詩蓄』作『詳審』。案：『詩蓄』無皆，是形近之譌。」檢靜嘉堂本此葉為元刻版葉，其文字漫漶，難以斷定其「詩蓄」或是作「詳審」。今疑元刻十行注疏本作「詳審」原不誤，後世印本漫漶，近似「詩蓄」，阮記、阮本因此誤將文字識別作「詩蓄」，而永樂本所據底本亦為明代印本，故亦訛作「詩蓄」。

41. 頁十七右　言必死也

按：「死」，單疏本、八行本、八行乙本、足利本、蒙古本、關西本、靜嘉堂本（元）、劉本（嘉靖）、永樂本、閩本、明監本同；毛本作「殆」。《考文・補遺》引文「必殆也」，云：「〔宋板〕『殆』作『死』。」《正字》引文「不起不悟言必死也」，云：「死，毛本誤『殆』。」阮記引文「言必殆也」，云：「殆，宋板、十行、閩、監俱作『死』。」盧記引文「言必死也」，云：「宋板、閩本、明監本同。毛本『死』作『殆』。」案《傳》文出「不起不悟，言必死」，則疏文作「死」是。毛本作「殆」誤。

42. 頁十七右　此羣臣已受賜命

按：「賜」，靜嘉堂本（元）、劉本（嘉靖）、永樂本、閩本、明監本、毛本同；八行本作「顧」，八行乙本、足利本、蒙古本、關西本、李本、王本、監圖本、岳本同，《要義》所引亦同。《考文》云：「〔古本〕『賜』作『顧』，宋板同。」《正字》引文「此羣臣已受賜命，各還本位」，云：「『顧』誤『賜』。」阮記云：「賜，古、岳、宋板、《續通解》、纂傳俱作『顧』，是也。」盧記云：「古本、岳本、宋板、《續通解》、纂傳『賜』作『顧』，是也。」案疏文云「各自前進，已受顧命，退還本位者」，則《傳》文當從八行本等作「顧」是。

43. 頁十七右　還復本位

按：「還復」，單疏本、八行本、八行乙本、足利本、蒙古本、關西本、靜嘉堂本（元）、劉本（嘉靖）、永樂本、閩本、明監本同；毛本作「復還」。《考文・補遺》引文「復還本位」，云：「〔宋板〕作『還復本位』。」阮記引文「復還本位」，云：「『復還』二字，宋板、十行、閩本俱倒。」盧記引文「還復本位」，云：「宋板、閩本同。毛本『還復』二字倒。」今仍從單疏本等作「還復」為宜。

44. 頁十七左　下云狄設黼扆綴衣

按：「云」，單疏本、八行本、八行乙本、足利本、蒙古本、關西本、靜嘉堂本（元）、劉本（嘉靖）、永樂本、閩本、明監本、毛本同，《要義》所引亦同。阮記云：「云，纂傳作『文』。」盧記同。單疏本等皆作「云」，作「云」不誤。

45. 頁十七左　帝王在幕居幄中坐上承塵也

按：「居」，關西本、靜嘉堂本（元）、劉本（嘉靖）、永樂本、閩本、明監本、毛本同；單疏本作「若」，八行本、八行乙本、足利本、蒙古本同，《要義》所引亦同。《考文》引文「帟王在幕居幄中坐上承塵也」，云：「〔宋板〕『居』作『若』。」《正字》引文「帟王在幕若幄中坐上承塵也」，云：「『主』誤『王』，『若』誤『居』。」阮記云：「居，宋板作『若』，與《周禮》注本文合。」盧記同。單疏本、八行本等作「若」是。關西本、靜嘉堂本皆誤作「居」，據此疑南宋建陽坊間所刻宋十行本即已誤作「居」。

46. 頁十八右　就干戈以往

按：「就」，單疏本、八行本、八行乙本、足利本、蒙古本、關西本、靜嘉堂本（元）、劉本（嘉靖）、永樂本、閩本同；明監本作「執」，毛本同，《要義》所引亦同。《考文·補遺》云：「〔宋板〕『執』作『就』。」阮記引文「執干戈以往」，云：「執，宋板、十行、閩本俱作『就』。按：《續通解》作『執』。」盧記引文「就干戈以往」，云：「毛本『就』作『執』。按：《續通解》作『執』。」案此段疏文皆云「執干戈」，則此處亦當作「執」為是。蓋與上疏文「就命使之」相涉而誤，自單疏本已誤作「就」。

47. 頁十八右　君大夫卒於路寢

按：「大夫」，關西本、靜嘉堂本（元）、劉本（嘉靖）、永樂本、閩本、明監本、毛本同；單疏本作「夫人」，八行本、八行乙本、足利本同；蒙古本作「大人」。《考文》引文「喪大記云君大夫卒於路寢」，云：「『夫人』誤『大夫』。」《正字》引文「喪大記云君夫人卒於路寢」，云：「『夫人』誤『大夫』。」阮記引文「君大夫卒於路寢」，云：「大夫，宋板及《續通解》俱作『夫人』。按：作『大夫』非也。」盧記同。單疏本、八行本等作「夫人」不誤。關西本、靜嘉堂本皆誤作「大夫」，據此疑南宋建陽坊間所刻宋十行本已誤作「大夫」。

48. 頁十八左　延之使憂居喪主為天下宗主也

按：「使憂」，單疏本、八行本、八行乙本、足利本、蒙古本、關西本、靜嘉堂本（元）、劉本（元）、永樂本、閩本、明監本、毛本同。阮記云：「《續通解》作『延使之居憂為天下喪主也』。按：兩本疑俱有脫誤。」盧記同。案《傳》文云「延之使居憂為天下宗主」，則疑疏文「使憂居」或當作「使居憂」。

49. 頁十八左　故以此日作之

按：「以」，蒙古本、關西本、靜嘉堂本（元）、劉本（元）、永樂本、閩本、明監本、毛本同；單疏本作「於」，八行本、八行乙本、足利本同。《考文》引文「故以此日作之」，云：「〔宋板〕『以』作『於』。」阮記云：「以，宋板作『於』。按：宋本是也。」盧記同。案經文云「丁卯命作冊度」，疏文是釋何以於丁卯日作《顧命》。據此，當從單疏本、八行本等作「於」字是。

50. 頁十八左　置戶牖間

按：「置戶」，八行本、八行乙本、足利本、蒙古本、關西本、靜嘉堂本（元）、劉本（元）、永樂本、閩本、明監本、毛本、李本、王本、監圖本、岳本皆同。阮記云：「齊召南云：《周禮・司几筵》賈《疏》引此注曰『其置竟戶牖間』，似賈所見本『置』上有『其』字，下有『竟』字。」盧記同。檢內野本作「置戶」，與傳世刊本皆合。今仍作「置戶」為宜。

51. 頁十八左　越七日至癸酉

按：「癸酉」，關西本、靜嘉堂本（元）、劉本（元）、永樂本同；單疏本「癸酉」上無「至」字，八行本、八行乙本、足利本、蒙古本同；閩本作「綴衣」，明監本、毛本同。阮記引文「越七日至綴衣」，云：「綴衣，十行本誤作『癸酉』。」盧記引文「越七日至癸酉」，云：「各本『癸酉』皆作『綴衣』。『癸酉』誤也。」考此段疏文，「越七日至癸酉」似當從單疏本、八行本等作「越七日癸酉」為宜。

52. 頁十八左　其餘皆是將欲傳命布設之士

按：「士」，蒙古本、關西本、靜嘉堂本（元）、劉本（元）、永樂本、閩本、明監本同；單疏本作「事」，八行本、八行乙本、足利本、毛本同。《正字》引文「其餘皆是將欲傳命布設之事」，云：「『事』，監本誤『士』。」阮記引文「其餘皆是將欲傳命布設之事」，云：「事，十行、閩、監俱誤作『士』。」盧記引文「其餘皆是將欲傳命布設之士」，云：「閩本、明監本同。毛本『士』作『事』，是也。下『皆為喪士』同。」案文義，供喪用之外，皆是傳命布設之事。據此，當從單疏本、八行本等作「事」是。

53. 頁十八左　於此所命士多

按：「士」，闕西本、靜嘉堂本（元）、劉本（元）、永樂本、閩本、明監本、毛本同；單疏本作「事」，八行本、八行乙本、足利本、蒙古本同，《要義》所引亦同。《考文》引文「於此所命士多」，云：「〔宋板〕『士』作『事』。」阮記云：「士，宋板作『事』不誤。」案文義，經云「伯相」者，蓋此時所受命職事者，多非國相。作「事」是。南宋坊刻所刻注疏本，或因經傳出「命士」而誤改疏文。

54. 頁十九右　今所命者皆為喪士

按：「士」，靜嘉堂本（元）、永樂本同；單疏本作「事」，八行本、八行乙本、足利本、蒙古本、闕西本、劉本（嘉靖）、閩本、明監本、毛本同。阮記引文「今所命者皆為喪事」，云：「事，十行本亦誤作『士』。」當從單疏本、八行本等作「事」，作「士」則文義不通。

55. 頁十九左　敷重篾席

按：「敷」，八行本、八行乙本、足利本、蒙古本、闕西本、靜嘉堂本（元）、劉本（嘉靖）、永樂本、閩本、明監本、毛本、李本、王本、監圖本、岳本、唐石經、白文本皆同，《要義》所引亦同。阮記云：「孫志祖云：《玉篇》首部『莧』字下引《書》曰：布重莧席。」盧記同。檢內野本作「敷」，與《玉篇》所引「布」字不同。又阮記既云《玉篇》引《書》作「布重莧席」，是指「莧」、「篾」為古今字，則「篾」字似亦當加圈。

56. 頁二十右　寶刀赤刀削

按：「刀」，蒙古本、靜嘉堂本（元）、劉本（元）、永樂本、閩本、明監本、毛本、李本、監圖本同，《要義》所引亦同；八行本作「刃」，八行乙本、足利本、闕西本、王本、岳本同。《考文》引文「寶刀赤刀削」，云：「〔古本〕下『刀』作『刃』，宋板同。」阮記引文「赤刀削」，云：「刀，古、岳、宋板、《續通解》俱作『刃』。纂傳作『刀』。按：『刀』字誤。」盧記云：「古本、岳本、宋板、《續通解》『刀』作『刃』。案：『刀』字非也，毛本、纂傳俱誤。」盧記引文「赤刀削」，云：「古本、岳本、宋板、《續通解》『刀』作『刃』。案：『刀』字非也，毛本、纂傳並誤。」檢內野本作「寶刀赤刀削」，其下「刀」字旁有批校云「扌有」，據此可知內野本之底本無下一「刀（刃）」字。檢單疏本疏文云「故《傳》以赤刀為赤刃削」，則孔穎達所見之本作「刃」，與八行本等相合。今以「刃」字為是。

57. 頁二十右　球雍州所貢

按：「雍」，八行本、八行乙本、足利本、蒙古本、關西本、靜嘉堂本（元）、劉本（元）、永樂本、閩本、明監本、毛本、李本、王本、監圖本、岳本皆同，《要義》所引亦同。阮記云：「陸氏曰：雍，本亦作『邕』。○按：《說文》有『雝』無『雍』。雝䳢，乃鳥名也。『雍州』，字當以『邕』為正。今皆作『雍』，此乃僅見。」盧記同。檢內野本作「雍」，與傳世刊本同，尚未見陸德明《經典釋文》所見作「邕」字之本。

58. 頁二十右　本亦作邕

按：「邕」，蒙古本、關西本、靜嘉堂本（元）、劉本（元）、永樂本、閩本、明監本、毛本、王本同。阮記、盧記皆無說。諸本皆作「邕」，《釋文》亦作「邕」。

59. 頁二十左　敷三重之席

按：「重」，關西本、靜嘉堂本（元）、劉本（元）、永樂本、閩本、明監本、毛本同；單疏本作「種」，八行本、八行乙本、足利本、蒙古本同，《要義》所引亦同。《考文》引文「敷三重之席」，云：「〔宋板〕『重』作『種』。」阮記云：「重，宋板作『種』，是也。下一『重』同。」盧記同。案單疏本上疏文皆云「三重」、「二重」，下疏文則云「非一種之席」。孔疏原作「種」、作「重」，存之待考。

60. 頁二十左　必非一重之席敷三坐

按：「坐」，關西本、靜嘉堂本（元）、劉本（元）、永樂本、閩本、明監本、毛本同；單疏本作「重」，八行本、八行乙本、足利本、蒙古本同；《要義》作「種」。阮記云：「坐，宋板作『重』。按：『坐』字非也。」案下疏文云「但不知其下二重是何席耳」，則此處「坐」當作「重」。

61. 頁二十一左　莞苻籬

按:「籬」,蒙古本、靜嘉堂本(元)、劉本(嘉靖)、永樂本、閩本、明監本、毛本同;單疏本作「蘺」,八行本、八行乙本、足利本、關西本同。《考文》引文「釋草云莞苻籬」,云:「〔宋板〕『籬』作『蘺』。」《正字》引文「釋草云莞苻蘺」,云:「『蘺』,誤從竹。」阮記云:「籬,宋板、纂傳俱作『蘺』,與《爾雅・釋艸》合。」檢《四部叢刊》影宋本《爾雅》作「蘺」,則單疏本、八行本等作「蘺」是。

62. 頁二十二右　故名赤刀削也

按:「刀」,靜嘉堂本(元)、劉本(元)、永樂本、閩本、明監本、毛本同;單疏本作「刃」,八行本、八行乙本、足利本、蒙古本、關西本同。《考文》引文「故名赤刀削也」,云:「〔宋板〕『刀』作『刃』。下『為赤刀削』同。」阮記云:「刀,宋板作『刃』,下『為赤刀削』同。按:監本初似亦作『刃』,後刊去一點,下『赤刀』、『白刀』同。」盧記同。案八行本、足利本、關西本、王本、岳本《傳》文云「寶刀赤刃削」,則疏文亦當作「刃」為是。

63. 頁二十二右　遣弟興治孫策

按:「治」,單疏本、八行本、八行乙本、足利本、蒙古本、關西本、靜嘉堂本(元)、劉本(元)、永樂本、閩本同;明監本作「詣」,毛本同。《考文・補遺》引文「遣弟興詣孫策」,云:「〔宋板〕『詣』作『治』。」阮記引文「遣弟興詣孫策」,云:「詣,宋板、十行、閩本俱作『治』,是也。」盧記引文「遣弟興治孫策」,云:「宋板、閩本同。毛本『治』作『詣』。『治』字誤。」作「治」字似文義不通,孔疏原文作何,存之待考。

64. 頁二十二右　我見刃為然

按:「刃」,單疏本、八行本、八行乙本、足利本、蒙古本、關西本、靜嘉堂本(元)、劉本(元)、永樂本、閩本、明監本同;毛本作「刀」。《考文・補遺》引文「我見刀為然」,云:「〔宋板〕『刀』作『刃』。」阮記引文「我見刀為然」,云:「刀,宋板、十行、閩本俱作『刃』。」盧記引文「我見刃為然」,云:「宋板、閩本同。毛本『刃』作『刀』。」案下疏云「然赤刃為赤削,白刃為白削」,則此處當作「刃」。毛本作「刀」誤。

65. 頁二十二右　鄭注云曲刃刀也

按：「曲刃」，單疏本、八行本、蒙古本、關西本、靜嘉堂本（元）、劉本（元）、永樂本、閩本、明監本同；八行乙本作「白刃」，足利本同；毛本作「曲刀」。《考文》引文「鄭注云曲刀刀也」，云：「〔宋板〕『曲刀』作『白刃』。」《正字》引文「鄭注云曲刃刀也」，云：「『刃』誤『刀』。」阮記引文「曲刀刀也」，云：「『曲刀』，宋板作『白刃』。十行、閩本俱作『曲刃』。盧文弨云：鄭注《考工記》但云『今之書刀』。《疏》云：馬氏諸家亦為偃曲卻刃也。疑『曲』字是。」盧記引文「曲刃刀也」，云：「閩本同。宋板『曲刃』作『白刃』。毛本作『曲刀』。盧文弨云：鄭注《考工記》但云『今之書刀』。《疏》云：馬氏諸家亦為偃曲卻刃也。疑『曲』字是。」案「曲刃」二字，八行本同。八行本版心刻工為「徐茂」，而八行乙本版心刻工為「李耑」，八行乙本此葉為補板，疑八行乙本補板時刻誤。當從八行本等作「曲刃」是。

66. 頁二十二左　東北之珣玕琪也

按：「北」，單疏本、八行本、八行乙本、足利本、蒙古本、關西本、靜嘉堂本（元）、劉本（元）、永樂本、閩本、明監本、毛本同。「玕」，單疏本、蒙古本、關西本、靜嘉堂本（元）、劉本（元）、永樂本同；八行本作「玗」，足利本、明監本、毛本同；閩本作「玕」。《正字》引文「夷玉，東北之珣玗琪也」，云：「『東北』，案《爾雅》當『東方』誤。」阮記引文「東北之珣玗琪也」，云：「『北』，纂傳作『方』，是也。『玗』，十行、閩本、纂傳俱誤作『玕』，下同。」盧記引文「東北之珣玕琪也」，云：「纂傳『北』作『方』，是也。『玕』，毛本作『玗』。案：所改亦是。閩本、纂傳誤。下同。」孔疏引鄭氏注，似與《爾雅》無涉，阮記云「北」當作「方」，似難成立。「玕」，當從八行本等作「玗」是。

67. 頁二十二左　有醫無閭之珣玕琪焉

按：「玕」，蒙古本、關西本、靜嘉堂本（元）、劉本（元）、永樂本、閩本同；單疏本作「玗」，八行本、八行乙本、足利本、明監本、毛本同。阮記、盧記無說。當從單疏本八行本等作「玗」是。

68. 頁二十二左　古者包犧氏之王天下也

按：「包」，單疏本、八行本、八行乙本、足利本、蒙古本、關西本、靜嘉堂本（元）、劉本（元）、永樂本、閩本同，《要義》所引亦同；明監本作「伏」，毛本同。《正字》引文「古者伏羲氏之王天下也」，云：「『伏羲』，經作『包義』。」阮記引文「古者伏羲氏之王天下也」，云：「伏羲，十行、閩本俱作『包犧』。監本『羲』作『犧』。」盧記引文「古者包犧氏之王天下也」，云：「閩本同。毛本『包犧』作『伏義』。」案「包犧」二字，單疏本、八行本等同，作「包犧」不誤，即伏羲也。

69. 頁二十三右　亦古人之巧人也

按：「人」，蒙古本、關西本、靜嘉堂本（元）、劉本（嘉靖）、永樂本、閩本、明監本、毛本同；單疏本無「人」字，八行本、八行乙本、足利本同，《要義》所引亦同。《考文》引文「知兌和，亦古人之巧人也」，云：「〔宋板〕無上『人』字。」阮記云：「宋板無上『人』字。」盧記同。當從單疏本、八行本等刪上「人」字，疑南宋建陽坊間所刻宋十行本即已誤衍一「人」字。

70. 頁二十三右　則不知實來幾何世也

按：「世」，單疏本、八行本、八行乙本、足利本、蒙古本、關西本、靜嘉堂本（元）、劉本（嘉靖）、永樂本、閩本、明監本、毛本同，《要義》所引亦同。《正字》引文「則不知實來幾何世也」，云：「實，監本誤『責』。」阮記云：「『實』，監本誤作『責』。『幾何世』，纂傳作『何時』。」盧記同。諸本皆作「世」，今仍以「世」為是。

71. 頁二十三左　王輅金即次象

按：「王」，靜嘉堂本（元）、劉本（嘉靖）、永樂本、閩本、明監本同；單疏本作「五」，八行本、八行乙本、足利本、蒙古本、關西本同；毛本作「玉」。《考文》引文「玉輅金即次象」，云：「〔宋板〕『玉』作『五』。」阮記引文「玉輅金即次象」，云：「『玉』，宋板、纂傳俱作『五』，是也。十行、閩、監俱作『王』。」盧記引文「王輅金即次象」，云：「閩本、明監本同。宋板、纂傳『王』作『五』，是也。毛本作『玉』，亦誤。」案上疏文云「玉輅，金輅，象輅，革輅，木輅，是為五輅也」，則此處「王」當作「五」。

72. 頁二十三左　革輅輓之以革而漆之

按：「輓」，蒙古本、闕西本、靜嘉堂本（元）、劉本（嘉靖）、永樂本、閩本、明監本、毛本同；單疏本作「鞔」，八行本、八行乙本、足利本同。《考文》引文「革輅輓之以革而漆之」，云：「〔宋板〕『輓』作『鞔』，下『不輓』同。」《正字》引文「革輅鞔之以革而漆之」，云：「『鞔』，誤從車旁作。下『不鞔』同。」阮記云：「『輓』，宋板作『鞔』，是也。下『不輓』同。十行、閩本此作『輓』，下作『鞔』。」盧記引文「革輅輓之以革而漆之」，云：「宋板『輓』作『鞔』，是也。」案文義，作「鞔」是，以革鞔之也。作「輓」則文義不通。

73. 頁二十三左　不輓以革

按：「輓」，蒙古本、闕西本、永樂本、明監本、毛本同；單疏本作「鞔」，八行本、八行乙本、足利本、靜嘉堂本（元）、劉本（嘉靖）、閩本同。作「鞔」是。靜嘉堂本此葉為元刻版葉，劉本此葉為嘉靖補板，皆作「鞔」，而阮本作「輓」，據此疑阮本誤識文字。

74. 頁二十三左　先輅是金輅也

按：「先」，單疏本、八行本、八行乙本、足利本、蒙古本、闕西本、靜嘉堂本（元）、劉本（嘉靖）、永樂本、閩本、明監本、毛本皆同，《要義》所引亦同。阮記云：「此句上纂傳有『大輅是玉輅』五字。按：大輅為玉輅，孔、鄭所同，賈氏不言，王氏蓋以意增之也。」盧記同。案諸本「先」上皆無「大輅是玉輅」無字，似不宜據纂傳增入。

75. 頁二十三左　故以此面言之

按：「此」，靜嘉堂本（元）、永樂本同；單疏本作「北」，八行本、八行乙本、足利本、蒙古本、闕西本、劉本（嘉靖）、閩本、明監本、毛本同，《要義》所引亦同。阮記引文「故以北面言之」，云：「北，十行本誤作『此』。」盧記引文「故以此面言之」，云：「毛本『此』作『北』。案：『此』字誤。」上疏云「故知左右塾前皆北面也」，此當云「故以北面言之」。作「北」是。靜嘉堂本此葉為元刻版葉，誤作「此」。劉本此葉為嘉靖補板，作「北」是，知嘉靖補板時亦有校正。

76. 頁二十四右　亦士

按:「士」,八行本、八行乙本、足利本、蒙古本、關西本、靜嘉堂本(元)、劉本(元)、永樂本、閩本、明監本、李本、王本、監圖本、岳本同,《要義》所引亦同;毛本作「仕」。《考文·補遺》引文「亦仕」,云:「古本、宋板『仕』作『士』。」《正字》引文「皮弁亦士」,云:「『士』,毛本誤『仕』。」阮記引文「亦仕」,云:「仕,古、岳、葛本、宋板、十行、閩、監、《續通解》、纂傳俱作『士』,是也。」盧記引文「亦士」,云:「古本、岳本、葛本、宋板、閩本、明監本、《續通解》、纂傳同。毛本『士』作『仕』,非也。」案疏文云「此服弁,知亦士也」,則《傳》文作「士」是。毛本作「仕」誤。

77. 頁二十四右　一人冕執銳

按:「銳」,八行乙本、足利本、蒙古本、關西本、靜嘉堂本(元)、劉本(元)、永樂本、閩本、明監本、毛本、李本、王本、監圖本、岳本、唐石經、白文本同;八行本作「鈗」;《要義》引作「鉞」。《考文·補遺》云:「〔古本〕『銳』上有『鉞』字。」阮記云:「岳珂《沿革例》曰:『銳』實『鈗』字也。《說文》以為兵器,今注中釋為矛屬,而陸德明又音以稅反,且諸本皆作『銳』。獨越中注疏於正文作『鈗』,爾《疏》中亦皆作『銳』。案:《玉篇》無『銳』字,《廣韻》十七準亦無『銳』字,則《說文》古本『銳』字有無未可定也。」盧記同。檢內野本作「銳」,且「銳」上無「鉞」字。又檢《釋文》作「銳」,今仍以「銳」字為是。

78. 頁二十四左　故二人

按:「二」,單疏本、八行本、蒙古本、關西本、靜嘉堂本(元)、劉本(元)、永樂本、閩本、明監本、毛本同,《要義》所引亦同;八行乙本作「三」,足利本同。《考文·補遺》引文「故二人在階者」,云:「〔宋板〕『二』作『三』。」阮記云:「『二』,宋板作『三』誤。」盧記云:「宋板『二』作『三』。」八行本作「二」不誤,八行乙本補板時誤作「三」。

79. 頁二十四左　南面三三面各二

按:「三」,單疏本、八行本、蒙古本、關西本、靜嘉堂本(元)、劉本(元)、永樂本、閩本、毛本同,《要義》所引亦同;八行乙本作「二」,足利本、明監本同。《考文‧補遺》引文「鄭玄云南面三」，云：「〔宋板〕『三』作『二』。」阮記云：「三，宋板、閩、監俱作『二』。〇按：《攷工記》注作『三』，宋板非也。」盧記云：「宋板、閩本、明監本『三』作『二』。〇按：《攷工記》注作『三』，宋板非也。」案下疏文既云「三面各二」，則南面必不為「二」也。作「三」是。

80. 頁二十四左　路寢三階不

按：「不」，單疏本、八行本、八行乙本、足利本、蒙古本、關西本、靜嘉堂本（元）、劉本（元）、永樂本、閩本、明監本、毛本同，《要義》所引亦同。《正字》引文「路寢三階不書亦未有明文」，云：「『不』疑衍字。」阮記云：「『不』，纂傳作『否』。」案此句似有脫訛，孔疏原文作何，存之待考。

81. 頁二十四左　士衛主殯

按：「主」，關西本、靜嘉堂本（元）、劉本（元）、永樂本、閩本、明監本、毛本同；單疏本作「王」，八行本、八行乙本、足利本、蒙古本同，《要義》所引亦同。《考文》引文「士衛主殯」，云：「〔宋板〕『主』作『王』。」《正字》引文「士衛王殯與在廟同」，云：「『王』誤『主』。」阮記云：「『主』，宋板、《續通解》俱作『王』。按：『王』字非也。」盧記云：「宋板、《續通解》『主』俱作『王』。按：『主』字非也。」案「王」者，成王也。作「王」是。

82. 頁二十四左　赤黑曰雀

按：「曰」，單疏本、八行本、八行乙本、足利本、蒙古本、關西本同；靜嘉堂本（元）作「白」，劉本（元）、永樂本、閩本、明監本、毛本同；《要義》引作「為」。《考文》引文「赤黑白雀」，云：「〔宋板〕『白』作『曰』。」《正字》引文「赤黑曰雀」，云：「『曰』誤『白』。」阮記引文「赤黑白雀」，云：「白，宋板、《續通解》、纂傳俱作『曰』，是也。」盧記引文「赤黑白雀」，云：「宋板、《續通解》、纂傳『白』作『曰』，是也。」案下疏文云「言如雀頭色」，故「赤黑」曰「雀」也。作「曰」是。

83. 頁二十四左　雀弁同如冕

按：「同」，靜嘉堂本（元）、劉本（元）、永樂本、閩本、明監本、毛本同；單疏本作「制」，八行本、八行乙本、足利本、蒙古本、關西本同，《要義》所引亦同。《考文》引文「雀弁同如冕黑色」，云：「〔宋板〕『同』作『制』。」阮記引文「雀弁同如冕」，云：「『同』，宋板、《續通解》、纂傳俱作『制』。按：『制』字不誤。」盧記云：「宋板、《續通解》『同』作『制』。按：『制』字不誤。」案文義，雀弁形制如冕。作「制」是。

84. 頁二十四左　阮諶二禮圖云

按：「二」，關西本、靜嘉堂本（元）、劉本（元）、永樂本、閩本、明監本、毛本同；單疏本作「三」，八行本、八行乙本、足利本、蒙古本同。《考文》引文「阮諶二禮圖云」，云：「〔宋板〕『二』作『三』。」阮記云：「『二』，宋板、纂傳俱作『三』，是。」盧記云：「宋板、纂傳『二』作『三』，是。」案阮諶所著者為《三禮圖》，作「三」是。

85. 頁二十五左　戈即今之句子戟

按：「子」，靜嘉堂本（元）、劉本（元）、永樂本、閩本、明監本、毛本同；單疏本作「孑」，八行本、八行乙本、足利本、蒙古本、關西本同；《要義》引作「矛」。《考文》云：「〔宋板〕『子』作『孑』。」阮記云：「『子』，宋板作『孑』。按：諸本作『子』，形相近而誤他。《正義》中『孑』字訛作『子』者，十之八九。」盧記同。作「孑」是，作「子」顯誤，形近至譌，阮記言是。

86. 頁二十五右　知在堂上之遠地

按：「知」，單疏本、八行本、八行乙本、足利本、蒙古本、關西本、靜嘉堂本（元）、劉本（元）、永樂本、閩本、明監本、毛本皆同。「地」，靜嘉堂本（元）、劉本（元）、永樂本、閩本、明監本、毛本同；單疏本「地」下有「堂之遠地」四字，八行本、足利本、蒙古本、關西本同，《要義》所引亦同。《考文》引文「知在堂上之遠地」，云：「〔宋板〕此下有『堂之遠地』四字。」阮記云：「『知』，纂傳作『蓋』。此句下，宋板、《續通解》俱有『堂之遠地』四字。」盧記同。案「知」，諸本皆同，今仍以「知」為是。「地」下，單疏本、八行本等有「堂之遠地」四字是。

87. 頁二十五左　皆賤者先置

按：「置」，單疏本、八行本、八行乙本、足利本、蒙古本、關西本、靜嘉堂本（元）、劉本（元）、永樂本、閩本、明監本、毛本同。《正字》引文「凡行諸禮皆賤者先置」，云：「『置』疑『至』字誤。」阮記云：「『置』，纂傳作『至』，是也。」盧記同。案「置」字似訛，孔疏原文作何，存之待考。

88. 頁二十五左　此必卿下士邦君即位既定

按：「下」，單疏本、八行本、八行乙本、足利本、蒙古本、關西本、靜嘉堂本（元）、劉本（元）、永樂本、閩本、明監本、毛本皆同。《正字》引文「此必卿下士邦君即位既定」，云：「『卿下』字疑誤倒，或『下』字衍文。」阮記云：「纂傳無『下』字。」案經文云「卿士邦君麻冕蟻裳入即位」，疑「下」為衍文。浦說似是。

89. 頁二十六右　故言王及羣羣臣皆吉服也

按：「羣」，靜嘉堂本（元）、劉本（元）、永樂本同；單疏本無，八行本、八行乙本、足利本、蒙古本、關西本、閩本、明監本、毛本同，《要義》所引亦同。孫記云：「『羣』字不當重。閩本無，今據刪。」靜嘉堂本、劉本誤衍一「羣」字。

90. 頁二十六左　天子執冒四寸以朝諸侯

按：「冒」，單疏本、八行本、八行乙本、足利本、蒙古本、關西本、永樂本、閩本、明監本同，《要義》所引亦同；靜嘉堂本（元）作「瑁」，劉本（元）、毛本同。《正字》引文「天子執瑁四寸以朝諸侯」，云：「『瑁』，《考工記》作『冒』。」阮記引文「天子執瑁四寸以朝諸侯」，云：「『瑁』，十行、閩、監、《續通解》、纂傳俱作『冒』，與《攷工記》合。」盧記引文「天子執冒四寸以朝諸侯」，云：「閩本、明監本、《續通解》、纂傳同。毛本『冒』作『瑁』。案：『冒』與《攷工記》合。」案單疏本、八行本下疏文云「鄭玄注云：名玉曰冒者」，則此處似亦當作「冒」為是。

91. 頁二十七右　鄭玄云冠禮注云

按：「云」，關西本、靜嘉堂本（元）、劉本（元）、永樂本、閩本、明監本、毛本同；單疏本作「士」，八行本、八行乙本、足利本、蒙古本同，《要義》所引亦同。《考文》引文「鄭玄云冠禮注云」，云：「〔宋板〕上『云』作『士』。」阮記云：「上『云』字，宋板作『士』，是也。」盧記云：「宋板上『云』字作『士』，是也。」案「云」字當從單疏本、八行本等作「士」是。

92. 頁二十七右　率循大卞

按：「率循」，八行本、八行乙本、足利本、蒙古本、闕西本、靜嘉堂本（元）、劉本（元）、永樂本、閩本、明監本、毛本、李本、王本、監圖本、岳本、唐石經、白文本同，《要義》所引亦同。「卞」，八行本、八行乙本、足利本、蒙古本、闕西本、靜嘉堂本（元）、劉本（元）、永樂本、閩本、明監本、毛本、李本、王本、監圖本、岳本、唐石經、白文本同，《要義》所引亦同。《考文》引文「率循大卞」，云：「〔古本〕作『帥修大辨』。」阮記云：「古本作『帥修大辨』。」盧記同。檢內野本作「帥循大卞」，與唐石經等皆同。檢山井鼎、物觀所據足利學校藏古本《古文尚書》作「帥修大辨」，疑其為轉抄之誤，或是其誤改，不可信據。

93. 頁二十七右　率羣臣循大法卞皮彥反徐扶變反

按：「法」，闕西本「法」、「卞」間有分隔符號「○」，靜嘉堂本（元）、劉本（元）、永樂本、明監本、毛本、王本、岳本同。檢阮記盧記皆無說。按照阮本體例，《傳》文「率羣臣循大法」與音義「卞皮彥反徐扶變反」之間當有分隔符號「○」。

94. 頁二十八右　太保以盥手先異同

按：「先」，靜嘉堂本（元）、劉本（元）、永樂本、閩本同；八行本作「洗」，八行乙本、足利本、蒙古本、闕西本、明監本、毛本、李本、監圖本、岳本同，《要義》所引亦同；王本漫漶。阮記引文「太保以盥手洗異同」，云：「『以』，古本作『已』，似誤。『洗』，十行、閩、葛俱誤作『先』。」盧記引文「太保以盥手先異同」，云：「閩本、葛本同。毛本『先』作『洗』。案：『先』字誤。」案疏文云「故太保以盥手更洗異同」，則《傳》文當從八行本等作「洗」是。

95. 頁二十八右　大宗供主

按:「主」,靜嘉堂本(元)、劉本(元)、永樂本、閩本、明監本同;八行本作「王」,八行乙本、足利本、蒙古本、毛本、李本、王本、監圖本、岳本同,《要義》所引亦同;關西本印字不清。《正字》引文「宗人,小宗伯,佐太宗者。太宗供王,宗人供太保」,云:「『太宗』疑『大宗伯』或『上宗』之誤。『王』,監本誤『主』。」阮記引文「太宗供王」,云:「『王』,葛本、十行、閩、監俱誤作『主』。」盧記引文「大宗供主」,云:「閩本、明監本同。毛本『主』作『王』。」案文義,宗人為小宗伯,小宗伯佐大宗伯,大宗伯則供王也。八行本等作「王」是。

96. 頁二十八右　拜曰已傳顧命

按:「曰」,靜嘉堂本(元)、劉本(元)、永樂本、閩本、明監本、毛本、李本同;八行本作「白」,八行乙本、足利本、蒙古本、關西本、王本、監圖本、岳本同,《要義》所引亦同。《考文》引文「拜曰已傳顧命」,云:「〔古本〕『曰』作『白』。宋板同。」阮記云:「『曰』,古、岳、宋板、《續通解》、纂傳俱作『白』。按:『白』字是也。」盧記云:「古本、岳本、宋板、《續通解》、纂傳『曰』作『白』。按:『白』字是也。」案疏文云「太保所以拜者白成王」,則《傳》文作「白」是。

97. 頁二十八右　太宗既拜而祭

按:「宗」,靜嘉堂本(元)、劉本(元)、永樂本、閩本同;八行本作「保」,八行乙本、足利本、蒙古本、李本、王本、監圖本、王本同,《要義》所引亦同。《考文》引文「太宗既拜而祭」,云:「〔古本〕『宗』作『保』。宋板同。」《正字》引文「太保既拜而祭」,云:「『太保』誤『太宗』。」阮記引文「太宗既拜而祭」,云:「『宗』,古、岳、宋板、《續通解》、纂傳俱作『保』,與《疏》合。」盧記云:「古本、岳本、宋板、《續通解》、纂傳『宗』作『保』,與《疏》合。」案疏文云「太保既酢祭而拜」,則《傳》文作「保」是。阮記言是。

98. 頁二十八右　則王亦可知

按:「亦」,關西本、靜嘉堂本(元)、劉本(元)、永樂本、閩本、明監本、毛本、李本、監圖本同；八行本作「下」，八行乙本、足利本、蒙古本、王本、岳本同，《要義》所引亦同。《考文》引文「太保下堂，王亦可知」，云：「〔古本〕『亦』作『下』，宋板同。」阮記云：「『亦』，古、岳、宋板、《續通解》俱作『下』，是也。纂傳作『亦』。」盧記引文「古、岳、宋板、《續通解》『亦』作『下』，是也。纂傳、毛本並誤。」檢內野本作「下」，與八行本等相合。又案疏文云「王與太保降階而下堂」，則《傳》文似當從八行本等作「下」為是。

99. 頁二十八左　至殯東西報祭之

按：「西」，靜嘉堂本（元）、劉本（元）、永樂本、閩本、明監本、毛本同；單疏本「西」下有「面」字，八行本、八行乙本、足利本、蒙古本、蒙古本同，《要義》所引亦同。《考文》引文「至殯東西報祭之」，云：「〔宋板〕『西』下有『面』字。」阮記云：「『西』下，宋板有『面』字。」盧記云：「宋板『西』下有『面』字。」案上疏云「乃於殯東，西面立，三進，於神坐前祭神」，則此處「西」下當有「面」字。單疏本、八行本等有「面」字是。

100. 頁二十八左　傳記無文

按：「文」，單疏本、八行本、八行乙本、足利本、蒙古本、靜嘉堂本（元）、劉本（元）、永樂本、閩本、明監本、毛本同，《要義》所引亦同；關西本疏文「乃受至降收……是收徹器物」至經文「諸侯出廟門」之間闕漏。阮記云：「『文』，纂傳作『聞』。」盧記云：「纂傳『文』作『聞』。」案諸本皆作「文」，今仍以「文」為是。

101. 頁二十八左　其人祭則有受嘏之福禮

按：「人」，靜嘉堂本（元）、劉本（元）、永樂本、閩本、明監本、毛本同；單疏本作「大」，八行本、八行乙本、足利本、蒙古本同；關西本疏文「乃受至降收……是收徹器物」至經文「諸侯出廟門」之間闕漏。「之福」，單疏本、八行本、足利本、蒙古本、關西本、靜嘉堂本（元）、劉本（元）、永樂本、閩本、明監本、毛本同；關西本疏文「乃受至降收……是收徹器物」至經文「諸侯出廟門」之間闕漏。《考文》引文「其人祭則有受嘏之福」，云：

「〔宋板〕『人』作『大』。」《正字》引文「其大祭則有受嘏之禮」，云：「『大』誤『人』。」阮記云：「『人』，宋板作『大』，是也。許宗彥曰：『之福』字蓋誤倒。」盧記云：「宋板『人』作『大』，是也。許宗彥曰：『之福』字蓋誤倒。」案下疏文云「其告祭小祀則不得備儀」，則此處當作「大」字。案下疏文云「主人受嘏福」，則諸本作「之福」似不誤。

102. 頁二十九右　祭祀以變為敬

按：「祀」，單疏本、八行本、八行乙本、足利本、蒙古本、靜嘉堂本（元）、劉本（元）、永樂本、閩本、明監本、毛本同，《要義》所引亦同；關西本疏文「乃受至降收……是收徹器物」至經文「諸侯出廟門」之間闕漏。阮記云：「『祀』，纂傳作『禮』。」盧記云：「纂傳『祀』作『禮』。」諸本皆作「祀」，今仍以「祀」為是。

103. 頁二十九右　於上祭後

按：「上」，永樂本、閩本、明監本、毛本同；單疏本作「王」，八行本、八行乙本、足利本、蒙古本同，《要義》所引亦同；關西本疏文「乃受至降收……是收徹器物」至經文「諸侯出廟門」之間闕漏；靜嘉堂本（元）此字筆畫有脫落，劉本（元）同。《考文》引文「於上祭後」，云：「〔宋板〕『上』作『王』。」阮記云：「『上』，宋板作『王』。」盧記云：「宋板『上』作『王』。」案《傳》文云「王已祭，太保又祭」，即是於王祭之後。作「王」是。

104. 頁二十九左　受前所受之同

按：「受」，蒙古本、靜嘉堂本（元）、劉本（元）、永樂本、閩本、明監本、毛本同；單疏本作「授」，八行本、八行乙本、足利本同，《要義》所引亦同；關西本疏文「乃受至降收……是收徹器物」至經文「諸侯出廟門」之間闕漏。《考文》引文「受前所受之同」，云：「〔宋板〕下『受』作『授』。」《正字》引文「受前所授之同，而進以祭神」，云：「『所授』誤『所受』。」阮記云：「下『受』字，宋板、纂傳俱作『授』，是也。」盧記云：「宋板、纂傳下『受』字作『授』，是也。」案《傳》文云「太保居其所授宗人同」，則疏文下「受」字當作「授」為是。

105. 頁二十九左　故曰廟待王後命

按：「廟」，靜嘉堂本（元）、劉本（元）、永樂本、閩本、明監本、毛本同；八行本「廟」下有「皆」字，八行乙本、足利本、蒙古本、關西本、李本、王本、監圖本、岳本同，《要義》所引亦同。《考文》引文「殯之所處故曰廟待王後命」，云：「〔古本〕『廟』下有『門皆』二字。宋板有『皆』字，無『門』字。」阮記引文「故曰廟待王後命」，云：「『廟』下，古本有『門皆』二字。岳本、宋板、《續通解》、纂傳俱衹有『皆』，無『門』字。」盧記同。檢內野本「廟」下有「門皆」二字。孔《傳》原文「廟」下是否當有「門」字，存之待考。「待」字上當從八行本等補「皆」字為是。

卷十九

1. 頁二右　若使東伯任重

按：「伯」，單疏本、八行本、八行乙本、足利本、蒙古本、關西本、靜嘉堂本（元）、劉本（元）、閩本、明監本、毛本同，《要義》所引亦同；永樂本闕葉。阮記云：「『伯』，纂傳作『方』。」盧記同。案「東伯」者，畢公也，其時太師畢公之任不若太保之重也，故先言掌西方諸侯之太保也。作「伯」是。

2. 頁二右　圭是文馬之物

按：「文」，單疏本、八行本、八行乙本、足利本、蒙古本、關西本同；靜嘉堂本（元）作「丈」，劉本（元）同；永樂本闕葉；閩本作「致」，明監本、毛本同。《考文》引文「圭是致馬之物」，云：「〔宋板〕『致』作『文』。下『致命』同。」阮記引文「圭是致馬之物」，云：「『致』，宋板、十行、纂傳俱作『文』。下『致命』同。齊召南云：舊本作『文馬』非也。據《覲禮》，賈《疏》『皆以璧帛致之』，監本作『致』字是。」作「文」文義不通，作「致」似是，閩本所改似是。

3. 頁二左　圭奉以文命

按：「文」，單疏本、八行本、八行乙本、足利本、蒙古本、關西本、靜嘉堂本（元）、劉本（元）同；永樂本闕葉；閩本作「致」，明監本、毛本同。據上「圭是文馬之物」條考證，「文」似當作「致」。

4. 頁二左　馬卓上

按：「卓」，單疏本、八行本、八行乙本、足利本、蒙古本、關西本、靜嘉堂本（元）、劉本（元）、永樂本、閩本、明監本同；永樂本闕葉；毛本作「皁」。《正字》引文「匹馬卓上九馬隨之」，云：「脫『匹』字。『卓』，毛本誤『皁』。注云：『卓』猶『的』也，以素的一馬以為上。」阮記引文「馬皁上」，云：「『皁』，十行、閩、監、纂傳俱作『卓』。〇按：『皁』字誤，《覲禮》作『匹馬卓上』。」盧記引文「馬卓上」，云：「閩本、明監本、纂傳同。毛本『卓』作『皁』。按：『皁』字誤，《覲禮》作『匹馬卓上』。」毛本作「皁」應是「卓」字之刻誤。阮記言是。

5. 頁二左　自許與諸侯為王也

按：「王」，蒙古本、關西本、靜嘉堂本（元）、劉本（元）、永樂本同；單疏本作「主」，八行本、八行乙本、足利本、閩本、明監本、毛本同，《要義》所引亦同。阮記引文「自許與諸侯為主也」，云：「『主』，十行、纂傳俱作『王』。」盧記引文「自許與諸侯為王也」，云：「纂傳同。毛本『王』作『主』。」案文義，康王即位，受諸侯之幣，是為諸侯之主也。作「主」是。

6. 頁三左　言聖德治

按：「治」，關西本、靜嘉堂本（元）、劉本（元）、永樂本同；八行本作「洽」，八行乙本、足利本、蒙古本、閩本、明監本、毛本、李本、王本、監圖本、岳本同。阮記引文「言聖德洽」，云：「『洽』，十行本誤作『治』。」盧記引文「言聖德治」，云：「毛本『治』作『洽』。案：『治』字誤。」案單疏本、八行本疏文標目云「傳致行至德洽」，則《傳》文似作「洽」為是。

7. 頁四右　樹以為蕃屏

按：「蕃」，八行本、八行乙本、足利本、蒙古本、關西本、靜嘉堂本（元）、劉本（元）、永樂本、李本、王本、監圖本、岳本同；閩本作「藩」，明監本、毛本同。阮記引文「樹以為藩屏」，云：「『藩』，岳本、十行、纂傳俱作『蕃』。十行本《疏》同。」盧記引文「樹以為蕃屏」，云：「岳本、纂傳同。毛本『蕃』作『藩』。《疏》同。」案單疏本疏文出「樹之以為蕃屏」，則《傳》文似作「蕃」為是。

8. 頁四右　言雖汝身在外之為諸侯

按：「之」，靜嘉堂本（元）、劉本（元）、永樂本、閩本、明監本、毛本、王本同；八行本作「土」，八行乙本、足利本、蒙古本、關西本、李本、監圖本、岳本同。《考文》引文「言雖汝身在外之為諸侯」，云：「〔古本〕『之』作『土』，宋板同。」阮記云：「『之』，古、岳、宋板、纂傳俱作『土』，與《疏》合。」盧記云：「古本、岳本、宋板、纂傳『之』作『土』，與《疏》合。」案疏文出「雖汝身在外土為國君」，則《傳》文作「土」是。阮記言是。

9. 頁四左　不用刑罰之

按：「之」，蒙古本、關西本、靜嘉堂本（元）、劉本（元）、永樂本、閩本、明監本、毛本同；單疏本無「之」字，八行本、八行乙本、足利本同。《考文》引文「不用刑罰之」，云：「〔宋板〕無『之』字。」阮記云：「宋板無『之』字。」案「之」字為衍文，當從單疏本、八行本刪之。

10. 頁五右　傳致行至德洽

按：「洽」，單疏本、八行本、八行乙本、足利本、關西本、靜嘉堂本（元）、劉本（元）、閩本、明監本、毛本同；蒙古本作「治」，永樂本同。檢阮記、盧記無說。案八行本等《傳》文作「洽」，則疏文標目亦當作「洽」為是。

11. 頁六左　惟殷頑民

按：「惟」，關西本、靜嘉堂本（元）、劉本（元）、閩本、明監本、毛本同；八行本作「慎」，八行乙本、足利本、蒙古本、永樂本、李本、王本、岳本同，《要義》所引亦同；監圖本作「毖」。《考文》云：「〔古本〕『惟』作『慎』，宋板同。」阮記云：「『惟』，古、岳、宋板、纂傳俱作『慎』，是也。《岳本考證》云：『慎』字，正釋『毖』字義。孔《疏》云『慎彼殷之頑民』。諸本作『惟』字非。」盧記同。案疏文出「慎彼殷之頑民」，則八行本等《傳》文作「慎」是。阮記言是。

12. 頁七右　垂拱仰公成理

按：「理」，八行本、八行乙本、足利本、蒙古本、關西本、靜嘉堂本（元）、劉本（嘉靖）、永樂本、閩本、明監本、毛本、李本、王本、監圖本、岳本同。《考文》云：「〔古本〕『理』作『治』。」阮記云：「『理』，古本作『治』。」檢岩崎本、內野本作「治」，則孔《傳》原文應作「治」。唐人寫本避唐高宗「治」字之諱。

13. 頁七右　令之北近王室

按：「北」，靜嘉堂本（元）、永樂本同；單疏本作「比」，八行本、八行乙本、足利本、蒙古本、關西本、劉本（嘉靖）、閩本、明監本、毛本同。阮記引文「令之比近王室」，云：「『比』，十行本誤作『北』。」盧記引文「令之北近王室」，云：「毛本『北』作『比』。案：『北』字誤。」案《傳》文云「密近王室」，則疏文作「比」字是，作「北」誤也。

14. 頁八右　彰善癉惡

按：「彰」，八行本、八行乙本、足利本、蒙古本、關西本、靜嘉堂本（元）、劉本（嘉靖）、永樂本、閩本、明監本、毛本、李本、王本、監圖本、岳本、唐石經、白文本同。阮記云：「孫志祖云：此『彰』字亦開元中所改也。古『彰』字、『影』字皆作『章』字、『景』字，不加『彡』。《禮記》『章義癉惡』可證。」盧記同。檢岩崎本作「章」。岩崎本為初唐寫本，據此，阮記引孫志祖之言似亦有據。

15. 頁八右　辭以理實為要

按：「理」，八行本、八行乙本、足利本、蒙古本、關西本、靜嘉堂本（元）、劉本（嘉靖）、永樂本、閩本、明監本、毛本、李本、王本、監圖本、岳本同。阮記引文「辭以理實為要」，云：「按《正義》當作『以體』。」盧記同。檢岩崎本作「理」，與傳世刊本相合。今案疏文云「言辭尚其體」，或孔疏所據之本作「體」，未可知。今仍從岩崎本及傳世刊本作「理」為是。

16. 頁八右　紂以靡靡利口惟賢

按：「惟」，八行本、八行乙本、足利本、蒙古本、關西本、靜嘉堂本（元）、劉本（嘉靖）、永樂本、閩本、明監本、毛本、李本、王本、監圖本、岳本同。《考文》云：「〔古本〕『惟』下有『為』字。」阮記云：「古本『惟』

下有『為』字，纂傳有『為』無『惟』。按：作『為』是也。若『惟』、『為』疊見，則『惟』字當在『紂』字下。」盧記同。按「紂以靡靡利口惟賢」，檢岩崎本作「紂以靡靡利口為賢」。《傳》文「惟」似從岩崎本作「為」較勝，再考。

17. 頁九左　心未厭服

按：「厭」，靜嘉堂本（元）、劉本（元）、永樂本、閩本、明監本、毛本、王本同；八行本作「壓」，八行乙本、足利本、蒙古本、關西本、李本、監圖本、岳本同。《考文》引文「心未厭服」，云：「〔古本〕『厭』作『壓』，宋板同。」阮記云：「『厭』，古、岳、宋板俱作『壓』。按：《釋文》有『壓』字音。纂傳作『厭』。」盧記云：「古本、岳本、宋板『厭』作『壓』。按：《釋文》有『壓』字音。纂傳作『厭』，《疏》同。」檢《釋文》出「壓」，與八行本等《傳》文相合。作「壓」是。

18. 頁九左　則其德政信修立

按：「立」，八行本、八行乙本、足利本、蒙古本、關西本、靜嘉堂本（元）、劉本（元）、永樂本、閩本、明監本、毛本、李本、王本、監圖本、岳本皆同，《要義》所引亦同。《考文》引文「則其德政信修立」，云：「〔古本〕下有『矣』字。」阮記云：「古本下有『矣』字。」檢岩崎本「立」下無「矣」字，與傳世刊本相合。今似不必據山井鼎所據古本補「矣」字。

19. 頁九左　同致于道

按：「道」，八行本、八行乙本、足利本、蒙古本、關西本、靜嘉堂本（元）、劉本（元）、永樂本、閩本、明監本、毛本、李本、王本、監圖本、岳本同。《考文》引文「同致于道」，云：「〔古本〕作『同致於大道』。」阮記云：「『道』上，古本有『大』字。」檢岩崎本「道」上有「大」字。孔《傳》原文是否有「大」字，存之待考。

20. 頁十右　無曰人少不足治也

按：「人」，八行本、八行乙本、足利本、蒙古本、關西本、靜嘉堂本（元）、劉本（元）、永樂本、閩本、明監本、毛本、李本、王本、監圖本、岳本同。《考文》云：「〔古本〕『人』作『民』。」阮記云：「『人』，古本作『民』。」檢岩崎本作「民」。《傳》文作「民」為宜。

21. 頁十左　思威自止

按：「思」，靜嘉堂本（元）、劉本（元）、永樂本、閩本、明監本、毛本同；單疏本作「畏」，八行本、八行乙本、足利本、關西本同；蒙古本《傳》文「所以勉畢公」至疏文「傳敬順至畢公」之間刊漏。《考文》引文「思威自止」，云：「〔宋板〕『思』作『畏』。」阮記云：「『思』，宋板作『畏』。」案文義，下文云「自止」，則是畏威之故也。作「畏」是。作「思」則文義不通。

22. 頁十左　傳敬順至畢公

按：「傳」，單疏本、八行本、八行乙本、足利本、蒙古本、關西本、靜嘉堂本（元）、劉本（元）、永樂本、閩本、明監本、毛本同。阮記云：「浦鏜云：自『邦之安危』以下，凡九節，僅存一條，當有脫落。」盧記同。案《傳》文「以富資而能順義……何其能順乎」，至《傳》文「無曰人少……無敢輕之」，凡九段傳文，疏文皆無釋。疏文或有闕漏，浦鏜所疑似是。

23. 頁十一右　亦惟先正之臣

按：「正」，關西本、靜嘉堂本（元）、劉本（嘉靖）、永樂本、閩本、明監本、毛本同；八行本作「王」，八行乙本、足利本、蒙古本、李本、王本、監圖本、岳本、唐石經、白文本同。《考文》引文「亦惟先正之臣」，云：「〔古本〕『正』作『王』。」《正字》云：「『先正』，今本作『先王』。」阮記云：「『正』，唐石經、古、岳、宋板、蔡本俱作『王』。按：本篇下文及《說命》《文侯之命》言『先正』，皆無『之臣』二字，則此『正』字當屬『王』字之譌，『先王之臣』猶言『先正』爾。」盧記同。檢岩崎本作「王」，與唐石經、八行本等相合，今以「王」字為是。

24. 頁十一左　小民惟曰怨咨

按：「曰」，八行本、八行乙本、足利本、蒙古本、關西本、靜嘉堂本（元）、劉本（嘉靖）、永樂本、閩本、明監本、毛本、李本、王本、監圖本、岳本、唐石經、白文本皆同。《考文》云：「〔古本〕『曰』作『日』。下同。」阮記云：「『曰』，古本作『日』，下同。」檢岩崎本作「曰」，然其「曰」字近似「日」字，上經文「王若曰嗚呼君牙」同，後世之本轉寫時或有誤作「日」字者。今仍從唐石經作「曰」字為是。

25. 頁十一左　小民亦惟曰怨咨

按：「曰」，八行本、八行乙本、足利本、蒙古本、關西本、靜嘉堂本（元）、劉本（嘉靖）、永樂本、閩本、明監本、毛本、李本、王本、監圖本、岳本、唐石經、白文本皆同。「咨」，八行本、足利本、蒙古本、關西本、靜嘉堂本（元）、劉本（嘉靖）、永樂本、閩本、明監本、毛本、李本、王本、監圖本、岳本、唐石經、白文本皆同。阮記、盧記無說。或有古本「曰」作「日」者。檢岩崎本作「曰」，與唐石經相合，作「曰」是。案「咨」字，岩崎本同，諸本同。

26. 頁十一左　民猶怨咨

按：「咨」，關西本、靜嘉堂本（元）、劉本（嘉靖）、永樂本、閩本、明監本、毛本、王本同；八行本作「嗟」，八行乙本、足利本、蒙古本、李本、監圖本、岳本同。《考文》引文「民猶怨咨」，云：「〔古本〕『咨』作『嗟』，宋板同。」《正字》云：「『咨』，按《疏》當作『嗟』。」阮記云：「『咨』，古、岳、宋板俱作『嗟』，與《疏》標目合。」盧記同。檢岩崎本作「嗟」，與八行本等相合，亦與疏文標目相合。孔《傳》以「嗟」字釋經文「咨」字。作「嗟」是。

27. 頁十二右　以謀其易民乃寧

按：「寧」，靜嘉堂本（元）、劉本（嘉靖）、永樂本、閩本、明監本、毛本同；八行本作「安」，八行乙本、足利本、蒙古本、蒙古本、李本、王本、監圖本、岳本同。《考文》引文「民乃寧」，云：「〔古本〕『寧』作『安』，宋板同。」阮記云：「『寧』，古、岳、宋板俱作『安』。○按：『安』字正釋經文『寧』字。」盧記同。檢岩崎本作「安」，與八行本等相合，作「安」是。孔《傳》以「安」釋經文「寧」字，阮記言是。

28. 頁十二右　故今命汝為大司徒

按：「大司徒」，劉本（嘉靖）、閩本、明監本、毛本同；單疏本作「我輔翼」，八行本、八行乙本、足利本、蒙古本、關西本、永樂本同；靜嘉堂本（元）板壞闕字。《考文》引文「今命汝為大司徒」，云：「宋板『大司徒』作『我輔翼』。」阮記云：「『大司徒』，宋板作『我輔翼』。」盧記同。案單疏本、八行本等作「我輔翼」不誤。靜嘉堂本此葉為元刻版葉，然其版面部分損壞，遂有若干闕字。至嘉靖補板時，補作「大司徒」，誤也。永樂本作「我輔翼」是，則推測元刊十行注疏本原亦刻作「我輔翼」。

29. 頁十二右　汝當正身心以率之

按：「正身心」，劉本（嘉靖）、閩本、明監本、毛本同；單疏本作「為中正」，八行本、八行乙本、足利本、蒙古本、關西本、永樂本同；靜嘉堂本（元）板壞闕字。阮記云：「『正身心』，宋板作『為中正』。」單疏本、八行本等作「為中正」不誤。靜嘉堂本此葉為元刻版葉，然其版面部分損壞，遂有若干闕字。至嘉靖補板時，補作「正身心」，誤也。

30. 頁十二左　咸以正罔缺

按：「缺」，八行本、八行乙本、足利本、蒙古本、關西本、靜嘉堂本（元）、永樂本、閩本、明監本、毛本、李本、王本、唐石經、白文本同；劉本（嘉靖）作「鈌」。阮記、盧記無說。唐石經等作「缺」是。劉本作「鈌」誤，嘉靖補板時誤。

31. 頁十二左　傳文王至邪缺

按：「王」，蒙古本、關西本、靜嘉堂本（元）、劉本（嘉靖）、永樂本、閩本、明監本、毛本同；單疏本作「武」，八行本、八行乙本、足利本同。阮記云：「按『王』當作『武』，各本皆誤。」盧記同。案八行本《傳》文云「文武之謀業大明」，則疏文標目作「武」是。

32. 頁十三右　汝惟當奉用先正之臣所行故事

按：「正」，八行本、八行乙本、足利本、蒙古本、關西本、靜嘉堂本（元）、劉本（元）、永樂本、閩本、明監本、毛本、李本、王本、監圖本、岳本皆同。阮記云：「盧文弨云：經當作『先正』，《傳》當作『先王之臣』。『先王之臣』乃解『先正』二字。」檢岩崎本作「正」，與傳世刊本相合。今以「正」字為是。

33. 頁十三右　字亦作叟

按：「叟」，闕西本、靜嘉堂本（元）、劉本（元）、永樂本、明監本、毛本、監圖本同；蒙古本作「[illegible]」；閩本作「叟」；王本作「叜」。阮記云：「『叟』，盧文弨挍本改作『[illegible]』。葉本作『災』，誤。」檢《釋文》作「叟」，闕西本等則作「叟」是。蒙古本作「[illegible]」、王本作「叜」，皆是「叟」字之俗刻。

34. 頁十三左　故以為周禮太御者知非周禮太僕

按：「者」，單疏本、八行本、八行乙本、足利本、蒙古本、闕西本、靜嘉堂本（元）、劉本（元）、永樂本、閩本、明監本、毛本同，《要義》所引亦同。「僕」，單疏本、八行本、足利本、蒙古本、闕西本、靜嘉堂本（元）、劉本（元）、永樂本、閩本、明監本、毛本同，《要義》所引亦同。《正字》引文「故以為周禮太御者知非周禮太僕」，云：「『者』字疑在『太僕』下。」阮記云：「浦鏜云：『者』字疑在『太僕』下。」盧記同。單疏本等「者」字皆非在「僕」字之下，今仍從單疏本。

35. 頁十三左　則此云太僕是矣

按：「是」，單疏本、八行本、八行乙本、足利本、蒙古本、闕西本、靜嘉堂本（元）、劉本（元）、永樂本、閩本、明監本、毛本同，《要義》所引亦同。《正字》引文「則此云太僕是矣何須云正乎」，云：「『是』當『足』字誤。」阮記云：「『是』，纂傳作『足』。按：『足』是也。」盧記同。單疏本作「是」，浦鏜所疑未必是。

36. 頁十四左　齊訓通也

按：「訓」，靜嘉堂本（元）、劉本（嘉靖）、永樂本同；單疏本「訓」下有「中聖訓」三字，八行本、八行乙本、足利本、蒙古本、闕西本同；閩本「訓」下有「中也聖訓」四字，明監本、毛本同。《考文》引文「齊訓中也」，云：「〔宋板〕無『也』字。」阮記引文「齊訓中也聖訓通也」，云：「宋板無上『也』字。十行本脫『中也聖訓』四字。」盧記同。案：此誤脫。」案「訓」下當從單疏本、八行本等補「中聖訓」三字。

37. 頁十四左　言侍左右之臣

按：「侍」，靜嘉堂本（元）、劉本（嘉靖）、永樂本、監圖本同；八行本作「恃」，八行乙本、足利本、蒙古本、閩本、明監本、毛本、李本、王本、岳本同；關西本作「待」。阮記引文「言恃左右之臣」，云：「『恃』，十行本作『侍』。按：『恃』字不誤。」盧記同。檢岩崎本作「恃」，又疏文標目作「恃」，則《傳》文當作「恃」為是。

38. 頁十五右　今選其在下屬官

按：「今」，關西本、靜嘉堂本（元）、劉本（嘉靖）、永樂本同；單疏本作「令」，八行本、八行乙本、足利本、蒙古本、閩本、明監本、毛本同。阮記引文「令選其在下屬官」，云：「『令』，十行本誤作『今』。」盧記引文「今選其在下屬官」，云：「毛本『今』作『令』。案：『今』字誤。」案文義。無用巧言令色之人，是令選吉良善士為屬官、小臣、僕隸之等也。作「令」是。

39. 頁十五右　齊僕下大夫掌馭金輅

按：「馭」，單疏本、八行本、八行乙本、足利本、關西本、靜嘉堂本（元）、永樂本同；蒙古本作「御」，劉本（嘉靖）、閩本、明監本、毛本同。阮記云：「齊僕下大夫掌御金輅」，云：「『御』，十行本作『馭』。按：《周禮・夏官》作『馭』。」單疏本、八行本等作「馭」是。蒙古本等作「御」，或據上疏文「中大夫掌御戎車」誤改。

40. 頁十五左　襄三十年左傳云

按：「十年」，關西本、靜嘉堂本（元）、劉本（嘉靖）、永樂本、閩本、明監本、毛本同；單疏本作「十一年」，八行本、八行乙本、足利本、蒙古本同。《考文》引文「襄三十年左傳云」，云：「〔宋板〕作『三十一年』。謹按：為是。」《正字》引文「襄三十一年左傳云」，云：「脫『一』字。」阮記云：「『十』下，宋板有『一』字。按：『一』字當有。」盧記云：「宋板『十』下有『一』字。按：有者是也。」下疏文所引子產之語，襄三十一年《左傳》文。「十」下當有「一」字。

41. 頁十五左　非是愛前人也

按：「前」，單疏本、八行本、八行乙本、足利本、蒙古本、關西本、靜嘉堂本（元）、劉本（嘉靖）、永樂本同；閩本作「側」，明監本、毛本同。《考文》引文「非是愛側人也」，云：「〔宋板〕『側』作『前』。」《正字》引文「為側行以求愛非是愛側人也」，云：「下『側』字疑衍。『以求』下疑脫『人』字。」阮記引文「非是愛側人也」，云：「『側』，宋板、十行俱作『前』。」盧記引文「非是愛前人也」，云：「宋板同。毛本『前』作『側』。」單疏本作「前」。「前人」者，疑謂簡選僚屬之人，故下疏文云「若能愛在上」，亦指「前人」也。今仍從單疏本作「前」。

42. 頁十五左　爾無昵于儉人

按：「昵」，八行本、八行乙本、足利本、蒙古本、關西本、靜嘉堂本（元）、劉本（嘉靖）、永樂本、閩本、明監本、毛本、李本、王本、監圖本、岳本、唐石經、白文本同。「儉」，八行本、八行乙本、足利本、蒙古本、關西本、靜嘉堂本（元）、劉本（嘉靖）、永樂本、閩本、明監本、毛本、李本、王本、監圖本、岳本、唐石經、白文本同。《考文》云：「〔古本〕『昵』作『暱』。」阮記云：「『昵』，古本作『暱』。陸氏曰：儉，本亦作『思』。」盧記同。檢岩崎本「昵」作「暱」，「儉」作「[illegible]」。岩崎本之「[illegible]」，當為「[illegible]」字之隸定，即陸德明所見別本「思」字，同「儉」。

43. 頁十五左　汝當清審

按：「審」，八行本、八行乙本、足利本、蒙古本、關西本、靜嘉堂本（元）、劉本（嘉靖）、永樂本、閩本、明監本、毛本、李本、王本、監圖本、岳本同，《要義》所引亦同。《考文》引文「汝當清審」，云：「〔古本〕下有『之』字。」阮記云：「古本下有『之』字。」檢岩崎本「審」下無「之」字，與傳世刊本相合。似不必據山井鼎所見古本補「之」字。

44. 頁十六左　何以得專王刑也

按：「王」，單疏本、八行本、八行乙本、足利本、蒙古本、關西本、靜嘉堂本（元）、永樂本同；劉本（嘉靖）作「主」，閩本、明監本、毛本同。《考文》引文「何以得專主刑也」，云：「宋板『主』作『王』。」阮記引文

「何以得專主刑也」，云：「『主』，宋板、十行俱作『王』。」盧記引文「何以得專王刑也」，云：「宋板同。毛本『王』作『主』。」今仍從單疏本、八行本等作「王」。

45. 頁十七右　惟呂命王享國百年耄荒

按：「耄」，八行本、八行乙本、足利本、蒙古本、關西本、靜嘉堂本（元）、劉本（元）、永樂本、閩本、明監本、毛本、李本、王本、監圖本、岳本、唐石經、白文本皆同。阮記云：「陸氏曰：耄，本亦作『薹』。○按《說文》當作『蕞』。此『薹』字正《說文》『蕞』字之譌也。」盧記同。檢岩崎本作「㲠」，似為「旄」字之抄誤。「旄」，古同「耄」。據岩崎本可知，其時別本異文非皆是「蕞」字，或亦有作「薹」字之本。

46. 頁十七右　言百年大期

按：「期」，八行本、八行乙本、足利本、蒙古本、關西本、靜嘉堂本（元）、劉本（元）、永樂本、閩本、明監本、毛本、李本、王本、監圖本、岳本皆同。《考文》引文「言百年大期」，云：「〔古本〕『期』作『其』，屬下讀。」阮記云：「『大期』，古本作『大其』，屬下讀。按《疏》云『美大其事』，則作『其』是也。」盧記同。檢岩崎本作「其」。又疏文云「美大其事，雖則年老而能用賢以揚名」，則《傳》文作「其」是。

47. 頁十九右　蚩尤是炎帝之末諸侯君也

按：「君」，單疏本、八行本、八行乙本、足利本、蒙古本、關西本、靜嘉堂本（元）、劉本（元）、永樂本、閩本同，《要義》所引亦同；明監本作「名」，毛本同。阮記引文「蚩尤是炎帝之末諸侯名也」，云：「『名』，十行、閩本俱誤作『君』。按：『君』字誤。」盧記引文「蚩尤是炎帝之末諸侯君也」，云：「閩本同。毛本『君』作『名』。按：『君』字誤。」案文義，作「君」似不誤。今仍從單疏本等作「君」。

48. 頁二十右　三生凶德

按：「德」，單疏本、八行本、八行乙本、足利本、蒙古本、關西本、靜嘉堂本（元）、劉本（元）、永樂本、閩本、明監本、毛本皆同。阮記云：「孫志祖云：《禮·緇衣》疏引鄭《注》作『凶惡』。」盧記同。單疏本等皆作「德」，孔疏原文或即作「德」，似未可輕改。

49. 頁二十左　使人神不擾

按：「人」，八行本、八行乙本、足利本、蒙古本、闕西本、靜嘉堂本（元）、劉本（元）、永樂本、閩本、明監本、毛本、李本、王本、監圖本、岳本皆同，《要義》所引亦同。《考文·補遺》云：「〔古本〕『人』作『祇』。」阮記云：「『人』，古本作『祇』。按：『祇』乃『民』之訛。」盧記同。檢岩崎本作「民」，疑孔《傳》原文似作「民」字。

50. 頁二十左　地祇不至於天

按：「祇」，八行本、八行乙本、足利本、蒙古本、闕西本、靜嘉堂本（元）、劉本（元）、永樂本、閩本、明監本、李本、監圖本、岳本同；毛本作「祗」，王本同，《要義》所引亦同。《正字》引文「地民不至於天」，云：「『民』誤『祇』。出《疏》。」阮記云：「『祇』。《疏》作『民』，云：『地民』或作『地祇』。學者多聞『神祇』，又『民』字似『祇』，因妄改使謬耳。毛居正曰：『祇』作『民』，誤。〇按：此《傳》全本楚語，楚語民神對言，故《傳》亦以神民對言，《疏》說甚明。毛氏不從，何也。岳本、纂傳及明刻注疏諸本俱作『祇』，蓋為毛氏所誤，惟十行本不誤。」盧記同。案疏文云「天神、地民不相雜也」，又云「民神同位」、「民神不雜」、「民神不擾」、「地民不有上至天者」，則《傳》文似作「民」為是。檢岩崎本作「祇」，即疏文所謂妄改「民」作「祇」字之本也。

51. 頁二十四右　非是伯夷布刑之道也

按：「也」，單疏本、八行本、八行乙本、足利本、蒙古本、靜嘉堂本（元）、劉本（元）、閩本、永樂本、閩本同；闕西本印字不清；明監本作「乎」，毛本同。阮記引文「非是伯夷布刑之道乎」，云：「『乎』，十行、閩本俱作『也』。」今仍從單疏本等作「也」。明監本改「也」作「乎」，誤。

52. 頁二十五右　今爾罔不由慰日勤

按：「日」，八行本、八行乙本、足利本、闕西本、靜嘉堂本（元）、劉本

（元）、永樂本、閩本、明監本、毛本、李本、王本、監圖本、岳本、唐石經、白文本同；蒙古本作「曰」。阮記引文「今爾罔不由慰曰勤」，云：「按：段玉裁云：『曰勤』，《釋文》作『日月』字，人實反，一音曰。『音曰』當作『音越』。《正義》作『子曰』字，云：言曰我當勤之。王鳴盛云：孔《傳》今汝無不用安自居日當勤之。按『曰當勤之』，下文所謂『徒念戒而不勤』也。孔本本作『曰』字，今定作『曰』。唐石經作『日』，非也。」案單疏本疏文出「或當曰欲勤行而中道倦怠」，又云「言曰我當勤之安道者」，則經文似作「曰」字為勝。

53. 頁二十五左　欲令其謙而勿自取也

按：「取」，單疏本、八行本、八行乙本、足利本、蒙古本、關西本、靜嘉堂本（元）、劉本（元）、永樂本、閩本同；明監本作「恃」，毛本同。阮記引文「欲令其謙而勿自恃也」，云：「『恃』，十行、閩本俱作『取』。」盧記引文「欲令其謙而勿自取也」，云：「閩本同。毛本『取』作『恃』。」單疏本等作「取」，案疏文之義，令其自謙，勿自取美德之名也。作「取」或不誤。

54. 頁二十五左　或當日欲勤行而中道倦怠

按：「日」，單疏本作「曰」，八行本、八行乙本、足利本、蒙古本、關西本、靜嘉堂本（元）、劉本（元）、永樂本、閩本同；明監本作「日」，毛本同。《考文・補遺》引文「或當日欲勤行」，云：「〔宋板〕『日』作『曰』。」阮記引文「或當日欲勤行」，云：「『日』，宋板、十行、閩本俱作『曰』。」盧記引文「或當曰欲勤行」，云：「宋板、閩本同。毛本『曰』作『日』。」單疏本下疏文云「言曰我當勤之安道者」，則此處似當從單疏本等作「曰」字為是。

55. 頁二十六右　王言已冀欲使為行稱天意也

按：「欲」，單疏本、八行本、八行乙本、足利本、蒙古本、關西本、靜嘉堂本（元）、永樂本同；劉本（嘉靖）作「從」，閩本、明監本、毛本同。《考文》引文「王言已冀從使為行稱天意也」，云：「〔宋板〕『從』作『欲』。」《正字》引文「已冀從使為行稱天意也」，云：「『從使』疑『從天』誤。」阮記引文「王言已冀從使為行稱天意也」，云：「『從』，宋板、十行俱作『欲』。」單疏本等作「欲」是。靜嘉堂本所示元刻版葉作「欲」不誤，至嘉靖補板時，誤刻作「從」。

56. 頁二十七右　刖足曰剕

按：「剕」，八行本、八行乙本、足利本、蒙古本、關西本、靜嘉堂本（明初）、劉本（明初）、永樂本、閩本、明監本、毛本、李本、王本、監圖本、岳本皆同，《要義》所引亦同。《考文》引文「刖足曰剕」，云：「〔古本〕下有『刑』字。」阮記云：「『剕』下，古本有『刑』字。按：以上兩節《傳》例之，當有『刑』字。」盧記同。檢岩崎本「剕」字下無「刑」字，與傳世刊本相合。似未可據上傳文於此處補「刑」字，再考。

57. 頁二十七左　必令內之與證

按：「內」，靜嘉堂本（明初）、劉本（明初）、永樂本同；單疏本作「囚」，八行本、八行乙本、足利本、蒙古本、關西本、閩本、明監本、毛本同，《要義》所引亦同。阮記引文「必令囚之與證」，云：「『囚』，十行本誤作『內』。」盧記引文「必令內之與證」，云：「毛本『內』作『囚』。按：『內』字誤。」靜嘉堂本、劉本此葉皆為明初補板，疑明初補板時誤刻作「內」。

58. 頁二十七左　其當清證審察

按：「證」，單疏本、八行本、八行乙本、足利本、蒙古本、關西本、靜嘉堂本（明初）、劉本（明初）、永樂本、閩本、明監本、毛本皆同。阮記云：「盧文弨云：『證』當作『澄』。《楚辭》不清澂其然否。下同。」盧記同。案諸本下疏文亦云「其當清證審察」，則孔疏原文似即作「證」。今以為未可輕改。

59. 頁二十七左　或記可刑或皆可放

按：「記」，單疏本、八行本、八行乙本、足利本、關西本、靜嘉堂本（明初）、劉本（明初）、永樂本、閩本同；蒙古本作「皆」，明監本、毛本同。《考文・補遺》引文「或皆可刑」，云：「〔宋板〕『皆』作『記』。」阮記引文「或皆可刑」，云：「『皆』，宋板、十行、閩本俱作『記』。盧文弨云：作『記』非。」盧記引文「或記可刑」，云：「宋板、閩本同。毛本『記』作『皆』。」案下「傳『簡核』至『之至』」一段疏文出「簡核誠信，有合眾心，或皆以為可刑，或可以為赦」，則此處疏文「記」或當作「皆」字為宜。

60. 頁二十七左　皆當嚴敬天威天威勿輕聽用刑也

按：「天威」，靜嘉堂本（明初）、劉本（明初）、永樂本、閩本同；單疏本無「天威」二字，八行本、八行乙本、足利本、蒙古本、關西本、明監本、毛本同。阮記引文「皆當嚴敬天威勿輕聽用刑也」，云：「『天威』二字，十行、閩本俱誤重。」盧記引文「皆當嚴敬天威天威勿輕聽用刑也」，云：「毛本『天威』二字不重。此誤重也，閩本誤同。」靜嘉堂本顯然誤重「天威」二字，阮記言是。

61. 頁二十八右　覲其犯狀

按：「覲」，靜嘉堂本（明初）、劉本（明初）、閩本同；單疏本作「觀」，八行本、八行乙本、足利本、蒙古本、永樂本、明監本、毛本同；阮記引文「觀其犯狀」，云：「『觀』，十行、閩本俱誤作『覲』。」盧記引文「覲其犯狀」，云：「閩本同。毛本『覲』作『觀』。案：『覲』字誤。」案文義，作「觀」是。靜嘉堂本、劉本此葉為明初補板，疑補板時誤作「覲」。

62. 頁二十八右　或雖有證見事非疑似

按：「非」，單疏本、八行本、八行乙本、足利本、蒙古本、關西本、靜嘉堂本（明初）、劉本（明初）、永樂本、閩本同，《要義》所引亦同；明監本作「涉」，毛本同。《考文・補遺》引文「事涉疑似如此者」，云：「〔宋板〕『涉』作『非』。」阮記引文「或雖有證見事涉疑似」，云：「『涉』，宋板、十行、閩本俱作『非』。」盧記引文「或雖有證見事非疑似」，云：「閩本同。毛本『非』作『涉』。」孫記云：「『非』字是也。《舜典》疏亦作『非』。」檢《舜典》疏文，確作「非」。作「非」是，孫記言是。

63. 頁二十八右　無服疑似之狀

按：「服」，蒙古本、關西本、靜嘉堂本（明初）、劉本（明初）、永樂本、閩本、明監本、毛本同；單疏本作「復」，八行本、八行乙本、足利本同，《要義》所引亦同。《考文・補遺》引文「無服疑似之狀」，云：「〔宋板〕『服』作『復』。」阮記云：「『服』，宋板作『復』，是也。」盧記同。案文義，上疏既云「重加檢核」，是使無復存疑似之狀。作「復」是。蒙古本、關西本皆誤作「服」，疑南宋建陽坊間所刻宋十行本已誤作「服」。

64. 頁二十八左　捐害王道

按：「捐」，靜嘉堂本（明初）、劉本（明初）、閩本同；單疏本作「損」，八行本、八行乙本、足利本、蒙古本、關西本、永樂本、明監本、毛本同，《要義》所引亦同。阮記引文「損害王道」，云：「『損』，十行、閩本俱作『捐』。」盧記引文「捐害王道」，云：「閩本同。毛本『捐』作『損』，是也。」案文義，作「損」是，作「捐」則文義不通。靜嘉堂本、劉本此葉為明初補板，疑補板時誤作「捐」。

65. 頁二十八左　囚有親戒在官吏

按：「戒」，靜嘉堂本（明初）、劉本（明初）、閩本同；單疏本作「戚」，八行本、八行乙本、足利本、蒙古本、關西本、永樂本、明監本、毛本同，《要義》所引亦同。阮記引文「囚有親戚在官吏」，云：「『戚』，十行、閩本俱作『戒』。」盧記引文「囚有親戒在官吏」，云：「閩本同。毛本『戒』作『戚』。」案文義，上既云「內親用事」，則此處是云囚之親戚為官吏也。作「戚」是。

66. 頁二十九右　今律和合御藥

按：「和合」，蒙古本、關西本、靜嘉堂本（元）、劉本（嘉靖）、永樂本、閩本、明監本、毛本同；單疏本作「合和」，八行本、八行乙本、足利本同。《考文》引文「今律和合御藥」，云：「〔宋板〕『和合』作『合和』。謹按：見於《唐律》十惡之條，作『合和』為是。」阮記云：「『和合』二字，宋板倒。山井鼎曰：見於《唐律》十惡之條，作『合和』為是。」盧記同。案「和合」二字，當依單疏本、八行本等乙正，山井鼎所考是。

67. 頁二十九右　或可以為赦

按：「可以為」，單疏本、八行本、八行乙本、足利本、蒙古本、關西本、靜嘉堂本（元）、劉本（嘉靖）、永樂本、閩本同；明監本作「以為可」，毛本同。阮記引文「或以為可赦」，云：「十行、閩本俱誤作『或可以為赦』。」盧記引文「或可以為赦」，云：「閩本同。毛本作『或以為可赦』。案：所改是也。」案上疏既云「或皆以為可刑」，則此處似當稱「或以為可赦」較勝。明監本所改是也。

68. 頁三十右　不合死疑入宮

按：「合」，單疏本、八行本、八行乙本、足利本、蒙古本、關西本、靜嘉堂本（元）、劉本（嘉靖）、永樂本、閩本同；明監本作「令」，毛本同。《考文・補遺》引文「相因不令」，云：「〔宋板〕『令』作『合』。」阮記引文「不令死疑入宮」，云：「『令』，宋板、十行、閩本俱作『合』。」案文義，作「合」似不誤。上疏云「五刑之疑，各自入罰，不降相因」，則死刑之疑不宜降為宮刑，宮刑之疑不宜降為剕刑。作「合」是也。

69. 頁三十右　此經歷言二百三百五百者

按：「二」，單疏本、八行本、八行乙本、足利本、蒙古本、關西本、靜嘉堂本（元）、劉本（嘉靖）、永樂本、閩本同，《要義》所引亦同；明監本作「一」，毛本同。《考文》引文「此經歷言一百三百五百者」，云：「謹按：正、嘉二本作『二百三百五百』似是。宋板『二百二百五百』似重複也。」阮記引文「此經歷言一百三百五百者」，云：「山井鼎曰：正、嘉二本作『二百三百五百』似是。宋板『二百二百五百』似重複也。〇按：十行、閩本俱與正、嘉同。」盧記同。案經文云「剕罰之屬五百，宮罰之屬三百，大辟之罰其屬二百」，則疏文當從單疏本等作「二」是。

70. 頁三十一右　輕重應居作官當者

按：「重」，關西本、靜嘉堂本（元）、劉本（元）、永樂本同；單疏本作「罪」，八行本、八行乙本、足利本、蒙古本、閩本、明監本、毛本同，《要義》所引亦同。阮記引文「輕罪應居作官當者」，云：「『罪』，十行本誤作『重』。」盧記引文「輕重應居官當者」，云：「毛本『重』作『罪』。案：『重』字誤。」案上疏云「重罪應贖」，則此處當云「輕罪」。作「罪」是。

71. 頁三十一左　無不在中正

按：「不」，八行本、八行乙本、足利本、蒙古本、關西本、靜嘉堂本（元）、劉本（元）、永樂本、閩本、明監本、毛本、李本、王本、監圖本、岳本皆同。「中」，八行本、足利本、蒙古本、關西本、靜嘉堂本（元）、劉本（元）、永樂本、閩本、明監本、毛本、李本、王本、監圖本、岳本皆同。《考文》引文「無不在中正」，云：「古本作『無非在其中正』。」阮記云：

「古本作『無非在其中正』。」案疏文出「無非在其中正」，孔穎達所據之本似與山井鼎所據之古本相合。又檢岩崎本作「無非在中正」，與傳世刊本「無不在中正」其義一也。今仍以傳世刊本為正。

72. 頁三十一左　其當詳審能之

按：「能」，八行本、八行乙本、足利本、蒙古本、關西本、靜嘉堂本（元）、劉本（元）、永樂本、閩本、明監本、毛本、李本、岳本同；王本「能」下空一格；監圖本「能」下有「行」字，《要義》所引亦同。阮記云：「『能』下，纂傳有『行』字。」檢岩崎本「能」下無「行」字，與八行本等相合。又案疏文出「其所刑罰，其當詳審能之」，似亦與八行本等《傳》文相合。又經文出「其審克之」，《傳》文以「能」釋經文「克」字也，《傳》文似不應有「行」字。仍以傳世刊本及岩崎本為是。

73. 頁三十二右　當哀憐之下民之犯法

按：「之」，蒙古本、關西本、靜嘉堂本（元）、劉本（嘉靖）、永樂本、閩本、明監本、毛本同；單疏本無「之」字，八行本、八行乙本、足利本同。《考文》引文「當哀憐之下民之犯法」，云：「〔宋板〕無下『之』字。」《正字》引文「當哀憐之下民之犯法」，云：「上『之』字當衍文。」阮記云：「宋板『憐』下無『之』字。」盧記同。「哀憐」當與「下民之犯法」連言，「憐」下不當有「之」字，當從單疏本、八行本等刪「之」字。

74. 頁三十二右　故云臨事時宜

按：「時」，關西本、靜嘉堂本（元）、劉本（嘉靖）、永樂本、閩本、明監本、毛本同；單疏本作「制」，八行本、八行乙本、足利本、蒙古本同，《要義》所引亦同。《考文》引文「故云臨事時宜」，云：「〔宋板〕『時』作『制』。」阮記云：「『時』，宋板作『制』。按：『時』字非也。」盧記同。案下疏文云「不預明刑辟」，則是臨事制宜之義也。作「制」是，作「時」則文義不暢。

75. 頁三十三右　當刑命有德者

按：「刑」，關西本、靜嘉堂本（元）、劉本（元）、永樂本、閩本、明監本、毛本同；單疏本作「敬」，八行本、八行乙本、足利本、蒙古本同。檢阮記、盧記皆無說。案《傳》文云「我敬於刑，當使有德者惟典刑」，則此處疏文「刑」字或誤，當從單疏本等作「敬」。

76. 頁三十三右　言汝身多違則不達虛言戒行急惡疏非虛論矣

按：「言」，單疏本、八行本、八行乙本、足利本、蒙古本、闕西本、靜嘉堂本（元）、劉本（元）、永樂本、閩本、明監本、毛本皆同。「矣」，單疏本、八行本、八行乙本、足利本、蒙古本、闕西本、靜嘉堂本（元）、劉本（元）、永樂本、閩本、明監本、毛本皆同。《正字》引文「言汝身多違則不達虛言戒行急惡疏非虛論矣」，云：「此十九字誤衍。」阮記云：「浦鏜云：一十九字當誤衍。盧文弨云：刪此十九字，義無不足，定是衍文無疑。○按：此數句疑是他節疏文誤入於此，而又多誤字，遂不可解。」盧記同。案此十九字，似與上下文無涉，疑有誤，浦鏜所疑是也。

77. 頁三十三右　故以天罰懼之

按：「之」，單疏本、八行本、八行乙本、足利本、蒙古本、闕西本、靜嘉堂本（元）、劉本（元）、永樂本、閩本、明監本、毛本同。檢阮記、盧記皆無說，諸本皆同。疑阮本將下疏文「故下句戒令畏天罰之」之「之」字，誤於此處加圈。下疏文「故下句戒令畏天罰之」之「之」字，單疏本、八行本、足利本等作「也」，是。

78. 頁三十三左　惟最聚近罪之事爾

按：「最」，靜嘉堂本（元）、劉本（元）、永樂本、閩本、明監本、毛本同；單疏本作「是」，八行本、八行乙本、足利本、蒙古本、闕西本同，《要義》所引亦同。《考文》引文「惟最聚近罪之事爾」，云：「〔宋板〕『最』作『是』。」阮記云：「『最』，宋板作『是』。」盧記同。案上疏文云「受貨非家寶也，惟是聚罪之事」，則此處亦當從單疏本、八行本等作「是」。

卷二十

1. 頁一右　所以名篇

按：「所以名篇」，八行本、八行乙本、足利本、蒙古本、關西本、靜嘉堂本（元）、劉本（元）、永樂本、閩本、明監本、毛本、李本、王本、監圖本、岳本皆同，《要義》所引亦同。《考文》引文「所以名篇」，云：「〔古本〕下有『也』字。」阮記云：「『篇』下，古本有『也』字。按：纂傳移此四字於篇題傳末，文義較妥，但未必孔氏元文爾。」檢九條本作「所以名篇也」。岩崎本此五字即在「作文侯之命」下，與傳世刊本相合。

2. 頁一右　課之瓚

按：「課」，靜嘉堂本（元）、劉本（元）、永樂本同；單疏本作「謂」，八行本、八行乙本、足利本、蒙古本、關西本同；閩本作「祼」，明監本、毛本同。《考文》引文「祼祭祼之瓚」，云：「宋板下『祼』作『謂』。謹按：與《周禮》註合。」《正字》引文「於圭頭為器可以挹鬯祼祭謂之瓚」，云：「『謂』作『祼』。」阮記引文「祼之瓚」，云：「『祼』，宋板、纂傳俱作『謂』。山井鼎曰：與《周禮》注合。〇按：十行本誤作『課』。」盧記引文「課之瓚」，云：「宋板、纂傳『課』作『謂』，毛本作『祼』。按：作『謂』。山井鼎曰：與《周禮》注合。」案上疏文既云「祼祭」，此處當云謂之「瓚」。孔疏引《周禮》鄭注，釋孔《傳》「瓚」。

3. 頁一左　太宗執瑋瓚亞祼

按：「瑋」，單疏本、八行本、八行乙本、足利本、蒙古本、關西本、靜嘉堂本（元）、劉本（元）、永樂本、閩本、明監本、毛本同。檢阮記、盧記皆無說，諸本皆同，未知阮本為何加圈於「瑋」字之旁。

4. 頁二右　晉文侯鄭武公夾輔王室者為大國

按：「者」，靜嘉堂本（元）、劉本（元）、永樂本、閩本、明監本、毛本同；單疏本作「晉」，八行本、八行乙本、足利本、蒙古本、關西本同。《考文》引文「者為大國功重」，云：「〔宋板〕『者』作『晉』。」《正字》引文「晉為大國功重」，云：「『晉』誤『者』。」阮記引文「晉文侯鄭武公夾輔王室者為大國」，云：「『者』，宋板作『晉』。按：『者』字非也。」盧記同。案上疏云「平王東遷，晉文侯、鄭武公夾輔王室」，因晉國大且功重，平王命之為侯伯。作「晉」是。

5. 頁二右　而布聞在下居

按：「居」，靜嘉堂本（元）、劉本（元）、永樂本、閩本、明監本、毛本同；八行本作「民」，八行乙本、足利本、蒙古本、關西本、李本、王本、監圖本、岳本同。《考文》引文「而布聞在下居」，云：「〔古本〕『居』作『民』，宋板同。」《正字》引文「明升于天而布聞在下民」，云：「『民』誤『居』，從《疏》挍。」阮記云：「『居』，古、岳、宋板、纂傳俱作『民』。」盧記云：「古本、岳本、宋板、纂傳『居』作『民』。」檢九條本作「民」，與八行本等相合。又疏文云「又布聞於在下，言其德被民也」，則《傳》文作「民」是。

6. 頁二左　覲禮說天子呼諸侯之義曰姓大國

按：「曰」，靜嘉堂本（元）、劉本（元）、永樂本同；單疏本「曰」下有「同」字，八行本、八行乙本、足利本、蒙古本、關西本同；閩本無「曰」字，下有「同」字，明監本、毛本同。《考文》引文「覲禮說天子呼諸侯之義」，云：「〔宋板〕『義』下有『曰』字。」阮記引文「覲禮說天子呼諸侯之義」，云：「『義』下，宋板有『曰』字。」阮記引文「同姓大國」，云：「『同』，十行本誤作『曰』。按：宋板上句之末有『曰』字，十行本遂誤。此句『同』

字為『曰』耳。」盧記同。當從單疏本於「曰」下補「同」字。閩本、明監本、毛本雖有「同」字，然又誤刪「曰」字。

7. 頁二左　歎而自痛傷也

按：「而」，八行本、八行乙本、足利本、蒙古本、關西本、靜嘉堂本（元）、劉本（元）、永樂本、閩本、明監本、毛本、李本、王本、監圖本、岳本皆同。檢阮記、盧記皆無說。諸本皆同。檢九條本亦作「而」，與傳世刊本相合。

8. 頁二左　而遭天大罪過

按：「而」，八行本、八行乙本、足利本、蒙古本、關西本、靜嘉堂本（元）、劉本（元）、永樂本、閩本、明監本、毛本、李本、王本、監圖本、岳本皆同。阮記云：「按『而』上疑有缺，又《傳》依經釋訓無所遺漏，此經有『嗣』字，《傳》未釋。」盧記同。檢九條本「而」上無它字，與傳世刊本相合。

9. 頁三左　其惟當憂念我身

按：「惟」，八行本、八行乙本、足利本、蒙古本、關西本、靜嘉堂本（元）、劉本（元）、永樂本、閩本、明監本、毛本、李本、王本、監圖本、岳本皆同。阮記云：「『惟』，纂傳作『誰』。」盧記云：「纂傳『惟』作『誰』。」檢九條本作「惟」，與傳世刊本相合。

10. 頁三左　汝克紹乃顯祖

按：「紹」，靜嘉堂本（元）、劉本（元）、永樂本、閩本、明監本、毛本同；八行本作「昭」，八行乙本、足利本、蒙古本、關西本、李本、王本、監圖本、岳本、唐石經、白文本同。《考文》引文「紹乃顯祖」，云：「〔古本〕『紹』作『昭』，宋板、蔡本同。」阮記引文「汝克紹乃顯祖」，云：「『紹』，唐石經、古、岳、宋板、蔡《傳》俱作『昭』。《石經考文提要》云：孔安國《傳》『汝能明汝顯祖唐叔之道』。『明』訓『昭』也。○按：《疏》云『昭乃顯祖，不知所斥』。是宜作『昭』明矣。此殆因下『紹乃辟』而誤。」盧記云：「『紹』，唐石經、古本、岳本、宋板、蔡《傳》『紹』作『昭』。『紹』字非也，毛本亦誤。《石經考文提要》云：孔安國《傳》『汝能明汝顯祖唐叔之道』。『明』訓『昭』也。〇按：《疏》云『昭乃顯祖，不知所斥』。是宜作『昭』明矣。此殆因下『紹乃辟』而誤。」檢九條本作「昭」，與唐石經、八行本等相合。又《傳》文以「明」訓經文「昭」，則經文作「昭」為是。

11. 頁三左　汝功我所善之

按：「之」，八行本、八行乙本、足利本、蒙古本、閩西本、靜嘉堂本（元）、劉本（元）、永樂本、閩本、明監本、毛本、李本、監圖本同；王本無「之」字，岳本同。《考文》引文「汝功我所善之」，云：「〔古本〕『汝』下有『之』字。」阮記云：「『汝』下，古本有『之』字。『善』下，岳本無『之』字，與《疏》標目合。」盧記同。疏文標目作「傳戰功至所善」，則孔穎達所據之本「善」下似無字。檢九條本「女」下有「之」字，「之」下有「者也」二字。據九條本，古本句末多有虛詞，則今似不必據疏文標目刪《傳》文「之」字。

12. 頁四右　救周之國

按：「國」，蒙古本、閩西本、靜嘉堂本（元）、劉本（元）、永樂本、閩本、明監本、毛本同；單疏本作「日」，八行本、八行乙本、足利本同。《考文》引文「救周之國」，云：「〔宋板〕『國』作『日』。」阮記云：「『國』，宋板作『日』。」既云「救周」，似不必再言「國」。作「日」較勝。

13. 頁四右　以思謂未得

按：「謂」，單疏本、八行本、八行乙本、足利本、蒙古本、閩西本、靜嘉堂本（元）、劉本（元）、永樂本、閩本、明監本、毛本皆同。《正字》引文「以思謂未得，更歎而為言」，云：「『謂』當『惟』字誤。」阮記云：「浦鏜云：『謂』當『惟』字誤。按：浦云是也。」盧記同。案文義，似以「惟」字較勝，浦說是。

14. 頁四右　更歎而為言

按：「更」，靜嘉堂本（元）、劉本（元）、永樂本、閩本、明監本、毛本同；單疏本「更」下有「復」字，八行本、八行乙本、足利本、蒙古本、閩西本同。阮記云：「『更』下，宋板有『復』字，是也。」盧記同。當從單疏本於「更」下補「復」字。

15. 頁四左　王肅云云

按：「云」，靜嘉堂本（元）、劉本（元）、永樂本、閩本、明監本、毛本同；單疏本無「云」字，八行本、八行乙本、足利本、蒙古本、關西本同。《考文》引文「王肅云云」，云：「〔宋板〕無一『云』字。」阮記云：「『云』，古本不重。按：『云云』疑當作『亦云』。」盧記云：「古本『云』字不重。按：『云云』疑當作『亦云』。」當從單疏本等刪一「云」字，「云」下接王肅之解經之語，不當重「云」字。

16. 頁四左　盧弓一盧矢百

按：兩「盧」字，八行本、八行乙本、足利本、蒙古本、關西本、靜嘉堂本（元）、劉本（元）、永樂本、閩本、明監本、毛本、李本、王本、監圖本、岳本、唐石經、白文本皆同，《要義》所引亦同。《考文》引文「盧弓一盧矢百」，云：「〔古本〕『盧』作『玈』，《傳》同。」阮記云：「兩『盧』字，古本並作『玈』，《傳》同。○按：《正義》中『玈』字凡六見，且曰『彤字從丹，玈字從元，故彤赤玈黑也』。據此則可知《尚書》經文、傳文皆本作『玈』。今經傳皆作『盧』者，未知《正義》本與陸氏《釋文》本所據有異？抑陸氏本亦作『玈』，天寶三載改作『盧』？音義中『玈』字為宋開寶中所刪？《周禮》司弓矢疏云『文侯之命賜之彤弓玈弓』，此段玉裁說也，其詳在《尚書撰異》。」盧記同。檢九條本作「玈」，與孔穎達疏文所據之本相合。九條本經文作「玈」，然此本《傳》文出「彤，赤盧黑也」，非如阮記所言經文、傳文皆本作「玈」字也。

17. 頁四左　彤赤盧

按：「盧」，八行本、八行乙本、足利本、蒙古本、關西本、靜嘉堂本（元）、劉本（元）、永樂本、閩本、明監本、毛本、李本、王本、監圖本、岳本皆同，《要義》所引亦同。檢九條本作「盧」，與傳世刊本相合，然九條本經文作「玈」。

18. 頁五左　告其先祖諸有德美見記也

按：「也」，單疏本、八行本、八行乙本、足利本、蒙古本、關西本、靜嘉堂本（元）、劉本（元）、永樂本、閩本、明監本、毛本皆同，《要義》所引亦同。《正字》引文「告其先祖諸有德美見記者」，云：「『者』誤『也』。」阮記云：「浦鏜云：『者』誤『也』。」盧記同。單疏本作「也」，諸本皆作「也」。又檢南宋刊巾箱本《毛詩詁訓傳·江漢》，鄭《箋》云「告其先祖諸有德美見記也」。據此，則此處孔疏作「也」似不誤。

19. 頁五左　是諸侯有大功

按：「是」，單疏本、八行本、八行乙本、足利本、蒙古本、關西本、靜嘉堂本（元）、劉本（元）、永樂本、閩本、明監本、毛本同。《正字》引文「是諸侯有大功」，云：「『是』當衍文。」阮記云：「浦鏜云：『是』當衍文。」盧記同。刪「是」字，則文義似較暢。

20. 頁六右　東郊不開

按：「開」，八行本、八行乙本、足利本、蒙古本、關西本、靜嘉堂本（元）、劉本（嘉靖）、永樂本、閩本、明監本、毛本、李本、王本、監圖本、岳本、唐石經、白文本皆同，《要義》所引亦同。阮記云：「『開』，唐石經初作『闢』，後磨改。《匡謬正俗》曰：《費誓》序云：『魯侯伯禽宅曲阜徐夷竝興東郊不閞。』孔安國注云：徐戎、淮夷竝起為寇於東，故東郊不開。徐邈音『開』。按許氏《說文解字》及張揖《古今字詁》，『閞』，古『開』字。『𨳌』，古『闢』字。但『闢』既訓『開』，故孔氏釋云：東郊不開爾，不得徑讀『闢』為『開』。〇按：古文作『𨳌』，則今文自宜作『闢』，先儒以『𨳌』『閞』相似，故誤讀『𨳌』為『開』，而今文《尚書》又徑改為『開』，失之遠矣。」盧記同。檢九條本作「𨳌」，《傳》文出「東郊不閞也」。九條本經文「𨳌」為「闢」字，《傳》文「閞」為「開」字，其與陸德明所見馬融本相同。作「開」或是作「闢」，存之待考。

21. 頁六右　作費誓

按：「費」，八行本、八行乙本、足利本、蒙古本、關西本、靜嘉堂本（元）、劉本（嘉靖）、永樂本、閩本、明監本、毛本、李本、王本、監圖本、岳本、唐石經、白文本皆同，《要義》所引亦同。阮記云：「按《史記·魯世家》云：作肸誓。《集解》駰案：《尚書》作『柴』。孔安國曰：魯東郊之地名也。《索隱》亦云：《尚書》作『粊』。蓋並据古文《尚書》也。」盧記同。檢九條本作「粊」，即古文也。

22. 頁六左　公曰嗟人無譁聽命

按：「命」，八行本、八行乙本、足利本、蒙古本、闕西本、靜嘉堂本（元）、劉本（嘉靖）、永樂本、閩本、明監本、毛本、李本、王本、監圖本、岳本、唐石經、白文本皆同。《考文》引文「嗟人無譁聽命」，云：「〔古本〕『無』作『亡』。『命』上有『予』字。」阮記云：「『命』上，古本有『予』字。」盧記同。檢九條本「命」上無「予」字，與唐石經及傳世刊本相合。仍以唐石經為正。

23. 頁六左　善敹乃甲冑

按：「敹」，蒙古本、闕西本、靜嘉堂本（元）、劉本（嘉靖）、永樂本、閩本、明監本、毛本、李本、王本、監圖本、岳本同；八行本作「**敽**」，八行乙本、足利本同。《考文》引文「善敹乃甲冑」，云：「宋板『**穀**』作『**敽**』，《疏》同。謹按：考字書，宋板為是。」阮記云：「山井鼎曰：宋板『**穀**』作『**敽**』，《疏》同。考字書，宋板為是。○按：毛本作『敕』不作『穀』也，唐石經、岳本、十行本俱作『敹』，考《說文》宜作『敹』，諸本並誤。」檢九條本作「**敹**」，似與唐石經相同。阮記以「敹」字為正，未詳然否，存之待考。

24. 頁七右　聽我誓命

按：「聽」，單疏本、八行本、八行乙本、足利本、蒙古本、闕西本、靜嘉堂本（元）、劉本（元）、永樂本、閩本、明監本、毛本皆同。檢阮記、盧記皆無說。諸本皆同，不知阮本為何於「聽」字旁加圈。

25. 頁七右　在往征此淮浦之夷

按：「在」，靜嘉堂本（元）、劉本（元）、永樂本、閩本、明監本、毛本同；單疏本作「今」，八行本、八行乙本、足利本、蒙古本、闕西本同。《考文》引文「在往征此淮浦之夷」，云：「宋板『在』作『今』。」阮記引文「在往征此淮浦之夷」，云：「『在』，宋板作『今』。」盧記引文「在往征此淮浦之夷」，云：「宋板作『今在』。」案《傳》文出「今往征此淮浦之夷」，則疏文亦當作「今」。

26. 頁七右　言魯人明於時軍內更有諸侯之人

按：「時軍」，單疏本、八行本、八行乙本、足利本、蒙古本、闕西本、靜嘉堂本（元）、劉本（元）、永樂本、閩本、明監本、毛本同，《要義》所引亦同。檢阮記、盧記皆無說。諸本皆同，不知阮本為何於「時軍」二字之旁加圈。

27. 頁七左　則戎夷之處中國久矣

按：「戎」，單疏本、八行本、八行乙本、足利本、蒙古本、闕西本、靜嘉堂本（元）、劉本（元）、永樂本、閩本、明監本、毛本同，《要義》所引亦同。檢阮記、盧記皆無說。諸本皆同，不知阮本為何於「戎」字旁加圈。

28. 頁七左　古老尤在

按：「尤」，靜嘉堂本（元）、劉本（元）、永樂本同；單疏本作「猶」，八行本、八行乙本、足利本、蒙古本、闕西本、明監本、毛本同，《要義》所引亦同；閩本作「由」。檢阮記、盧記無說。當從單疏本等作「猶」為是。

29. 頁七左　其以為飾

按：「其」，單疏本、八行本、八行乙本、足利本、蒙古本、闕西本、靜嘉堂本（元）、劉本（元）、永樂本、閩本、明監本、毛本皆同。《正字》引文「繫於楯以持之且以為飾」，云：「『且』無『其』。」阮記云：「浦鏜云：『且』誤『其』。」盧記同。單疏本作「其」，諸本皆作「其」。浦鏜所疑似無據，仍從單疏本作「其」。

30. 頁七左　鄭云敵尤繫也

按：「尤」，靜嘉堂本（元）、劉本（元）、永樂本、閩本同；單疏本作「猶」，八行本、八行乙本、足利本、蒙古本、闕西本、明監本、毛本同，《要義》所引亦同。檢阮記、盧記皆無說。當從單疏本等作「猶」為是。

31. 頁八右　杜乃擭

按：「杜」，八行本、八行乙本、足利本、蒙古本、闕西本、靜嘉堂本（元）、劉本（嘉靖）、永樂本、閩本、明監本、毛本、李本、王本、監圖本、岳本、唐石經、白文本皆同。阮記云：「陸氏曰：『杜』本又作『㲳』。〇按：《說文》：㲳，閉也，讀若杜。孫志祖云：《周官》雍氏注引作『㲳』。」盧記同。檢九條本作「[illegible]」，或是「㲳」字轉寫之訛。

32. 頁八右　然則養牛馬之處

按：「養」，單疏本、八行本、八行乙本、足利本、蒙古本、關西本、靜嘉堂本（元）、劉本（嘉靖）、永樂本同；閩本作「掌」，明監本、毛本同。《考文》引文「掌牛馬之處」，云：「〔宋板〕『掌』作『養』。」阮記引文「然則掌牛馬之處」，云：「『掌』，宋板、十行俱作『養』。」盧記引文「然則養牛馬之處」，云：「宋板同。毛本『養』作『掌』。」案文義，校人掌王馬之政，而牢者乃是養馬之處。作「養」是。

33. 頁八左　王肅云杜閑也

按：「閑」，靜嘉堂本（元）、劉本（嘉靖）、永樂本、閩本、明監本、毛本同；單疏本作「閉」，八行本、八行乙本、足利本、蒙古本、關西本同，《要義》所引亦同。《考文》引文「杜閑也」，云：「〔宋板〕『閑』作『閉』。」《正字》引文「王肅云杜閑也」，云：「『閉』誤『閑』。」阮記云：「『閑』，宋板作『閉』。按：『閉』字非也。」盧記云：「宋板『閑』作『閉』。按：『閑』字非也。」案下疏文云「斂，塞也」，則此處疏文引王肅解經文字，王肅以「閉」訓「杜」字也，下以「塞」訓「斂」字。下疏文又云「故使閉塞之」，則此處作「閉」字無疑，單疏本、八行本等作「閉」字是。

34. 頁八左　馬牛其風臣妾逋逃勿敢越逐

按：「勿」，八行本、八行乙本、足利本、蒙古本、關西本、靜嘉堂本（元）、劉本（嘉靖）、永樂本、閩本、明監本、毛本、李本、王本、監圖本、岳本、唐石經、白文本皆同。阮記云：「《石經考文提要》云：『勿敢』，坊本作『無敢』。」唐石經及傳世刊本皆作「勿」，暫未見所謂作「無」字之坊本。

35. 頁九右　總諸國之兵

按：「國」，八行本、八行乙本、足利本、蒙古本、關西本、靜嘉堂本（元）、永樂本、李本、王本、監圖本、岳本同；劉本（嘉靖）作「侯」，閩本、明監本、毛本同。《考文》引文「摠諸侯之兵」，云：「〔古本〕『侯』作『國』，宋板同。」阮記引文「總諸侯之兵」，云：「『侯』，古、岳、宋板、十行、纂傳俱作『國』，與宋本注同。」盧記引文「總諸國之兵」，云：「古本、岳本、宋板、十行、纂傳俱作『國』，與宋本注合。毛本『國』誤『侯』，《疏》同。」檢九條本作「國」，與八行本等相合。又單疏本疏文出「總諸國之兵」，則《傳》文作「國」是。元刻十行注疏之本作「國」原不誤，至嘉靖補板時誤作「侯」。

36. 頁九左　唯是風馬牛不相及也

按：「是」，單疏本、八行本、八行乙本、足利本、蒙古本、關西本、靜嘉堂本（元）、永樂本同，《要義》所引亦同；劉本（嘉靖）作「有」，閩本、明監本、毛本同。《考文》引文「惟有風馬牛不相及也」，云：「〔宋板〕『有』作『是』。」《正字》引文「惟是風馬牛不相及也」，云：「『是』誤『有』。」阮記引文「惟有風馬牛不相及也」，云：「『有』，宋板、十行、纂傳俱作『是』。按：『有』字與僖四年《傳》不合。」盧記引文「惟是風馬牛不相及也」，云：「毛本『是』誤作『有』，與僖四年《傳》不合。」元刻十行注疏本作「是」原不誤，至嘉靖補板時誤作「有」，閩本、明監本、毛本遞承其誤。

37. 頁九左　摠諸國之兵

按：「國」，單疏本、八行本、八行乙本、足利本、蒙古本、關西本、靜嘉堂本（元）、永樂本同；劉本（嘉靖）作「侯」，閩本、明監本、毛本。《考文》引文「總諸國之兵」，云：「〔宋板〕『侯』作『國』。」阮記引文「摠諸侯之兵」，云：「『侯』，宋板、十行亦俱作『國』。」案八行本等《傳》文出「總諸國之兵」，則疏文作「國」是。元刻十行本注疏之本既誤《傳》文作「侯」，又誤疏文作「侯」，閩本、明監本、毛本遞承其誤。

38. 頁十右　萬二千五百家為遂

按：「家」，單疏本、八行本、八行乙本、足利本、蒙古本、關西本、靜嘉堂本（元）、永樂本同；劉本（嘉靖）作「人」，閩本、明監本、毛本同。《考文》引文「萬二千五百人為遂」，云：「〔宋板〕『人』作『家』。」《正字》引文「萬二千五百家為遂」，云：「『家』誤『人』。」阮記引文「萬二千五百人為遂」，云：「『人』，宋板、十行、纂傳俱作『家』。」盧記引文「萬二千五百家為遂」，云：「宋板、纂傳同。毛本『家』作『人』。」案文義，凡起徒役，家出一人，遂人之職，共稽兩千五百家，使其家出一人也。作「家」是。

39. 頁十右　去國十里為郊

按：「去」，單疏本、八行本、八行乙本、足利本、蒙古本、關西本、靜嘉堂本（元）、劉本（嘉靖）、永樂本、閩本、明監本、毛本同，《要義》所引亦同。檢阮記、盧記無說，諸本皆同，未知阮本為何加圈於此。

40. 頁十一右　悔而自誓

按：「悔」，八行本、八行乙本、足利本、蒙古本、關西本、靜嘉堂本（元）、劉本（嘉靖）、永樂本、閩本、明監本、毛本、李本、王本、監圖本、岳本同，《要義》所引亦同。《考文》引文「悔而自誓」，云：「〔古本〕『悔』下有『過』字。」阮記云：「『悔』下，宋板有『過』字。」盧記同。「悔而自誓」，敦煌殘卷伯三八七一號同，九條本作「悔而自誓也」，二本「悔」下皆無「過」字，與傳世刊本相合。檢內野本「悔」下有「過」字。孔《傳》原文是否有「過」字，存之待考。

41. 頁十二右　若弗云來

按：「云」，八行本、八行乙本、足利本、蒙古本、關西本、靜嘉堂本（元）、劉本（嘉靖）、永樂本、閩本、明監本、毛本、李本、王本、監圖本、岳本、唐石經、白文本皆同。《考文》引文「若弗云來」，云：「〔古本〕『云』作『員』。下『雖則云然』同。謹按：《傳》文共同今本。」《正字》引文「若弗云來」，云：「按：《正義》『云』字本作『員』。」阮記云：「『云』，古本作『員』，下『雖則云然』同。山井鼎曰：《傳》文共同今本。盧文弨云《疏》云：『員』即『云』也，則本是『員』字。〇按：《傳》以『云』釋『員』，作『云來』，故《正義》曰『員』即『云』也。衛包依之改『員』為『云』，下文『雖則員然』同。」盧記同。案疏文云「『員』即『云』也」，則孔穎達所見之本作「員」。檢敦煌殘卷伯三八七一號、內野本作「員」，九條本作「云」，據此可知，作「云」、作「員」字之本皆有，存之待考。

42. 頁十二右　故自悔也

按：「自」，單疏本、八行本、八行乙本、足利本、蒙古本、關西本、靜嘉堂本（元）、劉本（嘉靖）、永樂本、閩本、明監本、毛本同。阮記、盧記皆無說，諸本皆同，未知阮本為何於此加圈。

43. 頁十二左　無所及益

按：「益」，單疏本、八行本、八行乙本、足利本、蒙古本、關西本、靜嘉堂本（元）、劉本（嘉靖）、永樂本、閩本、明監本、毛本皆同。阮記云：「孫志祖云：『益』字疑當作『蓋』，屬下讀。」盧記同。案文義，阮記所言似是，作「蓋」是，「蓋」屬下讀。

44. 頁十二左　自用改過遲晚

按：「用」，靜嘉堂本（元）、劉本（嘉靖）、永樂本、閩本、明監本、毛本同；單疏本作「恨」，八行本、八行乙本、足利本、蒙古本、關西本同。《考文》引文「自用改過遲晚」，云：「〔宋板〕『用』作『恨』。」《正字》引文「自用改過遲晚深自咎責之辭」，云：「『用』疑『悔』字誤。」阮記云：「『用』，宋板作『恨』，是也。」盧記云：「宋板『用』作『恨』，是也。」案文義，當從單疏本等作「恨」是。作「用」誤，形近而訛。

45. 頁十二左　我所欲反忌之耳

按：「所」，八行本、八行乙本、足利本、蒙古本、關西本、靜嘉堂本（元）、劉本（嘉靖）、永樂本、閩本、明監本、毛本、李本、王本、監圖本、岳本同。檢阮記、盧記皆無說，諸本皆同，未知阮本為何於此加圈。

46. 頁十二左　惟今之謀

按：「惟」，八行本、八行乙本、足利本、蒙古本、關西本、靜嘉堂本（元）、劉本（嘉靖）、永樂本、閩本、明監本、毛本、李本、王本、監圖本、岳本、唐石經、白文本皆同。檢阮記、盧記皆無說，諸本皆同，未知阮本為何於此加圈。

47. 頁十二左　雖則云然尚猷詢茲黃髮則罔所愆

按：「愆」，八行本、八行乙本、足利本、蒙古本、關西本、靜嘉堂本（元）、劉本（嘉靖）、永樂本、閩本、明監本、毛本、李本、王本、監圖本、岳本、唐石經、白文本皆同。阮記云：「按：《漢書・李尋傳》注，師古引此經云『雖則員然，尚猶詢茲黃髮，則罔所諐』。『云』為『員』，『猷』為『猶』，『愆』為『諐』。又《韋賢傳》注亦引此經，唯『諐』作『愆』，餘同。」檢敦煌殘卷伯三八七一號、九條本「愆」為「諐」，與《漢書》顏氏注引《古文尚書》相合。唐石經作「愆」則或是從衛包所改也。

48. 頁十三右　使君子迴心易辭

按：「迴」，八行本作「迴」，八行乙本、足利本、蒙古本、靜嘉堂本（元）、劉本（嘉靖）、永樂本、閩本、明監本、毛本、李本同；關西本葉面局部損壞；王本此字似有殘缺，難以斷定；監圖本作「回」，岳本同。阮記云：「『迴』，岳本、纂傳俱作『回』，是也。」盧記同。檢敦煌殘卷伯三八七一號作「回」，九條本作「迴」。則亦有作「迴」字之本，作「迴」似不誤。

49. 頁十三右　我前多有之

按：「前」，八行本、八行乙本、足利本、蒙古本、關西本、靜嘉堂本（元）、劉本（嘉靖）、永樂本、閩本、明監本、毛本、李本、王本、監圖本、岳本皆同。阮記云：「按：以《疏》考之，『前』下當有『大』字。」盧記同。檢敦煌殘卷伯三八七一號、九條本「前」下無「大」字，皆與傳世刊本相合。然疏文出「我前大多有之」。疏文似添「大」字，以暢文義，非孔《傳》有「大」字也。

50. 頁十三左　自悔往前用壯勇之計失也

按：「壯勇」，單疏本、八行本、八行乙本、足利本、蒙古本、關西本、靜嘉堂本（元）、永樂本同；劉本（嘉靖）作「勇壯」，閩本、明監本、毛本同。《考文・補遺》引文「勇壯之計」，云：「〔宋板〕作『壯勇之計』。」阮記引文「自悔往前用勇壯之計失也」，云：「『勇壯』二字，宋板倒。按：宋本是也。否則與注不合，與上文亦異。」盧記同。案《傳》文出「仡仡壯勇之夫」，則疏文當以單疏本等作「壯同」為是。

51. 頁十三左　能使君子迴心易辭

按：「迴」，單疏本、八行本、八行乙本、足利本、蒙古本、關西本、靜嘉堂本（元）、劉本（嘉靖）、永樂本、閩本、明監本、毛本皆同。檢阮記、盧記皆無說。案監圖本、岳本《傳》文作「回」，似不必據之改疏文。仍以「迴」為是。

52. 頁十三左　使君子聽之迴心易辭

按：「迴」，單疏本、八行本、八行乙本、足利本、蒙古本、關西本、靜嘉堂本（元）、劉本（嘉靖）、永樂本、閩本、明監本、毛本皆同。案監圖本、岳本《傳》文作「回」，似不必據之改疏文。仍以「迴」為是。

53. 頁十三左　以束脩為束帶脩節

按：「節」，單疏本作「飾」，八行本、八行乙本、足利本、蒙古本、關西本、靜嘉堂本（元）、劉本（嘉靖）、永樂本、閩本、明監本、毛本同。阮記引文「以束脩為束帶脩飾」，云：「『飾』，十行本誤作『節』，下同。」盧記同。案靜嘉堂本此葉為元刻版葉，其作「飾」不誤。或是阮記、阮本誤識文字。

54. 頁十三左　如有束帶脩節

按：「節」，單疏本葉面局部壞爛；八行本作「飾」，八行乙本、足利本、蒙古本、關西本、靜嘉堂本（元）、劉本（嘉靖）、永樂本、閩本、明監本、毛本同。諸本作「飾」是，阮本作「節」誤。

55. 頁十三左　禮記太學引此

按：「太」，單疏本、靜嘉堂本（元）、劉本（嘉靖）、永樂本同；八行本作「大」，八行乙本、足利本、蒙古本、關西本、閩本、明監本、毛本同。阮記引文「禮記大學引此」，云：「『大』，十行本誤作『太』。」盧記引文「禮記太學引此」，云：「毛本『太』作『大』。」似從八行本等作「大」字為宜。

56. 頁十四右　安我子孫眾人

按：「人」，八行本、八行乙本、足利本、蒙古本、關西本、靜嘉堂本（元）、劉本（嘉靖）、永樂本、閩本、明監本、毛本、李本、王本、監圖本、岳本皆同。《考文》引文「安我子孫眾人」，云：「〔古本〕『人』作『民』。下『是不能容人』同。謹按：下註亦有『子孫眾人』，字與今本不同。古本參差如此。」阮記云：「『人』，古本作『民』。下『是不能容人』同。」盧記同。檢敦煌殘卷伯三八七一號、九條本作「民」。今以為作「民」為宜。

57. 頁十四左　曰由所任不用賢

按：「用」，八行本、八行乙本、足利本、蒙古本、闞西本、靜嘉堂本（元）、劉本（嘉靖）、永樂本、李本、王本、監圖本、岳本同；閩本作「容」，明監本、毛本同。《考文》引文「由所任不容賢」，云：「〔古本〕『容』作『用』，宋板同。」阮記引文「曰由所任不容賢」，云：「『容』，古、岳、宋板、十行、纂傳俱作『用』。」檢敦煌殘卷伯三八七一號、九條本作「用」，與八行本等相合。又疏文云「言國家用賢則榮」，則《傳》文似作「用」為是。

附錄一　日本關西大學藏宋刊巾箱本《尚書注疏》考述

日本關西大學近期公佈一部《尚書注疏》刊本（關西本），南宋末年建陽地區坊間所刻。此部刊本不見於以往任何公私目錄，似亦為天壤間孤本，今就其版本類型、來源、校改等問題加以論述，揭示此部關西本的版本價值。

圖 1　日本關西大學藏南宋末年建陽地區坊刻巾箱本《尚書注疏》

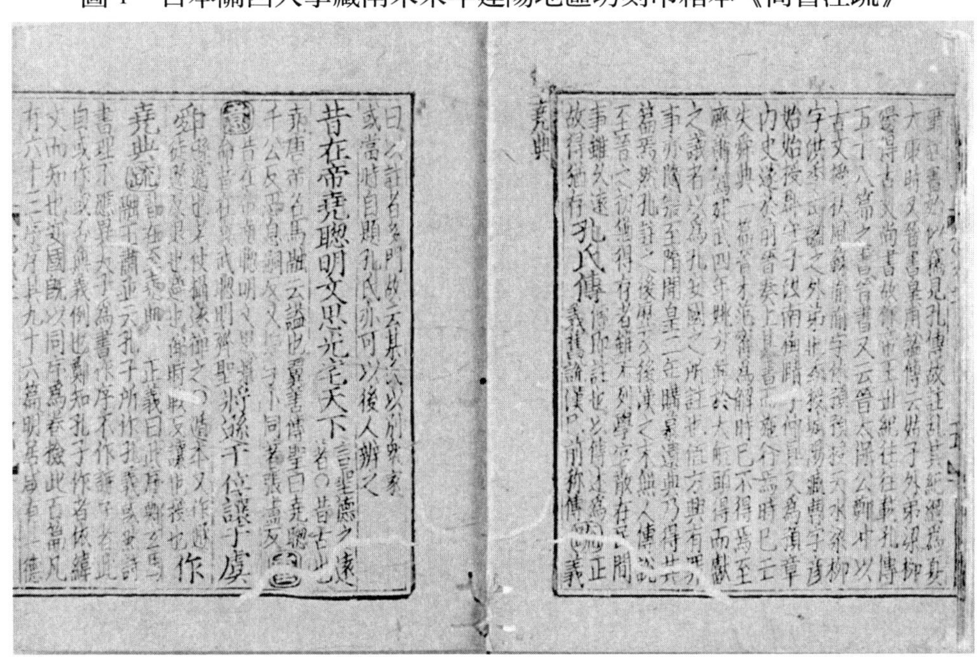

一、關西本的特殊版本類型

關西本，半葉八行，行十七字，字體為明顯的建陽坊刻本風格。四周雙邊，雙魚尾，版心刻卷次及頁碼。高 13.5 釐米，寬 11.5 釐米；框高 10.5 釐米，寬 8.7 釐米，版型袖珍，為巾箱小本。從版本類型角度而論，關西本最大的特點是在經、注、疏、釋文的基礎上，又糅合了「重言」、「重意」的內容，「重言」、「重意」字樣皆為白文陰刻。

南宋初年，經書版本在經注本的基礎上，將《經典釋文》散入經注之下，形成經注附釋文本。南宋建安余仁仲萬卷堂所刻《九經》即屬此類文本。在越州地區，則在經注之下綴入疏文，形成注疏合刻本，因其皆為半葉八行，學界多稱其為「越刻八行本」、「八行本」。繼這兩種形式問世之後，南宋中期建陽地區又將經注疏釋文合刻，形成經注疏附釋文之本。其中具有代表性就是劉叔剛一經堂所刻《十三經注疏》，今僅存《毛詩注疏》《左傳注疏》《春秋穀梁注疏》三種，此種版本皆半葉十行，學界多稱其為「宋刻十行本」、「十行本」，又因主其事者為劉叔剛，又稱其為「劉叔剛本」、「一經堂本」。大體與經注疏附釋之本同一時期問世，南宋建陽坊間在經注附釋文本之中加入「纂圖」、「互注」、「重言」、「重意」等內容，此類版本大體是經生帖括之書，供士子應試之用，學者將其總結為「纂圖互注重言重意本」〔註 1〕。

關西本不屬經注附釋文本、經注疏附釋文本、纂圖互注重言重意本這三種版本類型。存世的纂圖互注重言重意類刊本，皆無疏文；劉叔剛所刻十行本《十三經注疏》則無「重言」、「重意」。關西本綜合了經注疏釋文及重言重意，這種版本類型不見於以往任何公私目錄、書志。大約南宋理宗時期，廖瑩中主持刊刻《九經》，留有《九經總例》一部，總述刊刻體例，為元初岳氏《九經三傳沿革例》所承襲。按照刊刻時間的大致先後順序，廖瑩中依次列出當時其所搜集的二十三種版本。細案此二十三種版本，關西本既不可能是「建大字本」，亦非「建安余仁仲（本）」，而「建本有音釋注疏」〔註 2〕指的是建安地區劉叔剛所刻十行本《十三經注疏》。大致推測關西本應該在廖瑩中刊刻《九經》之後問世，至少應該是在劉叔剛刻十行本《十三經注疏》之後〔註 3〕。

〔註 1〕張麗娟《宋代經書注疏刊刻研究》，北京大學出版，2013 年版，2017 年印刷，頁 197。

〔註 2〕題（宋）岳珂《九經三傳沿革例》，影印文淵閣《四庫全書》，上海古籍出版社 1987 年，第 183 冊，頁 561。

〔註 3〕或許廖氏認為關西本亦屬於建本有釋音有注疏之本，故不單獨言之。

元代，劉叔剛所刻《十三經注疏》尚有翻刻之本。而宋代中期出現的纂圖互注重言重意類刊本，宋代以後不再翻行。蓋因科舉考試轉而以程朱理學為主，為科舉士子服務的纂圖互注重言重意類刊本失去了它的市場。從這一角度來看，也可以將關西本的問世時間指向南宋末年，這也符合版本發展的規律：先在經注附釋文本的基礎上加入「纂圖」、「互注」、「重言」、「重意」，出現纂圖互注重言重意類刊本；又將注疏附釋文本與纂圖互注重言重意類刊本的形式相結合，出現經注疏釋文及重言重意合刻的版本。經書版本發展到南宋末期，演變出一種為科舉服務的綜合性經書版本類型。關西本開本較小，也符合科舉應試期間行旅便攜的需求。但由於宋蒙戰事日迫，趙宋即將面臨朝代更替，此類版本刊行不廣，可能所刻也止於《尚書》一經。

二、關西本淵源於劉叔剛刻十行本《附釋音尚書注疏》

元泰定（1324～1328）前後，南宋劉叔剛所刻十行本《十三經注疏》被翻刻行世。元刊十行本與宋刊十行本在文字異同方面往往保持高度一致。在宋刻十行本《附釋音尚書注疏》未見的情況下，元刊十行本成為探討宋刻十行本的重要憑藉。元刊十行本至明代經歷數次修板印刷，江西省樂平市圖書館藏元刊十行本《附釋音尚書注疏》（簡稱十行本），大體是明代初期印本，元刻板葉居多，明初補板較少。日本靜嘉堂文庫藏元刊十行本《附釋音尚書注疏》（簡稱靜嘉堂本），大體是明正德時期印本，既有元刻版葉，亦有明初、正德時期補板。北京市文物局藏劉盼遂舊藏元刊明修本《附釋音尚書註疏》（簡稱劉本），有元刻版葉，亦有明初、正德、嘉靖補板。根據以上三種不同時期元刊十行本的印本中的元刻版葉，大體可以了解劉叔剛所刻宋刊十行本《附釋音尚書注疏》的文字面貌。

將南宋末年所刻關西本與單疏本、八行本相比，存在諸多異文，此時卻往往與十行本、靜嘉堂本、劉本文字相合。這一現象大致說明，關西本與元代所刻十行本存在共同的文本來源，即似已失傳的南宋劉叔剛刻十行本《附釋音尚書註疏》。如阮本卷一頁一左欄第二行「言序述尚書起」，關西本、十行本（元）、靜嘉堂本（元）、劉本（元）同；單疏本、八行本、九行本、蒙古本「起」下有「記」字。案單疏本疏文云：「序者言序述尚書起記存亡註說之由」，記者，《尚書》所記也，有「記」字是。官刻之單疏本、八行本有「記」字，出自坊間的九行本、蒙古本亦有「記」字。唯有關西本、十行本同闕「記」字，蓋因二者底本相同的緣故，二者底本應該同是南宋建陽坊間劉叔剛所刻

《附釋音尚書註疏》。又阮本卷一頁一左欄第十行「繫辭上」，闕西本、十行本（元）、靜嘉堂本（元）、劉本（元）同；九行本、蒙古本、王本、監圖本「上」作「云」。案此段文字屬於《釋文》，考《尚書音義》「結繩」條，正作「云」，作「云」是。南宋坊間所刻經注附釋文本，如王本、監圖本，皆作「云」不誤。唯闕西本、十行本同誤「云」作「上」，大致推斷劉叔剛將附釋音經注本與單疏本合刻時致誤，闕西本、十行本皆承其誤。又阮本卷一頁十六左欄第六行「太子看長安因與鬬」，闕西本、十行本（元）同；單疏本、九行本、蒙古本作「太子赦長安因與鬬」；八行本作「太子赦長安囚與鬬」。今檢《漢書・公孫賀傳》「太子亦遣使者撟制赦長安中都官囚徒」，則八行本作「太子赦長安囚與鬬」是。九行本、蒙古本「囚」作「因」，承單疏本之誤。八行本合刻注疏時改「因」作「囚」，是也。闕西本、十行本不僅繼承了單疏本的誤字「因」，又同誤「赦」作「看」，蓋承襲自劉叔剛將附釋音經注本與單疏本合刻時新產生的訛誤。

又如阮本卷二頁十五右欄「晝暫長增九刻半」，闕西本、十行本（元）、靜嘉堂本（元）、劉本（元）同；單疏本、八行本、《要義》「暫」作「漸」。揆諸文義，作「漸」是等。闕西本、十行本同誤作「暫」。阮本卷三頁二十一右欄第五行「禹代鯀為宗伯」，闕西本、十行本（元）、靜嘉堂本（元）、劉本（元）同；八行本「宗」作「崇」。禹父鯀封于崇，為崇伯，今禹代其父為崇伯。作「崇」是。闕西本、十行本皆誤作「宗」，頗疑劉叔剛刻十行注疏本即誤作「宗」。阮本卷四頁十九左「彼言剛失之虐……彼言簡失之傲」，闕西本、十行本（元）、靜嘉堂本（元）、劉本（嘉靖）同；單疏本、八行本、九行本兩「之」字皆作「入」。案八行本《舜典》，其《傳》文出「剛失入虐，簡失入傲」，是謂剛強之失，入於苛虐，簡易之失，入於傲慢。則此處疏文作「入」為是，作「之」則誤。闕西本、十行本皆誤作「之」，疑劉叔剛刻十行注疏本即誤作「之」。又阮本卷五頁一右欄第六行「又合此篇於皐陶謀」，闕西本、十行本（元）、靜嘉堂本（元）同；單疏本、八行本、足利本、九行本「謀」作「謨」。作「謀」顯誤。闕西本、十行本皆誤作「謀」，疑劉叔剛刻十行注疏本已誤作「謀」。諸如此類，不復一一列舉。根據校勘情況，基本可以判斷闕西本的底本是南宋劉叔剛刻十行本《附釋音尚書註疏》，故而與元十行本文字往往一致，蓋因二者底本相同。

三、關西本參考八行本後印本

關西本以劉叔剛刻十行本《附釋音尚書註疏》為底本，並加入「重言」、「重意」。但關西本卻並非只是在版本形式上創新，亦不乏校勘，以改正南宋劉叔剛刻十行本《附釋音尚書註疏》中的問題。

如阮本卷三頁十八左欄第五行「堯死壽一百一十七歲」，九行本、十行本（元）同；八行本、八行乙本、足利本、關西本、李本、王本、監圖本、岳本「死」作「凡」同。案單疏本疏文出「凡壽一百一十七歲」，此處《傳》文宜當從八行本等作「凡」。九行本、十行本同誤作「死」，大體說明十行本作「死」應該並非刻誤，而是承襲了建陽坊間劉叔剛刻十行本《附釋音尚書註疏》的誤字。關西本此時作「凡」不誤，可見關西本應有校改。關西本的校改應該有版本依據，案阮本卷八頁二十四左「經稱尹躬及湯有一德」，單疏本、九行本、蒙古本、十行本（元）、靜嘉堂本（元）同；八行本、八行乙本、足利本、關西本「湯」下有「咸」字。案下疏文云「君臣皆有純一之德」，則尹及湯咸有一德也。有「咸」字是。分析此處異文，單疏本闕「咸」字，劉叔剛刻十行本《附釋音尚書註疏》承襲了這一闕誤，十行本翻刻劉叔剛刻十行本《附釋音尚書註疏》時仍承此誤。案八行本、足利本「咸有」二字擠刻，是八行本刊刻時承單疏本之誤，版成之後又剜補入「咸」字。傳世刊本唯有八行本印本及關西本有「咸」字，說明關西本刊刻時曾參校某部八行本印本。

這一情況，並非個例，如阮本卷九頁十五右欄第五行「我乃以汝徙」，九行本、蒙古本、十行本（元）、靜嘉堂本（元）同；八行本、八行乙本、足利本、關西本、李本「乃」作「用」。檢敦煌殘卷二六四三號、岩崎本作「用」，與八行本等相合。又疏文云「我將用以汝遷」，則《傳》文作「用」是。九行本、蒙古本、十行本皆誤作「乃」，大致說明建陽坊間劉叔剛刻十行本《附釋音尚書註疏》亦當誤作「乃」，而關西本則作「用」不誤，疑關西本參校了八行本某部印本。又如阮本卷九頁十五左欄第二行「恐越於下」，九行本、蒙古本、十行本（元）、靜嘉堂本（元）同；單疏本、八行本、八行乙本、足利本、關西本「越」上有「隕」字。案上疏文云「故以顛為隕越」，則此處「越」上當有「隕」字。九行本、蒙古本、十行本皆闕「隕」字，疑南宋建陽坊間所刻十行注疏本已闕「隕」字。而關西本不闕「隕」字，疑其據某部八行本印本補入。關西本參校的應該是存在補板的八行本後印本，案阮本卷十二頁七左欄「言乃可從」，單疏本、八行本、九行本、蒙古本、十行本（元）、靜嘉堂本（元）同；八行乙本、足利本、關西本「乃」作「必」。案上《疏》云「貌必須恭」，下疏文云「視必當明，聽必當聰，思必當通」，則此處或作「言必可從」為宜。八行乙本、足利本、關西本作「必」是。可見關西本刊刻時或參校其時流傳的八行本後印本。又如阮本卷十二頁九右欄第七行「教為先也」，單疏本、八行本、九行本、蒙古本、十行本（元）、靜嘉堂本（元）同；八行乙本、足利本、關西本「教」作「食」。案上文既云「食於人最急」，則此處當云「故食為先也」。作「食」是。傳世刊本唯八行乙本、足利本、關西本作「食」。又如阮本卷十七頁十左欄第五行「開其有德能顧天之者」，單疏本、八行本、蒙古本、靜嘉堂本（元）、劉本（元）同；八行乙本、足利本關西本「之」作「道」。由以上例證可知，八行本後印本應該是關西本的校改依據之一。

四、關西本改字現象蠡測

南宋廖瑩中刊刻《九經》時，搜集了二十三種版本，詳加校勘，「（廖本）合諸本參訂，為最精。版行之初，天下寶之」〔註4〕。廖刻《九經》質量似為宋刻經書質量之最。元初，相臺岳氏《九經》即以廖氏刻本為底本，翻刻行世。根據本文第二節所示，關西本大體出現在南宋末年，應該晚於廖本。根據校勘信息，關西本似乎也參考了刊印精良的廖本。如阮本卷八頁十五右欄第八行「昧求財貨美色」，八行本、八行乙本、足利本、九行本、蒙古本、十行本（元）同；關西本、監圖本、岳本「昧」作「敢」同。岳本作「敢」，應是承自廖本。關西本作「敢」，或與廖本有關。又阮本卷十八頁十四右欄第八行「王大發大命」，八行本、八行乙本、足利本、《要義》、蒙古本、靜嘉堂本（元）同；唯獨關西本、岳本「大」同作「將」，關西本似亦參考了廖本。

關西本既參考了八行本後印本、廖本，其文本質量較之十行本應該存在極大提升，至少應該更接近八行本才較為合理。然而關西本文字卻出現了一種較為矛盾的現象：在整體上接近建陽坊間劉叔剛刻本，卻只吸收了八行本、廖本的一小部分文字勝處。基於這一現象，大致推測：建陽坊間所刻十行本《十三經注疏》問世之後，書坊意識到其中存在不少錯訛。在其後創新版本

〔註4〕題（宋）岳珂《九經三傳沿革例》，影印文淵閣《四庫全書》，上海古籍出版社，1987年，第183冊，頁560。

形式的同時，仍以劉叔剛刻十行本注疏本作為底本，並吸收了劉叔剛刻十行注疏本流通中得到的修改意見，於錯訛之處加以校補，但書坊並未直接根據善本進行精細、全面的校勘。如阮本卷五頁六右欄第十行「易辭云」，十行本（元）、靜嘉堂本（元）同；單疏本、八行本、八行乙本、足利本、《要義》、九行本作「易繫辭云」；關西本作「繫辭云」。傳世刊本於此處大致形成三種異文，一是十行本等作「易辭云」，二是單疏本、八行本、八行乙本等作「易繫辭云」，三是唯獨關西本作「繫辭云」。分析此處異文，疑十行本所據南宋建陽坊間劉叔剛刻十行注疏本闕「繫」字，故十行本闕「繫」字，而關西本刊刻時並未直接根據八行本等善本校勘補入「繫」字，而是改「易」為「繫」，文義亦可謂通暢。又如阮本卷十三頁二十左「亦亦文王」，八行本、足利本、九行本、蒙古本、十行本（元）同；李本、王本、監圖本、岳本作「亦言文王」；關西本作「亦如文王」。檢內野本作「亦〻文王」，與八行本等相合。今案文義，上經文云「寧王惟卜用」，此經文云「又惟卜用」。上「寧王」惟卜用，乃文王也，此云「亦惟卜用」者，亦是文王。《傳》文「亦，亦文王」，前一「亦」字是摘被訓釋之經文「亦」字，「亦文王」是謂經文稱「亦」，知卜用者仍是文王。作「亦」當不誤。關西本此處既與八行本、十行本「亦亦文王」不合，又與岳本「亦言文王」不合。關西本「亦如文王」或是其臆改。又阮本卷八頁五右欄第四行「故更致社稷」，單疏本、八行本、八行乙本、足利本、九行本、蒙古本、十行本（元）、同；關西本、閩本、明監本、毛本「致」作「置」。案《傳》文出「變置社稷」，上疏文云「革命創制，變置社稷」，則此處或作「置」為宜。關西本作「置」顯然不可能參考閩本，其作「置」或是據文義而改。

關西本文字也存在獨有之勝處，如阮本卷十六頁一右欄第九行「皆非在官」，靜嘉堂本（元）、劉本（嘉靖）、閩本、明監本同；單疏本、八行本、八行乙本、足利本、九行本、蒙古本、永樂本、毛本作「皆非民事」；關西本作「皆非民序」。今以為似當從關西本作「民序」。「民」字屬上讀，商王士，殷遺多士，皆非民也。「序」字屬下讀，疏文「序謂之『頑民』」，是因經文云「成周既成，遷殷頑民」，故疏文云「序謂之『頑民』」。綜上，從關西本作「民序」為宜。關西本作「民序」並非根據單疏本、八行本、八行乙本，而似乎更像是吸收了當時某種校改意見。又如阮本卷三頁二右欄第九行「叔豹」，十行本（元）同；九行本、永樂本、閩本、明監本、毛本、王本、監圖本作「叔豹季貍」；關西本作「叔豹季貍忠肅恭懿宣慈惠和天下之民謂之八元」。關西本所補「季貍忠肅恭懿宣慈惠和天下之民謂之八元」一段，乃陸德明《經典釋文》原文。此前建陽坊間所刻注疏本只作「叔豹」，有闕文，至關西本刊刻時遂補作「叔豹季貍忠肅恭懿宣慈惠和天下之民謂之八元」。又如阮本卷十七頁十五左欄第六行「知憂此官置得賢人者少也」，案「置」字，靜嘉堂本（元）、劉本（元）、永樂本同，單疏本、八行本、八行乙本、足利本、蒙古本作「宜」，關西本作「致」。案《傳》文云「知憂得其人者少」，下疏文云「知憂得人者少也」，據此疑單疏本「宜」字為衍文。關西本刊刻時不知單疏本、八行本、八行乙本、作「宜」為衍文，只知其底本作「置」有誤，為使文義通暢，故改「置」作「致」。根據這些改字的現象，基本可以推斷關西本刊刻時並未直接根據八行本、廖本或是當時流行的其它刊本校勘，那些與八行本、八行乙本、岳本相合的異文以及關西本其它改動之處，是此前建陽坊間推出十行本《十三經注疏》之後，書坊主動發現，或是流通過程中被指出文本當中存在一些問題。書坊遂根據校改意見，在創新版本形式的同時，改正了部分錯訛，文本質量得到一定程度的改善。

五、小　結

日本關西大學所藏此部《尚書注疏》刊本，出自南宋末年建陽地區書坊。它的底本是已經失傳的南宋中期建陽坊間劉叔剛所刻十行本《十三經注疏·附釋音尚書註疏》。關西本在經注疏釋文合刻之本的基礎上，加上「重言」、「重意」。在版本形式上進行創新，將經注疏釋文與「重言」、「重意」融合於一部巾箱小本之中，迎合了科舉市場的需求。與此前建陽書坊推出的《十三經注疏》相比，關西本吸收了某些校改意見，文本質量有所改善，但仍不及八行本。目前，這種版本形式的經書只有《尚書注疏》一種，且僅存一部。推測建陽書坊推出這一經書版本時，南宋已經臨近朝代更替，此類版本刊行不廣，所刻可能也止於《尚書》一經。南宋以後，科舉考試內容漸以程朱之學為主，書坊似亦無必要繼續刊行此類版本。

附錄二　蒙古本《尚書注疏》抄配卷次形成問題考實

中國國家圖書館所藏蒙古平水地區所刻《尚書注疏》二十卷，附《新雕尚書纂圖》一卷。存世的蒙古本闕卷三至卷六，現存的卷三至卷六為後人抄配。蒙古本中國歷史上蒙古政權平水地區所刻，是《尚書注疏》存世較早的幾個版本之一，年代上僅次於八行本、九行本，與南宋末年問世的關西本《尚書注疏》則大體處於同一時期。前人研究主討論了蒙古本《尚書注疏》的刊刻時間〔註 1〕。另外，相關研究否定了蒙古本抄配卷次是「清影蒙古抄」「精抄配入」，認為「國家圖書館所藏《尚書注疏》二十卷《新雕尚書纂圖》一卷，其中抄配的四卷既非影抄，也非精抄，而且底本不佳，抄寫粗陋。」〔註 2〕本文則關注蒙古本抄配卷的文本形成，認為蒙古本抄配卷主要依據了明代李元陽、江以達等人於閩中所刻《尚書注疏》（閩本），閩本為明嘉靖以後較為常見的《尚書注疏》版本，閩本稱不上一流的善本，但也畢竟屬於明代地方官刻，具備一定的刊刻品質。除了依據閩本抄寫，蒙古本抄配卷也參考了蒙古本卷三至卷六當中的殘存葉面，尤其是釋文部分，蒙古本抄配卷與蒙古本原刻仍存在一定的聯繫，這也解釋了為何前人誤判其為「清影蒙古抄」，故而不應徹底否定其與蒙古本《尚書注疏》原刻的關係。

〔註 1〕杜澤遜《尚書注疏校議》，頁 173～頁 175。

〔註 2〕劉曉麗《平水本〈尚書注疏〉「清影蒙古抄」辨正》，《山東圖書館學刊》，2015 年第一期，頁 96。

一、蒙古本抄配卷主要依據明代注疏刊本抄寫

明代《尚書注疏》刊本，明初所刻永樂本流傳不廣，鮮有人知；而明代中期至明末，先後問世了閩本、明監本、毛本三種注疏刊本。蒙古本抄配卷文字多與與閩本、明監本、毛本處於同一陣營，試論之。如阮本卷三頁三右欄第 7 行「自我五典五惇哉」，八行本、關西本、靜嘉堂本（元）、永樂本同；九行本作「斜」；蒙古本抄配卷、劉本（元）、閩本、明監本、毛本作「勑」。今案，此疏引《皋陶謨》，諸本《臯陶謨》作「勑」，則作「勑」是也。劉本此葉雖為元刻版葉，然其刻作「勑」，是嘉靖時期剜改。閩本據元刊明嘉靖時期印行的十行本印本而來，承其誤。據此則校勘可知，蒙古本抄配卷與宋元刊本的原刻無關，只能是依據明代印行的注疏本而來。

蒙古本抄配卷與明嘉靖時期印行的十行本印本無關，其來源應該閩本、明監本、毛本當中一種。如阮本卷三頁七右欄第一行「王藩」，八行本、九行本、關西本、靜嘉堂本（元）、劉本（元）同；蒙古本抄配卷、永樂本、閩本、明監本、毛本「藩」作「蕃」。檢諸本疏文出「王蕃《渾天說》曰」，則此處疏文亦當作「蕃」為是。蒙古本抄配卷似乎沒有校改的行為，其作「蕃」是，蓋因其所據底本作「蕃」。

蒙古本抄配卷也承襲了底本的錯誤，如阮本卷三頁十七右欄第 8 行「共在一洲之上」，八行本、九行本、關西本、靜嘉堂本（元）、劉本（元）、永樂本同；蒙古本抄配卷、閩本、明監本、毛本「洲」作「州」。案上疏文云「水中可居者曰州」，又云「四方有水，中央高，獨可居，故曰洲」，下疏文云「九州之外，有瀛海環之。是九州居水內，故以州為名」，九州共居此一「洲」之上，而分之為九耳。據此，作「洲」為是。閩本、明監本、毛本作「州」誤。蒙古本抄配卷同誤作「州」，承襲了閩本、明監本、毛本其中一種刊本的問題。

蒙古本抄配卷承襲閩本、明監本、毛本其中一種刊本的問題不在少數，如阮本卷三頁二十八左欄第 3 行「成王在於汝」，靜嘉堂本（元）、劉本（元）、永樂本同；八行本、九行本、關西本「王」作「主」；蒙古本抄配卷、閩本、明監本、毛本「王」作「之」。今以為似當從八行本等作「主」為宜。蒙古本抄配卷誤作「之」，與閩本、明監本、毛本同誤。又如阮本卷五頁六右欄第 2 行「書其過者以以識」，靜嘉堂本（元）、劉本（元）、永樂本同；八行本、九行本、關西本「以以識」作「以識哉」；蒙古本抄配卷、閩本、明監

本、毛本「以以識」作「以識之」。案八行本等作「以識哉」是。元代刊行的十行注疏本誤重「以」字且又漏「哉」字，故而今天所見靜嘉堂本、劉本皆誤作「以以識」。閩本校刊時，知「以以識」有誤，故而根據文義，用理校的方法改作「以識之」。蒙古本抄配卷作「以識之」，必定是依據閩本、明監本、毛本當中一種刊本而來。

二、蒙古本抄配卷主要據閩本而成

蒙古本抄配卷源自閩本、明監本、毛本當中一種。準確而言，蒙古本抄配卷與明監本、毛本無涉，抄配部分是主要依據閩本而來。如阮本卷三頁十六右欄第 5 行「周禮滌狼氏」，蒙古本抄配卷、閩本同；明監本、毛本「滌」作「條」。檢宋婺州市門巷唐宅刻本《周禮》〔註 3〕卷九出「條狼氏」，鄭《注》曰：「杜子春云：『條』當為『滌器』之『滌』。玄謂：滌，除也。」明監本或是據《周禮》改，毛本承之。蒙古本抄配卷與閩本同作「滌」，皆未改動。蒙古本抄配卷應該據閩本而來，而非明監本或是毛本。

又阮本卷五頁四右欄「言惡以刑好也」，蒙古本抄配卷、閩本同；明監本、毛本「刑」作「形」。蒙古本抄配卷、閩本作「刑」俱誤。明監本據閩本而來，改「刑」作「形」，毛本承之。蒙古本抄配卷與明監本、毛本無關。

又阮本卷六頁八左欄第 5 行「是十三年而八州平」，蒙古本抄配卷、閩本同；明監本、毛本「三」作「二」。案文義，大禹治水，它州十二年已皆平，唯兗州第十三年平，即是十二年八州平也，故而作「二」是。明監本、毛本作「二」不誤。蒙古本抄配卷、閩本同誤作「三」，蒙古本抄配卷應該來自閩本。

又阮本卷六頁十五左欄第 4 行「水可為耕作畎畝之治」，蒙古本抄配卷、閩本同；八行本、九行本、關西本、明監本、毛本「水」下有「去」字。今案有「去」者是也。元刊十行注疏本相關印本「水」下刊漏「去」字，閩本承此誤，明監本補「去」字是。蒙古本抄配卷與閩本同闕「去」字，應是承襲了閩本的疏誤。

又阮本卷六頁十八左欄第 5 行「是二者皆山名也于江」，蒙古本抄配卷、閩本同；八行本、九行本、關西本「也」下有「沱出」二字；明監本、毛本無

〔註 3〕《周禮》，北京圖書館出版社，《中華再造善本叢書》，2006 年影印宋婺州市門巷唐宅刻本。

「也」字而有「沱江」二字。今案文義，疏文謂沱水出於江，潛水出於漢，沱、潛二水皆發源於梁州。當以有「沱出」二字為是。

又阮本卷六頁三十三右欄第9行「別有九裡」，蒙古本抄配卷、閩本同；八行本、九行本、關西本、明監本、毛本「裡」作「服」。今案《周禮》王畿之外有九服，作「服」是，作「裡」顯誤。蒙古本抄配卷又與閩本同誤。大量校勘例證表明，蒙古本抄配卷主要是根據閩本抄寫，當無疑問。

三、蒙古本抄配卷亦參考蒙古本原刻殘葉

劉曉麗在評價蒙古本抄配卷時認為，「既然不是影抄，那便是一般性的抄配……但從通校的結果來看，其抄配品質不容高估」，並指出蒙古本抄配卷存在「疏文左右跳行現象嚴重」「注文疏文之後有來歷不明的音注」「《釋文》脫漏甚多」〔註4〕三類問題。劉曉麗總結的看法並無錯誤，然而我們仔細分析蒙古本抄配卷當中的抄寫問題，似乎可以得出更多的結論：蒙古本的抄寫並非完全照抄閩本，也依據了蒙古本原書的殘存葉面。這也在一定程度上增加了蒙古本抄配卷出現左右跳行、脫漏等抄寫問題的可能。

以常理而論，閩本雖非一流善本，但也屬於明代地方官刻，具備一定的文本品質。抄寫者為蒙古本補齊所缺卷次，若欲敷衍，似乎不必耗時耗力依據閩本手抄數萬字的經、注、疏、釋文。因此，筆者推斷，有些文字闕漏訛誤並非是抄寫者的問題，也可能是因為抄寫者也盡力參考了蒙古本原書卷三至卷六的殘存葉面，但殘存葉面或有斷爛，或有文字損壞。如阮本卷四頁十九右欄第3行「云見此人常行其某事某事由此所行之事」，八行本、九行本、關西本、靜嘉堂本（元）、劉本（嘉靖）、永樂本、閩本、明監本、毛本同；蒙古本抄配卷漏去「云見此人常行其某事某事由此所行之事」。類似的情況還有不少，如阮本卷四頁五左欄第1行「故所以率下人利用者謂在上節儉不為糜費以利而用使財物殷阜利民之用為民興利除害使不匱乏」，八行本、九行本、關西本、靜嘉堂本（元）、劉本（元）、永樂本、閩本同；蒙古本（抄）漏去「故所以率下人利用者謂在上節儉不為糜費以利而用使財物殷阜利民之用為民興利除害使不匱乏」一段。以常理而論，似不應有過多的抄漏。抄漏既多，可能是抄寫者也不無參考蒙古本原書殘存的葉面所致，也可能是在往

〔註4〕劉曉麗《平水本〈尚書注疏〉「清影蒙古抄」辨正》，《山東圖書館學刊》2015年第一期，頁93～頁95。

返參考閩本、蒙古本原刻時不慎出現的疏忽。

筆者試舉出相關校勘例證。如卷五頁一右欄第 6 行「又合此篇于皋陶謀」，關西本、靜嘉堂本（元）、劉本（嘉靖）、永樂本、閩本同；八行本、足利本、九行本、蒙古本抄配「謀」作「謨」。案「謨」是，作「謀」顯誤。蒙古本抄配卷主要根據閩本而來，但閩本作「謀」誤，而蒙古本作「謨」是。蒙古本抄配卷應該沒有校改，其大量承襲閩本的錯訛便是證明。故而，蒙古本抄配卷此處文字的來源並不是閩本，而應該是蒙古本原書的殘葉。又如阮本卷六頁十二右欄第 2 行「錢唐江也」，靜嘉堂本（元）、劉本（元、嘉靖）、閩本、明監本同；九行本、蒙古本抄配卷、關西本「江」下有「浦陽江」三字。據此可知，元刊十行注疏之本刊漏《釋文》「浦陽江」三字，閩本、明監本皆輾轉承襲此脫漏。蒙古本抄配卷此處若據閩本抄寫，則不應有「浦陽江」三字。蒙古本所附《釋文》較為特殊，其並非散入正文，而是分刻於每卷之後。除了全本，中國國家圖書館藏有另外一部蒙古本殘本，善本書號「A00013」，十三行大字二十六至二十九字不等，小字雙行三十五字，白口，四周雙邊，雙魚尾，殘存十卷：卷六至卷十、卷十六至卷二十。

圖 2　中國國家圖書館藏蒙古本殘本（上）、蒙古本抄配卷（下）

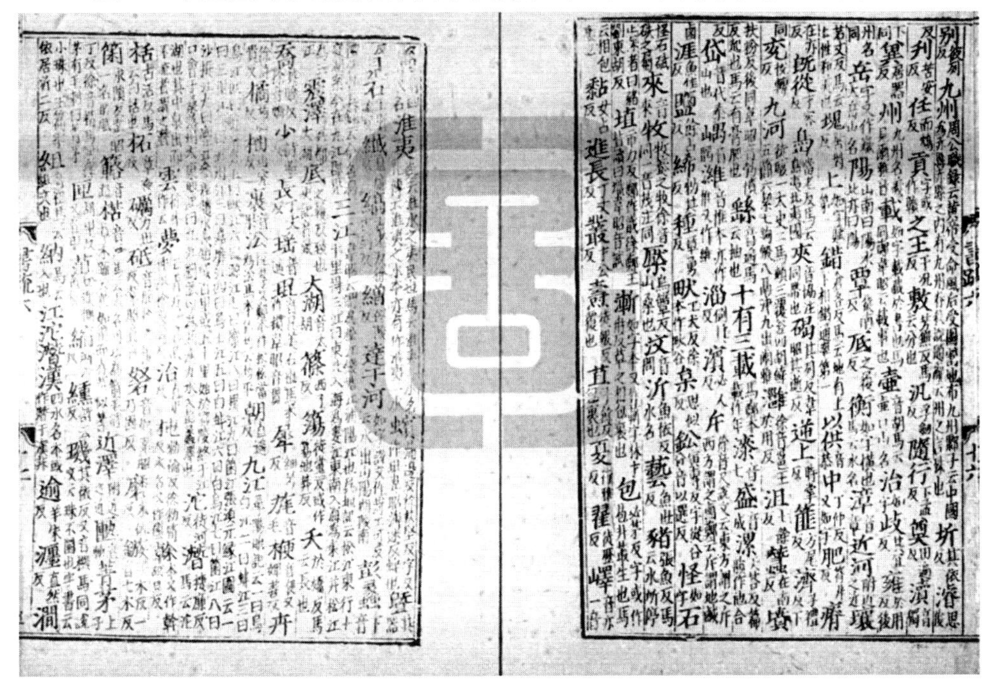

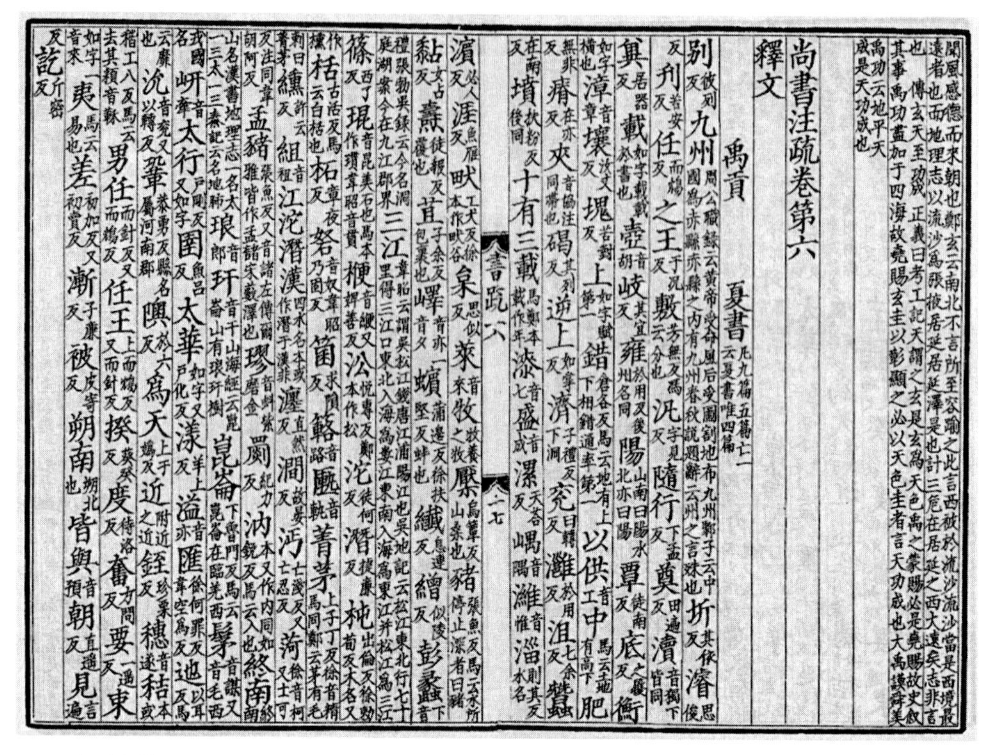
閩風感德而來朝也鄭玄云南北不言所至容踰之此言西被於流沙流沙當是西境最遠者也而地理志以流沙為張掖居延居延澤是也計三危在居延之西大遠矣志非言也 傳玄天至功成 正義曰考工記天謂之玄是玄為天色禹之蒙賜必是堯賜故史叙其事禹功盡加于四海故堯賜玄圭以彰顯之必以天色圭者言天功成也大禹謨舜美禹功云地平天成是天功成也

尚書注疏卷第六

釋文

禹貢 夏書 凡九篇五篇亡一云夏書唯四篇

別 彼列反 九州 周公職錄云黃帝受命風后受圖割地布九州鄭子云中國為赤縣赤縣之內有九州春秋說題辭云州之言殊也 析 其依反 濬 思俊反

刊 若安反 任 而鴆反 之王 于況反 敷 芳無反馬云分也 汎 字見反 隨行 下孟反 奠 田遍反 瀆 音獨下皆同

冀 居器反 載 如字載載於書也 壺 音胡 岐 其宜反 雍 於用反後州名同 陽 山南曰陽水北亦曰陽 覃 徒南反 底 之履反 衡 如字橫也 漳 音章 壤 汝丈反 塊 苦對反 上 如字賦上第一 錯 倉各反馬云地有上下相錯通率第一 以供 音恭 工中 馬云地有高下 肥

無非反 瘠 在亦反 夾 音協注同帶也 碣 其列反 逆上 如字 濟 子禮反下潤 兗 由轉反 灘 於用反 沮 七余反 蠶

在南反 墳 扶粉反後同 十有三載 馬鄭本載作年 漆 音七 盛 音成 漯 天荅反 嵎 音隅 濰 音惟 淄 側其反水名

書疏六 一七

濱 必人反 涯 魚佳反 畎 工犬反徐本作畎谷 枲 思似反 萊 音來 牧 牧養之牧 檿 烏簟反山桑也 豬 張魚反馬云水所停止深者曰豬

黏 女占反 纛 徒報反纛也 苴 子余反包裹也 嶧 音亦 蠙 蒲邊反徐扶堅反蚌也 纖 息連反 繒 似陵反 彭蠡 音禮下

禮 張勃吳錄云今名洞庭湖案今在九江郡界 三江 韋昭云謂吳松江錢唐江浦陽江也吳地記云松江東北行七十里得三江口東北入海為婁江東南入海為東江并松江為三江

篠 西了反 琨 音昆美石也馬本作瑻韋昭音貫 楩 音鞭又婢善反 沿 悅專反鄭本作松 沱 徒何反 潛 捷廉反 杶 出倫反徐勅荀反木名又作櫄 栝 古活反馬云白栝也 柘 章夜反 砮 音奴韋昭乃固反 箘 求隕反 簵 音路 匭 音軌 菁茅 上子丁反徐音精馬同鄭云茅有毛刺曰菁茅

纁 許云反 組 音祖 江沱潛漢 四水名本或作潛于漢非 灉 直然反 澗 古晏反 汙 古殘反又古忍反 菏 徐音柯又士可反注同韋朝阿反

孟豬 張魚反又音諸左傳爾雅皆作孟諸宋藪澤也 璆 音糾紫磨金 罽 紀力反 納 本又作內同如銳反馬云入也 終南 山名漢書地理志一名太一三太一三秦記云名地肺 琅 音郎 玕 音干山海經云崑崙山有琅玕樹 崑崙 下魯門反馬云崑崙在臨羌西 髳 音謀又音毛西戎國

岍 音牽 太行 戶剛反又如字 圍 魚呂反 太華 如字又戶化反 漾 羊上反 溢 音亦 匯 徐胡罪反韋空爲反 迤 以耳反馬云靡也

沇 音兗又以轉反 鞏 恭勇反縣名屬河南鄭 隩 於六反 為天 上于偽反 近 附近之近 銍 珍栗反 穗 音遂 秸 本或作稭工八反馬云去其穎音秸

男任 而鴆反又而針反 任王 上而鴆反又而針反 揆 葵癸反 度 待洛反 奮 方問反 要 一遙反 東 如字音來

夷 馬云易也 差 初加反又初賣反 漸 子廉反 被 皮寄反 朔南 朔北也 暨與 音預 朝 直遙反 見 賢遍反

訖 斤密反

比較蒙古本抄配卷與蒙古本殘本，蒙古本抄配卷的行款格式與蒙古本原刻相同。依圖所示，自卷六首個釋文「別，彼列反」條開始，至「三江」一條，蒙古本抄配卷與蒙古本原書幾乎完全一致。但是從「三江」條開始，蒙古本抄配卷忽然闕漏「震澤」「底」「太湖」三條釋文，這非常不合常理。較為合理的解釋是：蒙古本抄配卷形成時，蒙古本卷六的《釋文》葉面並沒有完全丟失，只是存在部分葉面壞爛、文字損毀。據此推斷：因蒙古本抄配卷（卷三至卷六）抄寫時，其所據不完全是閩本，也有蒙古本原書卷三至卷六的殘存葉面作為參考。抄寫者以閩本為主，並盡力參考蒙古本原葉抄寫。蒙古本原葉存在文字損毀、壞爛，這一定程度上增加了蒙古本抄配卷的闕訛，在往返參考閩本、蒙古本原刻殘葉之間，又新添脫訛。至此，重新審視傅增湘在《藏園群書經眼錄》中稱「卷三至六精抄配入」〔註 5〕，又《北京圖書館古籍善本書目》《中國古籍善本書目》《第三批國家珍貴古籍名錄圖錄》著錄「卷三至六配清影蒙古抄本」〔註 6〕。前人之所以作出這樣的誤判，或許正是看到尤其是蒙古本抄配卷的

〔註 5〕傅增湘《藏園群書經眼錄》，中華書局，1983 年版，頁 26。

〔註 6〕北京圖書館編《北京圖書館古籍善本書目》，書目文獻出版社，1988 年版，頁 32。中國古籍善本書目編輯委員會編《中國古籍善本書目．經部》，上海古籍

《釋文》部分較為「忠實」地複製刻本的面貌，所以才會得出「影抄」「精抄」的判斷。

四、結　論

由《中華再造善本》影印出版的蒙古本《尚書注疏》，卷三至卷六是抄配卷。蒙古本抄配卷主要根據閩本閩本抄寫而成。但蒙古本抄配卷也部分參考了蒙古本卷三至卷六的殘葉。在否定「影抄」「精抄」的同時，卻也不能徹底否定其與蒙古本《尚書注疏》原刻存在一定的聯繫。經過大量校勘，釐清蒙古本抄配卷的具體來源與性質。

出版社，1998 年版，頁 102。中國國家圖書館、中國國家古籍保護中心編《第三批國家珍貴古籍名錄圖錄》第一冊，國家圖書館出版社，2012 年版，頁 5。

附錄三　日本弘化四年(1847)影刻晚印本八行本《尚書注疏》

日本弘化四年（1847）翻刻南宋刊八行本《尚書注疏》（簡稱弘化本），其卷首題作「影宋本尚書正義」，實則經注疏合刻之本。總二十冊，行款格式一與南宋刊八行本《尚書注疏》同，皆半葉八行本，行十九字，注雙行小字。內有「影宋本尚書正義二十卷　弘化丁未年刊」之刊記。今可見全文影像者主要有日本內閣文庫藏本、日本京都大學人文科學研究所藏。日本內閣文庫所藏弘化本，番號為「漢2013」，請求番號為「273-0134」，刊記後一頁有「熊本文庫藏梓」朱文方印。

日本京都大學人文科學研究所藏有兩部，一部編號為「東方經-III-□-28」，八冊，可能是殘本。另一部編號為「經-III-□-28-A」，二十冊，當為全本。不過京大人文科學研究所藏全本，刊記之後無內閣文庫藏本鈐有「熊本文庫藏梓」印記的一葉。京大人文科學研究所藏全本之卷末有吉川幸次郎朱筆跋文：

> 京都古梓堂文庫有舊鈔《尚書注疏》，舊林氏讀耕齋書，審其款式，當出自越刻八行本，而與足利學所藏宋本時有異同，蓋其所據之本印較早，補版少也。又足利本闕頁，此皆不闕。則虎賁中郎誠足貴矣。其原書今莫知所在。或云楊惺吾東游時得宋刻一部，後歸黄氏紹箕、張氏之洞，今在天津李氏者即此。未見其書，難可臆定。今就時習館本細為校勘，又留書景三十頁並存之我庫。云校者，佐藤君匡玄，高倉君正三，梅原君慧運，白木君直也，安田君二郎。

昭和十二年十一月起，十六年二月訖。吉川幸次郎識於經學文學研究室。

此篇跋文大體時間當在日本昭和十六年（1941），根據吉川幸次郎此篇跋語，日本原有兩部南宋刊八行本《尚書注疏》，一者印本較早，二者較晚。足利學校藏本印本較晚。大約光緒十年（1884）楊守敬自日本大阪購得一部南宋刊八行本《尚書注疏》，後歸張之洞，書前有楊守敬跋，並鈐「楊守敬印」白文方印，今藏中國國家圖書館。可見上世紀五十年代吉川幸次郎所言大體不誤，早期印本確為楊守敬所得。至於吉川幸次郎跋文提到其曾見到京都古梓堂文庫有舊鈔《尚書注疏》，並稱其抄自早印之本。吉川氏所言不誤，吉川幸次郎在京都大學弘化本天頭處過錄了這部林氏讀耕齋影鈔〔註 1〕八行本的異文，如天頭處有朱筆批校「止作上」，即影抄八行本作「上」，確與八行本《尚書注疏》早印之本相合。又此葉天頭處朱筆批校：「『中』作『帝』。『帝』作『中』。」又與八行本《尚書注疏》早印之本相合。今林氏讀耕齋影鈔八行本似已不存，唯有昭和時期東方文化研究所據古梓堂文庫藏林氏讀耕齋影鈔八行本影照，攝影之本今存京都大學人文科學研究所，殘存卷一、卷十、卷十一。但吉川幸次郎在這部京都大學弘化本的天頭之處，用朱筆完整的過錄了林氏讀耕齋影鈔八行本的異文，是考察林氏讀耕齋影鈔八行本難以替代的重要材料。

八行本晚印之本今已經出版，由北京大學出版社影印足利學校藏八行本《尚書注疏》晚印本〔註 2〕，今簡稱其為八行乙本。此部弘化本據八行乙本而來，其影刻水準幾乎已經到了毫髮畢肖的程度。案中國國家圖書館藏八行本卷一葉六的刻工為「陳安」，陳安是南宋初期杭州地區知名刻工〔註 3〕，知此葉當為宋代原刻，但葉六 A 面右上角，以及葉六 A 面左下角，部分板葉損壞，進行了局部修補，但未替換整塊半葉。比對八行乙本、弘化本此葉刻工為「余敏」，且版心上方刻有「六口」，應是數字，這一做法與原刻不同。余敏之名雖見於南宋興國軍學刊《春秋經傳集解》、南宋刊八行本《春秋注疏》等刊本刻

〔註 1〕林羅山第四子林守勝，即讀耕齋。據〔日〕鈴木健一《林羅山年譜稿》，ぺりかん社（Perikansha Publishing Inc），1997 年版，頁 83。

〔註 2〕《尚書正義》，影印南宋兩浙東路茶鹽司刻八行本，盧偉、〔日〕稻畑耕一郎主編《日本足利學校藏國寶及珍稀漢籍十四種》（第三～五冊），北京大學出版社，2021 年版。

〔註 3〕王肇文《古籍宋元刊工姓名索引》，上海古籍出版，1990 年版，頁 258、頁 259。

工〔註4〕，但仍然認為余敏參加的是補板活動，而非原板的刊刻。弘化本忠實地反映了八行乙本此葉的補板情況，連同刻工姓名也一併刻入。

弘化本也不改八行乙本文字面貌，明知底本有誤，亦不加改動。如阮本卷十二頁十八右欄第四行「因兆而細曲者為水」，單疏本、八行本、《要義》同；八行乙本、弘化本「細」作「紐」。山井鼎《考文》亦云：「〔宋板〕『細』作『紐』。」〔註5〕山井鼎校勘所據「宋板」即是八行乙本。案「細」是，「紐」誤，「細」「紐」二字形近。八行乙本此葉似為補板，補板時誤「細」作「紐」。又阮本卷十三頁十二右欄第十行「救其屬臣」，單疏本、八行本同；弘化本「救」作「敕」。案文義，作「救」是，作「敕」顯誤。八行本此葉版心刻工「顏」，八行乙本、弘化本版心刻工姓名「金友」。據此可知八行乙本此葉為補板。疑早印本「救」字漫漶，或筆畫脫落，八行本後印本遂誤刻作「敕」，弘化本不加改正，一仍其舊。又阮本卷十八頁二十四左欄第三行「故二人」，單疏本、八行本同；八行乙本、弘化本「二」作「三」。作「三」誤，作「二」是。八行本版心刻工為「洪先」，八行乙本、足利本版心刻工「花華」，則八行乙本此葉是補板，疑補板時誤「二」作「三」。

弘化本甚至對八行乙本當中少數不成文字的誤刻也完全承襲。如阮本卷十三頁二十七右欄第八行「以善禾名篇」，八行本同；八行乙本作「〓」，不成字。疑八行乙本補板時誤。八行乙本「〓」，上半部乃是「善」字上半部分，下半部分則與「嘉」字下半部分同，不知八行乙本補板時究竟是意圖刻「善」字還是「嘉」字。檢弘化本作「〓」，與八行乙本完全相同，亦不成字。足利本同。物觀《考文・補遺》云「宋板『善』作『嘉』。」〔註6〕物觀將此字識別作「嘉」，並不嚴謹。而弘化本則忠實地複製了八行乙本的面貌。

八行乙本在流傳中似乎出現了一些闕頁，故今天存世的八行乙本當中存在一些抄配頁。八行乙本的抄補頁，其文字只能參考它本，其中可能包括古本。如阮本卷十一頁二十二右欄第四行「以撫綏四方中夏」，八行本、九行本、蒙古本、王本、纂圖本、岳本、劉本、永樂本、閩本、明監本、毛本同；八行乙本（抄補）、弘化本「綏」作「安」。八行乙本（抄補）、弘化本作「安」與中土傳世刊本皆異。案山井鼎《考文》引文「以撫綏四方中夏」，云：「〔古

〔註4〕王肇文《古籍宋元刊工姓名索引》，上海古籍出版，1990年版，頁292、頁293。
〔註5〕《七經孟子考文補遺》，國家圖書館出版社，2016年版，頁106。
〔註6〕《七經孟子考文補遺》，國家圖書館出版社，2016年版，頁110。

本〕下有『也』，『綏』作『安』。〔宋板〕補本同。」〔註 7〕八行乙本此葉確為抄補頁，足利本版心刻「補」字。今檢敦煌殘卷斯七九九號作「綏」，與中土傳世刊本相合；檢內野本作「安」，與八行乙本（抄補）、弘化本同。八行乙本抄補之葉，應是日本學者所為，此處傳文採用了某部古本的異文「安」字。弘化本繼承了八行乙本的抄補頁，刊本時在版心刻上「補」字作為標誌。

〔註 7〕《七經孟子考文補遺》，國家圖書館出版社，2016 年版，頁 104。